陕西省社会科学基金

"深入学习贯彻党的二十大精神研究"重大项目

《基于制度创新的陕西自贸试验区对标国际贸易

新规则路径研究》（立项号：2023ZD05）

"一带一路"背景下我国自由贸易试验区贸易便利化体系创新研究

于璐瑶 梁 泽 著

中国建筑工业出版社

图书在版编目（CIP）数据

"一带一路"背景下我国自由贸易试验区贸易便利化
体系创新研究 / 于璐瑶，梁泽著 . -- 北京：中国建筑
工业出版社，2025.7. -- ISBN 978-7-112-31277-1

Ⅰ . F752

中国国家版本馆 CIP 数据核字第 2025GS3824 号

责任编辑：陈夕涛　徐昌强　李　东
责任校对：张惠雯

"一带一路"背景下我国自由贸易试验区贸易便利化体系创新研究

于璐瑶　梁　泽　著

*

中国建筑工业出版社出版、发行（北京海淀三里河路 9 号）

各地新华书店、建筑书店经销

北京雅盈中佳图文设计公司制版

建工社（河北）印刷有限公司印刷

*

开本：787 毫米 ×1092 毫米　1/16　印张：15¾　字数：294 千字

2025 年 6 月第一版　2025 年 6 月第一次印刷

定价：**68.00** 元

ISBN 978-7-112-31277-1

（45289）

前言

自 2013 年"一带一路"倡议提出以来，中国以共商共建共享为核心逻辑，逐步构建起互联互通的合作网络。这一倡议为应对单边主义对全球经济带来的巨大冲击、推动全球治理体系变革提供了中国方案。作为对接"一带一路"建设的重要载体，我国自由贸易试验区历经十余年探索，已从单点试验转向系统集成创新阶段。在百年变局加速演进、全球价值链深度重构的当下，自由贸易试验区贸易便利化体系的创新突破具有深远的意义。

当前，全球贸易便利化正经历从"边境措施"向"边境后规则"的范式转型。我国自由贸易试验区作为制度创新的"压力测试场"，其贸易便利化体系需突破传统以通关效率为核心的单维框架，转向涵盖数字治理、标准互认、金融服务、监管协同等多维度的系统性改革。这一转型不仅关乎自由贸易试验区自身的能级提升，更对全国统一大市场建设中存在的制度性壁垒消解具有示范意义。同时，贸易便利化水平的提升还能拓展我国企业的国际市场空间，进一步增强我国在全球贸易中的影响力，为我国的经济高质量发展打下坚实基础。

本书以"一带一路"背景下我国自由贸易试验区贸易便利化体系创新为研究对象，紧密围绕经济高质量发展的一系列重大战略需求，综合运用国际贸易学、制度经济学、区域经济学等多学科理论与方法，系统分析了我国自由贸易试验区贸易便利化体系的现状、问题及创新路径，既注重对国际先进贸易便利化经验的梳理与借鉴，又紧密结合我国自由贸易试验区的实践探索，总结提炼具有中国特色的贸易便利化创新模式，为我国高质量共建"一带一路"及自由贸易试验区贸易便利化水平的协同推进提供理论支持和政策建议。

本书付梓之际，恰逢我国自由贸易试验区建设与"一带一路"倡议双十二年之际。期待本研究能为扩大我国高水平对外开放提供理论镜鉴，为构建更具国际竞争力的贸易便利化体系贡献学术智慧。书中不足之处，恳请学界同仁与专家指正。

编者

二〇二五年五月八日于西安

目录

第一章　导论

1.1　研究背景与意义　　　　　　　　　　　　　　002

1.2　研究思路设计　　　　　　　　　　　　　　　006

1.3　理论基础　　　　　　　　　　　　　　　　　007

1.4　文献综述　　　　　　　　　　　　　　　　　008

第二章　国际贸易规则的新变化与新挑战

2.1　多边贸易体制的变革　　　　　　　　　　　　018

2.2　数字贸易规则的兴起　　　　　　　　　　　　020

2.3　贸易保护主义的抬头　　　　　　　　　　　　025

2.4　自贸区立法的推进　　　　　　　　　　　　　028

第三章　贸易便利化的内涵及评价

3.1　贸易便利化的内涵　　　　　　　　　　　　　034

3.2　贸易便利化的相关理论　　　　　　　　　　　035

3.3　贸易便利化建设的进展　　　　　　　　　　　038

3.4　"一带一路"共建国家贸易便利化面临的挑战　041

3.5　"一带一路"贸易便利化建设措施　　　　　　044

3.6　国际贸易新规则对贸易便利化的影响　　　　　049

第四章　"一带一路"倡议内容及发展进程

4.1　"一带一路"倡议的内涵　　　　　　　　　　054

4.2　"一带一路"倡议提出的背景　　　　　　　　055

4.3　"一带一路"倡议提出的动因　　　　　　　　056

4.4　"一带一路"倡议的提出与发展进程　　　　　058

4.5　"一带一路"倡议的共建原则　　　　　　　　063

4.6 "一带一路"倡议的定位 064

4.7 高质量共建"一带一路"的主要成就 066

4.8 "一带一路"倡议的重要使命 072

4.9 "一带一路"高质量共建中的风险与挑战 074

4.10 "一带一路"高质量共建中的协同与创新 076

4.11 推进"一带一路"高质量共建的政策措施 079

第五章 我国自由贸易试验区建设历程与主要成果

5.1 自由贸易试验区的法律内涵 084

5.2 我国自由贸易试验区建立的背景 085

5.3 自由贸易区的发展历程 088

5.4 我国自由贸易试验区的功能定位 091

5.5 各地自由贸易试验区地理构成 092

5.6 我国自由贸易试验区建设特点 094

5.7 我国自由贸易试验区建设的意义 098

5.8 我国自由贸易试验区建设中存在的问题 101

5.9 自由贸易试验区对接国际贸易新规则的实践 104

5.10 促进我国自由贸易试验区高速发展的重点问题 107

第六章 "一带一路"促进自贸区贸易便利化的机理

6.1 自贸区贸易便利化发展目标 114

6.2 "一带一路"倡议与中国自贸区的战略性互促 116

6.3 "一带一路"共建夯实了中国自贸区贸易便利化的发展基础 121

6.4 "一带一路"推动自贸区协同创新促进贸易便利化 126

6.5 "一带一路"远景目标为自贸区贸易便利化发展提出了新要求 129

6.6 "一带一路"背景下国际贸易新规则对自贸区贸易便利化的影响 131

第七章 贸易便利化国际建设经验与借鉴

7.1 新加坡自由贸易区相关经验 138

7.2 阿联酋迪拜自由港相关经验 143

7.3 韩国促进贸易便利化相关经验 146

7.4 美国贸易便利化改革思路 154

7.5 日本的贸易便利化建设 162

7.6 发达国家贸易便利化的差异化路径 177

第八章 我国自由贸易试验区贸易便利化建设成效与评价

8.1 我国自由贸易试验区的贸易便利化建设成效 184

8.2 沪津闽粤自贸试验区贸易便利化创新及经验总结 186

8.3 贸易便利化水平测度 193

8.4 我国自贸试验区贸易便利化建设中的主要问题 198

8.5 我国自贸试验区贸易便利化的新进展 200

8.6 我国自由贸易试验区实施国际贸易新规则的进展与挑战 206

第九章 高质量共建"一带一路"与自贸试验区贸易便利化创新

9.1 "一带一路"倡议与我国自贸试验区战略的内在联系 212

9.2 "一带一路"倡议对自贸试验区战略支撑的需求 214

9.3 "一带一路"倡议下对自贸试验区贸易便利化的创新发展要求 217

9.4 我国自贸试验区贸易便利化创新与国际贸易新规则的对接 225

第十章 结论与建议

10.1 主要结论 232

10.2 高质量建设自由贸易试验区的重点问题 234

10.3 我国自由贸易试验区高质量发展建议 236

10.4 结论与展望 238

后记 240

第一章

导论

研究背景与意义
研究思路设计
理论基础
文献综述

1.1 研究背景与意义

贸易便利化是指通过制度性改革优化国际贸易流程、降低交易成本的政策体系，其核心在于简化跨境商品和服务流动的各个环节。各国际组织基于不同的职能定位和研究视角，对其内涵提出了具有差异化的阐释。经济合作与发展组织（简称"经合组织"，OECD）作为发达国家智库，主要从贸易流程规范化的角度，将其界定为国际货物贸易中海关程序、单证要求、信息流动及支付体系的标准化和协调统一；联合国欧洲经济委员会（UNECE）则从全球治理的宏观视角出发，强调通过建立国际通行的贸易准则和最佳实践，系统性降低贸易环节的复杂性和不确定性，从而提升整体监管透明度和政策可预期性；而亚太经济合作组织（APEC）作为区域性经济合作机制，更侧重于技术创新的实践应用，主张通过数字化技术、自动化系统等现代技术手段来协调各成员经济体间的贸易程序，消除非关税壁垒和行政障碍，最终实现区域价值链的高效整合。值得注意的是，虽然各机构的定义在表述重点上存在差异，但都体现了对降低制度性交易成本、提升国际贸易效率这一根本目标的共识。

学术界对贸易便利化的界定存在广义与狭义之分。狭义概念主要涉及边境管理程序的优化，包括简化单证要求、加快通关速度等措施；而广义概念则进一步涵盖边境后措施的改革，如降低技术性贸易壁垒、放宽行业准入限制等。同时，不同研究对贸易便利化的要素界定也存在差异：部分学者将其限定为软件基础设施的升级，例如建设电子化报关系统和"单一窗口"平台；另一些研究则将其扩展到硬件基础设施的改善，包括港口、铁路、公路等物流设施的建设与维护（OECD，2015）。随着经济全球化深入发展和全球价值链不断延伸，贸易便利化水平已成为决定一国国际贸易绩效和全球竞争力的关键因素。

1. 研究背景

2013年9月7日，习近平主席在哈萨克斯坦纳扎尔巴耶夫大学发表演讲时首次提出建设"丝绸之路经济带"。同年10月3日，习近平主席在印度尼西亚国会发表演讲时又提出共同建设21世纪"海上丝绸之路"，倡导"共享机遇、共迎挑战，实现共同发展、共同繁荣"。2015年3月28日国家发展改革委、外交部和商务部联合制订《推动共建丝绸之路经济带和21世纪海上丝绸之路的愿景与行动》，将"五通"（政策沟通、设施联通、贸易畅通、资金融通、民心相通）确立为"一带一路"建设的核心内容。其中"贸易畅通"重点通过提升贸易便利化水平来降低交易成本，具体措施包括消除贸易壁垒、优化营商环境以及与共建国家共同建设自由贸易区等，激发释放合作潜力。

"一带一路"倡议致力于构建全球互联互通的经济网络，其核心目标是通过优化贸易流程推动区域经济整合，助力各国深度参与全球价值链分工。作为关键实施路径，贸易便利化对削减共建国家贸易成本具有显著作用。经合组织研究显示，即便贸易隐性成本仅下降1%，全球经济将因此新增400亿美元收益，其中发展中国家获益尤为显著（OECD，2015）。值得注意的是，尽管全球运输及信息通信技术取得长足进步，但贸易成本仍维持较高水平，这在沿线发展中国家表现尤为突出，而成本降低将直接提升进出口企业的盈利空间。当前"一带一路"共建国家贸易便利化水平存在明显差异：部分国家亟需强化海关领域的"三互"合作（信息互换、监管互认、执法互助），部分国家重点在于提升口岸基础设施水平，还有部分国家则亟待加强跨境监管协调与检验检疫合作。

建设自由贸易试验区（FTZ）是我国在新发展阶段推进高水平对外开放的重要战略部署，旨在通过制度创新探索深化改革的新路径。作为改革开放的"试验田"，自贸试验区重点在投资贸易便利化、政府管理模式创新、金融开放等领域开展先行先试，着力构建与国际高标准经贸规则相衔接的制度体系。其主要功能包括创新投资管理体制、提升贸易便利化水平、推进金融领域开放创新等，为构建开放型经济新体制积累可复制推广的经验。自贸试验区建设的核心目标是打造法治化、国际化、便利化的营商环境，形成与国际通行规则相衔接的开放平台，培育参与国际竞争合作的新优势，推动开放型经济高质量发展。

贸易便利化改革作为推动国际贸易高质量发展的重要举措，通过创新海关监管机制、优化检验检疫流程、完善口岸服务体系等多维度政策创新，能够显著提升通关效率并降低贸易成本，从而为培育跨境电商、市场采购贸易等新型业态创造有利条件，进而推动自由贸易水平整体提升。截至2023年，全球已有150多个国家设立了超过4000个自由贸易园区，这些园区在促进贸易便利化方面积累了丰富经验，通过系统梳理可以发现其成功实践主要体现为五个关键维度：第一，完善的硬件设施和先进的数字化平台构成了基础保障体系，既包括港口、机场、仓储等传统基础设施建设，也涵盖智能通关系统、单一窗口平台等信息化建设，以及跨部门数据共享和业务协同机制；第二，健全的法律法规体系和市场化的园区管理模式构成了制度支撑体系，通过先行先试的立法保障和企业化运作机制，为园区内企业创造了高效透明、稳定可预期的营商环境；第三，简化的进出口流程、创新的海关监管方式和智能化系统应用形成了流程优化体系，通过实施"提前申报""两步申报"等便利化措施，配合智能审单、风险分类等监管创新，有效降低了企业的时间成本和制度性交易成本；第四，具有国际竞争力的税收政策和综合成本优势构成了要素集聚体系，通过实施具有比较优势的关税减免、增值税返还等政策，吸引高端生产要素集聚，推动形成具有规模效应的临港产业集群；第五，高效衔接的多式联运物流网络构成了运输支撑体系，以德国汉堡港为代表的国际先进自由贸易园区，通过整合海运、铁路、公路和空运等多种运输方式，建立智能调度系统，实现货物无缝衔接和快速转运，大幅提升了整体贸易便利化水平。

在全球贸易便利化实践中，各国基于自身国情和发展阶段形成了各具特色的创新模式，这些差异化经验为我国深化改革开放提供了重要参考。以中东地区为例，迪拜创新性地采用"1+N"园区发展模式，通过一个核心自贸区带动多个特色产业园区协同发展，不仅实现了临港产业的差异化布局，更形成了以贸易便利化改革促进特色产业培育的良性循环机制。北美地区的实践同样具有启发性，美国的分区制度将出口加工区作为港口的有机组成部分，通过功能整合和业务拓展，既提升了港口综合服务能力，又增强了加工制造业务的国际竞争力，这种港区一体化发展模式为我国沿海港口经济转型提供了新思路。

我国自贸试验区建设在贸易便利化领域已形成系统化的创新成果：第一，数字化基础设施建设成效显著，国际贸易"单一窗口"已覆盖全国所有口岸，智慧口岸和智慧物流体系建设大大提升了通关效率，以深圳为例，其跨境电商通关时效已缩短至1小时内；第二，专业化服务平台建设取得突破，跨境电商综合服务平台服务企业超过10万家，保税燃油加注"一口受理"平台年业务量突破500万吨，这些平台显著降低了企业运营成本；第三，跨境电商监管创新持续推进，"清单核放、汇总申报"等模式改革使企业通关成本降低30%以上；第四，特色产业精准扶持效果明显，浙江舟山聚焦油气全产业链发展，其保税燃料油加注量已跃居全球前十，天津东疆融资租赁业务规模占全国80%以上；第五，区域协同发展机制日益完善，上海自贸区推动的长江经济带通关一体化改革覆盖12个省市，天津自贸区的京津冀通关一体化使区域平均通关时间缩短40%。这些创新实践不仅提升了我国贸易便利化水平，也为全球贸易治理贡献了中国方案。

在推进贸易便利化制度创新的过程中，需要突破传统货物贸易的单一维度，构建覆盖货物贸易、服务贸易以及新兴贸易业态的全方位制度创新体系。从国际实践来看，贸易便利化改革正在经历从"单一窗口"向"综合服务平台"的转型升级。其中，国际贸易"单一窗口"作为基础性平台，通过整合海关、税务、外汇等监管部门的数据和流程，实现了贸易监管的协同化和标准化。而跨境电商综合服务平台则针对新型贸易模式的特点，创新性地解决了小额多频次交易的通关难题；特色商品全产业链服务平台则聚焦特定产业需求，提供从原材料进口到成品出口的全流程服务。这些平台通过数字化手段重构贸易流程，不仅实现了监管部门间的数据共享和业务协同，更重要的是建立了企业与政府间的双向信息通道，大幅降低了制度性交易成本。

为拓展国际合作空间，中国于 2022 年正式实施《区域全面经济伙伴关系协定》（RCEP），同时积极推进《数字经济伙伴关系协定》（DEPA）谈判进程，并于 2021 年申请加入《全面与进步跨太平洋伙伴关系协定》（CPTPP）。但现行制度在数据跨境管理、国企竞争规则、劳动权益保障及环境标准等方面与 CPTPP、DEPA 等高标准经贸协定之间仍存在改进空间。中国自由贸易试验区作为对接国际规则的核心试验平台，通过"压力测试"探索制度型开放路径：一方面参照 CPTPP、RCEP 等高标准的国际经贸规则，逐步建立与国际规范接轨的制度框架；另一方面通过"负面清单"动态调整、知识产权保护强化等改革，为全国层面的制度创新提供了实践经验。在这一过程中，自贸试验区既承担着弥合国内规则与国际高标准差距的过渡功能，也通过持续的制度优化推动中国对外开放从"边境措施"向"境内规制"的纵深发展。

提升制度创新的协同效应需要构建全方位、多层次的制度供给体系，这一体系包含六个关键维度的联动机制。在试验区内部层面，通过建立跨部门协同工作机制，如关检"三互"合作（信息互换、监管互认、执法互助）和"双随机、一公开"联合监管模式，实现海关、检验检疫、市场监管等部门的业务深度融合，推动全流程一体化改革。在区域协同层面，以山东自贸试验区为例，青岛、济南、烟台三片区建立了"1+2+3"海关协同机制，通过统一监管标准、共享风险参数、互认查验结果等措施，实现了跨关区业务的无缝衔接。在功能协同方面，自贸试验区与综合保税区、保税物流中心等海关特殊监管区域形成"政策叠加、功能互补"的发展格局，如郑州片区依托新郑综合保税区开展"保税 +"业务创新，2021 年跨境电商进出口额突破 1000 亿元。在区域经济辐射方面，自贸试验区通过"飞地经济"、产业链协同等模式，将贸易便利化措施延伸至周边区域，如浙江自贸区将油气贸易便利化政策拓展至长三角地区。在国际合作方面，山东自贸区与日、韩建立了"AEO 互认 +"合作机制，截至 2023 年底，中国海关总署数据显示，全国 AEO 认证企业已超过 4,200 家，检验检疫证书电子联网覆盖率提升至 97%，基本实现主要进出口商品全覆盖。在国家战略对接方面，各自贸区积极服务"一带一路"建设，如陕西自贸区创新"长安号"班列"快通"模式，使中欧班列通关时间压缩 30% 以上。

2. 研究意义

本研究基于制度创新理论和国际贸易理论，系统探讨了自由贸易试验区在推动高水平对外开放中的多重功能。作为深化改革的重要载体，自贸试验区通过重构政府与市场关系、优化要素配置机制、创新行政管理模式等途径，为构建开放型经济新体制提供了制度试验空间。其中，贸易便利化改革作为核心制度创新领域，本研究建立了"历史演进—政策体系—经济效应"三维分析框架：首先追溯自贸区贸易便利化的发展历程和政策演变；其次解析政策设计的理论逻辑、关键特征和实施路径；最后评估其对贸易流量的影响机制和作用效果。这一框架不仅阐释了贸易便利化建设的理论依据，还提出了具有可操作性的政策建议，为自贸试验区深化改革提供了理论支撑和实践指导。

在实践方面，本研究基于当前国际经贸规则深度调整与中国经济转型升级的双重背景，深入探讨自由贸易试验区推进贸易便利化改革的现实意义。通过系统分析国内外贸易便利化实践，识别出制度创新、数字化转型、监管协同等关键影响因素，并构建了"政策设计—实施路径—效果评估"的完整分析框架。这一框架不仅为政府制定政策提供了参考，也为自贸试验区提升贸易便利化水平提供成熟经验，具有重要实践意义。

1.2 研究思路设计

研究采用系统化的分析框架，通过四个相互衔接的研究阶段展开深入探讨。本研究主要思路如下：

首先，基于历史演进视角，系统梳理全球自由贸易园区的发展轨迹，将其划分为转口贸易型、工贸结合型等主要类别，并选取国际典型案例，提炼出其在空间布局上的共性特征，包括依托综合交通枢纽、注重产业链延伸、强调运营效率等关键要素。

其次，从我国自贸区的产业特征入手，通过对比各自贸区的总体方案及实施方案、自贸区产业规划、总体规划等资料，总结自贸区主要产业类型集群、重点业态以及区位和形态特征。

再次，选取典型样本进行深入分析，提出"双平台主导，多集群整合"的空间组织模式，即以国际货物贸易平台为基础，以综合服务平台为延伸的功能架构。

最后，基于研究发现，从产业发展、优化布局、双平台构建、辅助设施布局等维度提出具体实施策略。

1.3 理论基础

1. 自由贸易理论

在国际贸易理论体系的发展历程中，自由贸易理论与保护贸易理论始终是最具影响力的两大理论流派。作为自由贸易理论的开创者，18 世纪英国古典经济学家亚当·斯密在其划时代著作《国富论》中首次系统阐述了绝对优势理论。该理论基于劳动价值学说，明确提出国际分工和专业化生产能够显著提高劳动生产率，各国应当集中生产具有绝对成本优势的商品，并通过自由贸易实现互利共赢。亚当·斯密特别指出，自由贸易能够优化生产要素配置，促进资本和劳动力的合理流动，从而有效增加国民财富总量。然而，这一开创性理论存在明显局限性，即无法解释当一国在所有商品生产上都处于绝对优势或绝对劣势时国际贸易的合理性。

这一理论缺陷在 19 世纪初由大卫·李嘉图提出的比较优势理论得到完美解决。李嘉图在其 1817 年出版的《政治经济学及赋税原理》中论证指出，国际贸易的基础不是绝对成本差异，而是相对成本差异。即使一国在所有商品生产上都处于绝对劣势，只要遵循"两优相权取其重，两劣相权取其轻"的原则，专注于生产劣势相对较小的商品，仍然能够通过国际贸易获得净收益。这一革命性的理论突破不仅为自由贸易政策提供了坚实的理论基础，更成为现代国际贸易理论发展的里程碑。比较优势理论的影响力持续至今，不仅指导了 19 世纪英国自由贸易政策的实施，更深刻影响了第二次世界大战后关贸总协定和世界贸易组织多边贸易体制的建立。

20 世纪 70 年代后期，以保罗·克鲁格曼为代表的一批经济学家提出了新贸易理论，该理论突破传统比较优势理论的局限，引入规模经济、不完全竞争和产品差异化等新分析维度，论证了在规模报酬递增条件下自由贸易的额外收益。克鲁格曼特别强调，自由贸易能够帮助企业突破国内市场限制，实现规模经济效益，同时增加消费者选择空间。在这一理论演进背景下，自由贸易试验区作为实施特殊贸易政策的特定区域迅速发展起来。自由贸易试验区通过免除关税、简化行政程序、提供特殊监管政策等制度创新，为国际贸易活动创造了更为便利的环境。从历史维度看，自由贸易试验区的兴起既是对经济全球化趋势的积极回应，也是各国在贸易保护主义抬头背景下寻求国家利益最大化的战略选择。这一理论发展脉络清晰地表明，自由贸易理论随着世界经济格局的变化而不断深化和完善，为各国制定贸易政策提供了持续演进的理论支撑，同时也为理解当代国际贸易实践提供了重要的分析框架。

2. 制度经济学

制度经济学作为经济学的重要理论分支,主要探讨制度安排与经济行为之间的互动关系及其对经济发展的影响。该学科的发展历程可划分为两个重要阶段:早期制度经济学以凡勃仑 1899 年出版的《有闲阶级论》为标志,着重分析制度对经济行为的约束机制;而现代新制度经济学则肇始于科斯 1937 年发表的《企业的性质》,其革命性贡献在于引入交易成本这一核心概念,并以此为基础阐释了企业与市场这两种制度安排的替代关系。威廉姆森、德姆塞茨等学者通过拓展契约理论、产权理论等研究领域,使新制度经济学理论体系日臻完善。

诺斯在其制度变迁理论中提出,制度安排的本质是一系列正式与非正式的规则体系,这些规则通过界定产权、降低交易费用来塑造经济主体的行为模式。张五常进一步发展了这一观点,强调市场本身就是最重要的制度安排,其存在价值在于降低经济活动的协调成本。自由贸易园区作为特殊的制度创新,通过关税减免、监管优化等政策设计,在促进国际贸易和区域经济发展方面具有独特功能。为平衡开放与保护的关系,这类园区普遍采取"境内关外"的封闭管理模式,在确保国内市场稳定的同时维持其政策竞争力。中国学者范云兵指出,在经济转型关键阶段,制度创新是突破发展瓶颈的核心动力。当前,中国自贸试验区建设正着力构建与国际高标准经贸规则相衔接的制度体系,党的二十大提出的"高水平制度型开放"战略,要求自贸试验区在对接 RCEP、CPTPP 等国际经贸协定中发挥制度创新的示范引领作用。这一战略部署突显了制度经济学理论在中国改革开放实践中的指导价值。

制度创新已成为推动中国自贸试验区高质量发展的关键动力。根据党的二十大提出的"高水平制度型开放"战略部署,自贸试验区作为改革开放的前沿阵地,正着力打造符合国际标准的法治化、便利化制度框架,积极对接 RCEP、CPTPP 等新一代经贸协定规则。

1.4　文献综述

1. 贸易便利化体系创新相关研究

国内外学者对于贸易便利化体系创新的研究主要集中于以下几个方面:

(1)国际高标准经贸规则与先进国家贸易便利化措施的借鉴

学术界持续追踪国际经济组织在贸易便利化领域的最新动态与发展趋势,通过比较各国及地区实践与国际标准的差距,为政策制定提供参考依据。王中美（2014）通过构建包含程序简化、单证标准化、自动化应用等维度的评估框架，对世界贸易组织、经合组织等七大国际机构的贸易便利化实践进行了全面比较，研究发现虽然这些组织在基础性贸易便利措施方面已形成共识，但在具体实施路径和标准设定上仍存在显著差异。葛顺奇与沈玉昊（2017）通过系统比较世界贸易组织框架下的《贸易便利化协定》《跨太平洋伙伴关系协定》（TPP）的相关条款以及中国已签署的自由贸易协定内容，深入分析了中国在贸易便利化改革进程中所面临的标准差异与实施挑战，研究特别指出中国在边境后措施协调和数字贸易规则等领域与国际高标准经贸协定存在明显差距，并据此提出了渐进式对接国际规则的路径建议。刘重力与杨宏（2014）则聚焦亚太经合组织的贸易投资便利化进程，通过评估"上海共识"实施以来的具体成效，发现该组织在简化海关程序、促进商务人员流动等方面取得显著进展，但在成员经济体间的政策协调和标准互认方面仍存在不足，基于此研究为中国参与区域经济一体化提供了针对性的政策优化建议。柴瑜（2011）对新兴经济体贸易便利化合作机制进行了开创性研究，系统分析了金砖国家在海关程序简化、基础设施互联互通等领域取得的实质性进展，同时指出制度差异、技术标准不统一等制约因素，研究特别强调中国可通过提供技术援助、分享改革经验等方式推动成员国间的政策协调。宋海川等（2022）聚焦突发公共卫生事件对全球贸易体系的冲击，系统梳理了各国在疫情特殊时期采取的临时性便利化措施，包括延长清关时限、推行电子化单证等创新实践，为构建具有韧性的国际贸易体系提供了重要参考。张子琳和彭德雷（2024）通过文本分析方法，对 RCEP 和 CPTPP 两大区域贸易协定中的数字贸易条款进行深度解析，研究发现尽管两个协定在成员构成和发展水平上存在差异，但在促进无纸化贸易、规范数据跨境流动、协调电子认证标准等关键领域呈现出显著的政策趋同，这种制度趋同为构建包容性数字贸易规则体系奠定了重要基础。刘子明和王志刚（2024）的研究证实，《区域全面经济伙伴关系协定》通过关税减让和贸易便利化措施显著降低了成员国间的交易成本，其中农产品贸易受益尤为明显，区域内农产品贸易量实现显著增长。

此外，不乏学者研究国际贸易发展较早、发展程度较高的国家的贸易便利化措施，以此作为借鉴。如匡增杰（2013）通过比较分析法，系统考察了美国和新加坡海关在风险管理、自动化通关等领域的创新举措，并据此提出了完善中国海关监管体系的政策建议。周阳（2010）则聚焦中美海关制度比较，从治理理念、政企互动和国际协作三个维度，深入剖析了中国海关在贸易便利化改革中面临的关键问题。甘睿淼（2017）系统考察了日本贸易便利化的发展轨迹，着重分析了其在海关程序简化、"单一窗口"建设以及政企合作机制等方面的创新实践，研究揭示了日本通过分阶段、渐进式的改革路径实现贸易效率提升的经验做法，为中国优化贸易监管体系提供了重要启示。周念利和于美月（2023）则聚焦新加坡的数字贸易生态系统建设，详细阐述了其通过整合电子支付、智能合约等技术构建的全流程数字化平台，研究特别强调了统一技术标准在提升贸易便利化水平中的关键作用。

（2）贸易便利化的重点创新领域

如果说一部分学者寻求国际经验与他国借鉴以确定贸易便利化创新的前进方向，那么另外一部分学者则聚焦于贸易便利化的关键部门和重点领域，研究其发展历程与地区差异，提出较为具体的建议。近些年学者们提及较多的领域有：

第一，海关通关效率化。如陈亮（2012）系统论述了构建现代海关制度的关键要素，包括完善海关估价机制、优化原产地规则、实施分类通关管理以及推进单一窗口建设等创新路径。王少辉（2014）则从制度重构角度提出了海关改革的三大方向：重新界定海关职能定位、健全海关法律体系以及强化基础设施与信息技术支撑，这些措施共同构成了提升贸易便利化水平的制度保障。李佳（2023）的研究强调，海关内部跨部门协同机制的优化对推动数字贸易发展具有关键作用，特别是通过智慧海关建设实现通关流程再造和管理创新，将显著提升贸易便利化水平。刘子明和王志刚（2024）通过比较研究发现，RCEP框架下的海关规则在多个维度实现了制度突破：一方面确立了法律确定性和程序透明性原则，另一方面通过预裁定、自动化通关等创新举措大幅提升了通关效率，这些制度安排使得RCEP在贸易便利化标准上较WTO《贸易便利化协定》展现出更显著的开放特征。

第二，发展跨境电子商务。王冠凤（2014）的研究揭示了跨境电商在突破时空约束、降低交易成本方面的独特优势，为贸易便利化提供了新路径。陈希等（2016）则从制度适配性角度，指出我国需优化进出口流程、完善配套政策以更好适应跨境电商发展需求。邱佩瑶等（2023）基于"一带一路"框架的研究表明，跨境电商平台间的互联互通有助于构建开放透明的数字贸易生态，为共建国家数字贸易发展提供制度保障。进一步地，赵新泉等（2024）对"丝路电商"国际合作进展的评估显示，当前"一带一路"共建国家在电子商务领域的制度协调面临显著挑战，主要表现为各国在数字贸易规则体系、监管标准等方面存在较大差异，特别是在跨境数据流动、消费者权益保护等关键领域的标准互认进展缓慢，这种制度性差异导致适应跨境电商新业态的监管框架和贸易便利化措施尚未在共建国家间形成有效协同。

第三,"单一窗口"制度的推行。林宇等(2017)系统梳理了中国"单一窗口"政策的发展历程,并针对现存问题提出了优化建议。Widdowson等学者(2021)则基于WTO《贸易便利化协定》框架,分析了全球"单一窗口"实践的制约因素与发展趋势。刘斌与刘一鸣(2023)的最新评估显示,中国自贸试验区"单一窗口"在功能完善度、部门协同性和国际对标等方面仍存在提升空间,其平台的覆盖面相对有限,跨部门协调难度较大,系统功能亟待完善。

第四,其他体系创新中的关键节点。辛西娅(SénquizDíaz Cynthia,2021)强调了运输基础设施和物流对于提升贸易便利化水平和促进贸易的作用,指出各国政府应优先整合公共部门的物流利益相关者,以优化全球网络的效益;努尔阿拉姆等(Siddik Md. Nur Alam et al.,2021)考察了区块链技术对国际贸易的影响,认为应充分应用此技术促进贸易便利化;库马里·马姆塔等(Kumari Mamta et al.,2021)阐述了贸易便利化与治理的联系,提出提高政府治理质量以促进贸易便利化;阮黎氏越等(Nga Le Thi Viet et al.,2021)对越南海关数据进行分析并指出,应加快越南经济监管改革的步伐以促进贸易便利化。朱雄关与李慧珍(2023)从能源合作维度进行的研究表明,中国与南亚国家在可再生能源领域的深度合作需要突破传统模式,通过创新基础设施联通方式和提升跨境贸易便利化程度来加强区域经济融合。姚战琪(2024)则聚焦创新政策对数字贸易的促进作用,研究发现支持数字技术研发和应用的政策措施不仅直接提升了贸易便利化水平,还通过规范化发展路径显著增强了数字贸易的国际竞争力。

(3)"一带一路"提升贸易便利化水平

冯宗宪与李刚(2015)的研究聚焦丝绸之路经济带建设,系统探讨了通过优化通关程序、统一技术标准等贸易便利化措施来提升区域互联互通水平的实施路径。程中海和罗超(2015)则从制度设计角度,提出了构建常态化协调机制、专业化议题设置、信息化服务平台和技术化规则体系四位一体的贸易便利化推进框架。程欣(2016)认为要提高与"一带一路"共建国家的贸易便利化程度,应在完善基础设施、创新通关模式、优化制度环境等方面下功夫,同时通过建立执法互助与监管互认机制来逐步消除贸易投资壁垒。盛斌和靳晨鑫(2019)通过构建综合评价指标体系,对共建国家贸易便利化水平进行了量化评估,研究指出中国在推动区域贸易便利化进程中发挥着引领作用,具体表现为基础设施互联互通投资、跨境管理协调机制建设以及"单一窗口"国际合作等重要实践。曾文革(2018)的研究着重探讨"一带一路"陆路贸易规则体系的优化路径,强调中国应强化规则制定主导作用,重点推进陆路贸易核心规则创新,并完善多边协商机制。毛艳华等(2023)通过实证分析发现,贸易便利化措施对发展中国家价值链提升的效果存在行业差异性,其中技术行业受益最为明显,这一发现为"一带一路"建设中的差异化政策制定提供了重要依据。陈鸣等(2024)提出政策建议:中国一方面应继续加强对高收入经济体的经贸关系,另一方面应着重提升与"一带一路"共建国家中低收入经济体的贸易便利化水平,为国内企业"走出去"构建更好的经贸环境,也为我国产业升级提供新的着力点。

(4)自贸试验区贸易便利化创新体系

胡加祥(2016)的研究建议自贸试验区可作为制度创新试验田,率先试行 WTO《贸易便利化协定》相关条款,为全国范围内的实施积累经验。谢谦(2018)则系统分析了我国自贸试验区贸易便利化改革面临的主要挑战,包括整体水平有待提升、改革措施缺乏系统性、监管部门协调不足以及信息化建设重复等问题,并提出了加强制度创新集成性的具体路径。还有一些学者专注于某个自贸试验区贸易便利化的具体需求(范艳萍,2021;郑会青,2020;杨慧瀛等,2020),提出地区特色的改革路径。胡加祥(2023)指出自贸试验区的贸易便利化实践应具备连续性、全面性和安全性这三大特征。陈庆庆(2024)认为我国自贸试验区需要积极推动贸易监管上的制度创新,包括通关业务的无纸化服务运行、"单一窗口"的货源追溯等,从而促进贸易便利化并降低贸易壁垒。

2. 自由贸易试验区贸易便利化相关研究

在自由贸易试验区贸易便利化研究领域,学者们基于实践探索提出了诸多建设性意见。裴长洪与倪江飞(2024)系统考察了中国自贸试验区和自由贸易港的制度创新实践,研究发现我国已成功构建以"准入前国民待遇加负面清单"为特征的新型外资管理体系,实现了从全面审批向有限审批与备案制的转变,这一制度变革彻底重构了传统外资管理模式。研究进一步建议,未来改革应着力强化与国际高标准经贸规则的对标衔接,重点提升制度创新的系统性与协同性。向赛(2020)对上海自贸区贸易便利化实践的考察表明,其在海关监管创新、货物分类管理、检验检疫改革及"单一窗口"建设等方面成效显著,研究建议未来应着力提升港口基础设施、深化政府职能转型、强化金融服务支撑,以持续优化贸易便利化水平。张灿(2018)基于重庆自贸区的实证研究,提出海关部门应通过监管机制创新、强化政企协作、完善基础设施及提升人员专业素养等多维举措来优化贸易便利化水平。刘子明与王志刚(2024)通过构建贸易便利化综合评估模型,基于通关时效与关税成本等核心指标开展实证分析,研究结果表明 RCEP 框架下的制度性安排显著优化了中国农产品进口结构,具体表现为食用油脂、乳制品及牛羊肉等品类从成员国进口量显著增长，有效降低了对美洲单一市场的依赖程度。该研究建议通过培育优势农产品出口竞争力、扩大特色农产品进口多元化、完善供应链稳定性建设等系统性举措，全面提升农业国际竞争力，同时强调需要持续深化与高标准国际经贸规则的对接融合。

在分析对比我国自贸区贸易便利化水平与国际社会的差距时，朱妮娜（2017）对我国首批自贸区贸易便利化实践的评估显示，在市场准入、边境管理、基础设施和统计标准等关键领域与国际先进水平相比仍存在提升空间，研究建议应着力优化外贸营商环境、深化国际合作并加强海关协同。粟献忠（2021）通过中新自贸区比较研究发现，双方在制度设计、技术应用、基础设施和服务理念等方面存在显著差异，主张中国应借鉴新加坡经验，重点推进自贸区制度创新、强化科技赋能、完善基础设施建设和转变服务理念。谢徐娟（2017）通过系统比较中国自贸区政策与国际经贸新规则，发现我国在投资开放、金融创新和货物监管便利化等领域仍存在制度差距，建议在保持中国特色的基础上吸收国际先进经验，优化央地政府职能划分，突出各试验区差异化改革重点。云倩和陆善勇（2024）的研究警示，中国在印太地区数字贸易规则制定、技术标准对接等方面面临边缘化风险，亟须构建数字经济安全体系，强化产业链供应链抗风险能力。

东盟在我国对外贸易格局中占据重要战略地位。胡艳丽等（2024）的分析表明，中国与东盟签订的自由贸易协定通过降低交易成本、简化贸易程序等机制显著提升了双边贸易便利化水平，进而促进了贸易规模扩大和效率提高。王勤（2024）则着重探讨了东盟七国参与"印太经济框架"（IPEF）可能产生的影响，研究指出该框架的实施可能导致区域价值链重组、清洁能源领域竞争加剧、中资企业对美出口路径受阻以及投资税负增加等挑战。黄成亮（2021）的研究聚焦中国—东盟自贸区升级版框架下广西的发展机遇，指出提升贸易便利化水平对促进国际陆海新通道建设和深化与东盟经贸合作具有关键作用，未来广西贸易便利化水平的提升应从加强与东盟国家的边境监管合作、推进国际骨干通道建设、推进"单一窗口"建设等方面入手。于倩与武云蕾（2019）运用引力模型实证分析了贸易便利化对中国—东盟贸易流量的影响，研究发现进口国金融与电子商务发展水平对中国出口的促进作用最为显著，据此建议优先提升金融与电子商务领域的便利化程度，同时优化海关效率和完善交通基础设施。云倩和陆善勇（2024）的研究则显示，美国主导的"印太经济框架"对中国—东盟数字经济合作形成了系统性制约，特别是在产业、科技等关键领域，研究强调中国需强化区域数字经济引领作用，深化与东盟在数字技术应用层面的合作。

3."一带一路"贸易便利化相关研究

随着多边贸易体系的深化发展，传统关税壁垒的削减空间已日趋有限，全球贸易自由化进程进入新阶段。Baldwin 等（2000）的研究指出，在关税水平普遍降低的背景下，技术性贸易壁垒、烦琐的海关程序以及监管差异等非关税措施逐渐成为制约国际贸易的主要障碍。为应对这一挑战，WTO 于 2014 年 11 月正式通过《贸易便利化协定》，标志着全球贸易治理重点转向口岸效率提升、海关环境优化和规制协调等新型便利化措施。多项研究表明（曾铮和周茜，2008；孙林和倪卡卡，2013；李豫新和郭颖慧，2013），贸易便利化水平的提升不仅能够显著扩大出口规模，还能通过降低交易成本、提高资源配置效率等途径增进社会福利。

学界对贸易便利化指标体系的构建主要基于 Wilson 等（2003）提出的理论框架，该框架包含港口效率、海关环境、制度环境和电子商务四个核心维度。随着国际贸易环境的演变，相关评价体系也在持续完善。孔庆峰与董虹蔚（2015）在原有框架基础上进行了创新性拓展，构建了包含口岸与物流效率、海关与边境管理、规制环境以及金融与电子商务四个一级指标和 22 个二级指标的综合评价体系，使贸易便利化的测量更具系统性和科学性。关于贸易便利化水平的衡量方法，迪等（Dee et al.，1998）应用一般均衡模型，李萍（2018）运用随机前沿引力模型，宋伟良与贾秀录（2018）采用拓展型贸易引力模型，张亚斌团队（2016）选择主成分分析法，而 Qazi 等（2021）则应用灰色关联分析法。在评估标准方面，曾铮和周茜（2008）建立了四级评价体系：0.8 分以上为非常便利，0.7-0.8 分为比较便利，0.6-0.7 分为一般便利，0.6 分以下为不便利。盛斌和靳晨鑫（2019）对"一带一路"共建国家的评估显示，中东欧国家表现最优，接近国际最佳实践水平，东南亚、独联体和西亚北非处于中等水平，南亚相对落后，中亚与蒙古的便利化程度最低。

现有研究表明"一带一路"共建国家贸易便利化改革对中国对外贸易产生了显著促进作用。范秋芳等（2019）的量化分析显示，共建国家贸易便利化水平每提升 1%，中国对其出口规模相应增长 1.29%，证实了便利化措施对出口贸易的积极影响。董银果与吴秀云（2017）的研究则发现，丝绸之路经济带贸易便利化程度的提高特别有利于中国制造业产品出口。张锡宝等（2020）通过构建计量经济模型，验证了贸易便利化政策对跨境电商发展的正向推动作用，其研究结果通过多项稳健性检验。刘宏曼与王梦醒（2018）的研究证实，"一带一路"共建国家贸易便利化各维度指标均显著降低了中国农产品贸易成本，其中经济自由度的影响最为突出，其次是基础设施质量，而反映边境管理效率的跨境前沿距离指标也具有重要影响。邓靖（2021）基于"一带一路"倡议实施效果的研究表明，该倡议通过提升贸易便利化水平促进了中间品进口和技术创新，但也面临区域发展不均衡、外部经济环境影响显著以及民营企业参与不足等挑战。方建国与林泓杰（2024）的最新研究发现，东道国投资便利化程度的提高能够显著增强贸易便利化对中国双向直接投资协调发展的促进作用。

现有研究显示，"一带一路"共建国家在贸易便利化发展方面存在明显的区域不平衡现象。程云洁与董程慧（2021）的研究指出，多数共建国家的贸易便利化水平仍处于中低层次。范秋芳研究团队（2019）对2013—2017年间55个共建国家的测算数据表明，仅5个国家达到0.7分以上的较高便利化水平，14个国家超过0.6分的基本门槛，约75%的国家仍低于0.6分的基准线，反映出共建国家整体贸易便利化水平仍有较大提升空间。在这种局势下，康文梅（2022）提倡从政策层面加大关注，一方面积极推动与"一带一路"共建国家在贸易便利化领域的合作，重点支持其在交通基础设施和通信网络建设方面的能力提升，如给予资金、技术等帮助；另一方面积极建设系统化、极简化的海关程序，如大力发展互联网络、加强执法能力等。

第二章

国际贸易规则的新变化与新挑战

多边贸易体制的变革
数字贸易规则的兴起
贸易保护主义的抬头
自贸区立法的推进

2.1　多边贸易体制的变革

2.1.1　多边贸易体制的结构性变革

世界贸易组织（WTO）自 1995 年创立以来，始终是多边贸易体系的核心治理机构，在促进全球贸易自由化发展和完善国际贸易规则框架方面发挥着关键性作用。然而，随着全球经济格局的深刻嬗变和新兴贸易议题的不断涌现，多边贸易体制近年来经历了一系列结构性调整。本节将从制度变革、谈判机制创新和规则体系更新三个维度，系统分析多边贸易体制的主要变革及其影响。

世界贸易组织近年来致力于提高组织运作的效率和透明度。2017 年，世界贸易组织成员方一致同意实施"WTO 透明度机制"，要求成员方及时通报其贸易政策和措施。这一制度创新显著强化了组织监督职能，有效预防和减少了贸易摩擦。此外，世界贸易组织还加强了与其他国际组织的合作。例如，2018 年世界贸易组织与世界海关组织签署了谅解备忘录，加强在贸易便利化和海关估价等领域的合作，展现了 WTO 应对全球贸易新形势的开放合作姿态。

在谈判机制方面，世界贸易组织近年来尝试突破传统的"单一承诺"模式，转向更为灵活的谈判方式。2017 年世界贸易组织第 11 届部长级会议上，部分成员方发起了电子商务、投资便利化和中小微企业等联合声明倡议。这种"小多边"谈判方式允许志同道合的成员在特定议题上先行先试，为打破多边谈判僵局提供了新思路。尤其值得注意的是，2020 年开始的渔业补贴谈判采用了"混合谈判"模式，即在全体成员参与的基础上，允许部分成员就具体问题进行小组讨论，这种方式在一定程度上提高了谈判效率。

2017 年正式生效的《贸易便利化协定》（TFA）具有里程碑意义，作为 WTO 成立以来达成的首个多边贸易协定，该协定通过简化和统一海关程序、提升透明度等措施，预计将使全球贸易成本降低 14.3%，发展中国家受益尤为显著。2020 年，《信息技术协定》（ITA）扩围谈判取得实质性成果，将云计算设备、3D 打印机等 1300 多种新兴技术产品纳入免关税范围，覆盖全球信息技术产品贸易的 97%，这一突破有力促进了数字经济的发展。这些规则创新充分体现了 WTO 在应对技术进步和贸易模式变革方面的适应能力。值得注意的是，争端解决机制的改革也成为多边贸易体系变革的重要议题。自 2019 年 12 月 WTO 上诉机构因法官任命受阻而陷入停摆以来，各成员积极探索替代方案。2020 年 4 月，以欧盟为首的 16 个 WTO 成员率先建立了《多方临时上诉仲裁安排》（MPIA），通过临时仲裁机制维持争端解决功能，目前已有超过 25 个成员加入该安排。这些制度创新展现了 WTO 成员在维护多边贸易体系方面的决心和智慧。尽管这一安排尚未得到全体成员的认可，但它为维护多边贸易体制的争端解决功能提供了重要支撑。

总的来看，近年来多边贸易体制的结构性变革呈现出以下特征：一是更加注重灵活性和包容性，通过多样化的谈判方式推动规则制定；二是积极应对新兴贸易议题和全球性挑战，展现了多边体制的适应能力；三是在维护核心功能方面做出了创新性尝试，特别是在争端解决机制方面。这些变革反映了多边贸易体制在面对复杂国际经济环境时的自我调整和创新能力。然而，如何在保持多边主义本质的同时进一步提高效率和适应性，仍然是多边贸易体制面临的长期挑战。

2.1.2　区域贸易协定与多边贸易体制的互动

区域贸易协定（RTAs）作为 21 世纪国际贸易体系的重要制度创新，深刻重塑了全球经贸格局。这类协定与多边贸易体制的相互关系呈现出明显的二元性特征：一方面，RTAs 通过"竞争性自由化"机制倒逼多边贸易体制改革，其深度条款在服务贸易、投资便利化等领域的边际突破，为 WTO 规则现代化提供试验场；另一方面，RTAs 的"意大利面碗效应"导致规则碎片化，区域优惠安排侵蚀多边非歧视原则，尤其发展中国家面临规则遵从成本上升的困境。

从理论视角分析，区域贸易协定对多边贸易体制的影响主要体现在贸易创造与贸易转移两个维度。一方面，通过消除成员间的贸易壁垒，区域协定能够促进区域内贸易增长，这种贸易创造效应可能外溢至多边层面，推动全球贸易自由化进程；另一方面，区域协定的排他性特征可能导致贸易流向从高效率非成员国转向低效率成员国，产生贸易转移效应，这种资源配置扭曲与多边贸易体系的最惠国待遇原则存在潜在冲突。

从制度互动的视角分析，区域贸易协定与多边贸易体制呈现出双向影响的动态关系。一方面，区域贸易协定可以作为多边贸易自由化的"试验田"。区域层面的规则创新和经验积累可以为多边规则的制定和更新提供借鉴。例如，服务贸易和知识产权保护等新议题往往首先在区域贸易协定中得到规范，然后逐步被纳入多边框架；另一方面，多边规则也为区域贸易协定的设计和实施提供了基本框架和原则。WTO 规则体系中的基本原则，如"实质上所有贸易"覆盖要求和"其他限制性贸易规则"约束条款，为区域协定的制定提供了规范性框架。

区域贸易协定（RTAs）对多边贸易体制的影响体现在多个维度。在自由化进程方面，RTAs 展现出更高的谈判效率，这种"竞争性自由化"现象既可能推动多边谈判，也可能分散成员国的谈判资源。大量 RTAs 的涌现导致了贸易规则的碎片化，产生了显著的"面条碗效应"，提高了企业的合规负担。以 CPTPP 和 RCEP 为代表的高标准区域协定在数字贸易、环境标准等新兴领域的前沿探索，为世界贸易组织规则的更新提供了参考，但也可能加剧了发达国家与发展中国家在规则制定中的分歧。值得注意的是，在 WTO 上诉机构停摆的背景下，部分 RTAs 的争端解决机制正逐渐承担更重要的角色。这种趋势虽然在短期内可以填补多边机制的空缺，但长远来看可能导致全球贸易规则适用的碎片化。

为应对区域贸易协定（RTAs）的快速发展，多边贸易体制需要采取系统性应对策略。世界贸易组织可以加强对区域贸易协定的监督和评估，确保其符合多边规则的基本原则；探索区域贸易协定规则的多边化路径，将成熟的区域规则逐步纳入多边框架。此外，世界贸易组织应当关注区域贸易协定对发展中国家的影响，通过能力建设等措施帮助这些国家更好地融入区域和全球贸易体系。

总之，区域贸易协定与多边贸易体制之间的相互作用构成了一个具有复杂性和动态性的演进过程，这一过程值得学术界和政策制定者持续观察与深入探讨。在区域化与多边化并存的新形势下，如何实现二者的良性互动，构建更加公平、高效的全球贸易治理体系，是国际贸易理论和实践面临的重要课题。这需要决策者在制定贸易政策时，充分考虑区域利益与全球利益的平衡，同时也为学术界提供广阔的研究空间。在区域化与多边化并存的新形势下，多边贸易体制需要采取更加开放和包容的态度，将区域贸易协定视为推动全球贸易治理创新的契机。通过加强监督、促进协调、推动多边化等措施，可以实现区域贸易协定与多边贸易体制的良性互动，最终构建更加公平、高效的全球贸易治理体系。

2.2 数字贸易规则的兴起

2.2.1 数字贸易规则的演进背景与必要性

数字经济的蓬勃发展为全球贸易格局带来了深刻变革，数字贸易作为其中的重要组成部分，正以前所未有的速度和规模重塑国际经贸关系。然而，传统的贸易规则体系在应对数字贸易带来的新挑战时显得力不从心，这一矛盾催生了制定专门数字贸易规则的迫切需求。本节将深入探讨数字贸易规则兴起的历史背景、现实必要性以及其对全球贸易治理体系的深远影响。

从历史演进的角度来看，数字贸易规则的发展历程始于 20 世纪 90 年代互联网的商业化应用。1998 年世界贸易组织电子商务工作计划的启动，标志着国际社会开始关注数字经济对贸易的影响。随后，各种双边和区域贸易协定中陆续出现了与电子商务相关的条款，为后续更全面的数字贸易规则奠定了基础。2017年，在 WTO 布宜诺斯艾利斯部长级会议上，71 个成员方共同发表声明，正式启动电子商务议题谈判，标志着数字贸易规则制定进入新阶段。

数字贸易规则体系的建立是应对数字经济新特征的必然要求。传统贸易规则主要针对有形商品的跨境流动，而数字贸易涉及的数据流动、数字服务、知识产权保护等问题，超出了现有规则的适用范围。具体而言，数据本地化政策、跨境数据监管、数字产品征税等新兴领域均需建立专门的规制体系。同时，数字技术的快速演进对规则设计的灵活性和适应性提出了更高要求，以确保制度框架能够匹配技术创新速度。

数字贸易规则体系的构建对推动全球数字经济健康发展和建立公平竞争秩序具有关键作用。统一的规则有助于降低跨境数字贸易的交易成本，增强市场预期的稳定性，从而推动数字贸易的进一步扩大。同时，合理的数字贸易规则可以平衡各国在数据安全、隐私保护、市场准入等方面的诉求，防止数字保护主义盛行，维护全球价值链的畅通。

数字贸易规则的发展标志着全球经贸治理体系正在发生结构性转变。传统以世界贸易组织为核心的多边贸易体制在数字贸易领域面临挑战，而区域性和双边协定正在成为制定数字贸易规则的重要平台。这一演变不仅重塑了国际规则的形成机制，更对全球经济治理架构产生了重大影响。因此，研究数字贸易规则的兴起，对于理解和把握国际经贸关系的未来走向具有重要的理论和实践意义。

2.2.2 数字贸易规则的演进

数字经济的快速发展正在深刻改变全球贸易形态，对传统国际贸易规则体系提出了新的适应性要求。本节旨在系统分析数字贸易规则的演进历程，探讨传统贸易规则向数字时代过渡的适应性调整，以及数字贸易新规则的创新发展，为构建更加包容、灵活的国际数字贸易治理体系提供理论依据和政策建议。

传统国际贸易规则体系以 1994 年《关税与贸易总协定》和 1995 年世界贸易组织协定为核心，主要聚焦于有形商品的跨境流动。然而，随着数字技术的广泛应用和数字经济的兴起，这一规则体系在多个方面显露出明显的局限性。首先，在贸易客体界定方面，传统规则难以准确定义和分类数字产品和服务。例如，软件、数字内容等无形商品的性质既不完全符合《关税与贸易总协定》对货物的定义，也不完全符合《服务贸易总协定》（GATS）对服务的界定，导致在关税待遇、市场准入等方面出现规则真空。其次，在贸易方式认定上，传统规则主要基于跨境实体流动设计，难以涵盖数字平台、云计算等新型贸易模式。特别是 GATS 的四类服务提供模式已无法适应数字服务贸易的多样化特征。最后，在贸易壁垒识别和消除方面，传统规则主要聚焦于关税和配额等显性壁垒，而数字贸易中的数据本地化要求、内容审查、平台准入限制等新型壁垒，往往以国家安全、隐私保护等名义出现，增加了贸易规则适用的复杂性。

面对这些挑战，传统贸易规则正在进行适应性演进。这一过程主要表现在以下几个方面：第一，通过概念扩展与重新解释，使现有规则适用于数字贸易。例如，1998 年世界贸易组织成员方达成的《全球电子商务宣言》，就尝试将电子传输视为服务贸易，从而将其纳入《服务贸易总协定》框架下。第二，在区域协定中创设专门条款，典型案例是 CPTPP 设立的电子商务专章，为数字贸易提供针对性规范。第三，加强跨领域协调，将贸易规则与知识产权、竞争政策、数据保护等相关领域的规则进行更紧密的整合。此外，软法机制的应用也日益广泛，如经济合作与发展组织的《数字经济税收挑战应对框架》为硬法规则的制定积累了宝贵经验。

然而，传统规则的渐进式调整已无法充分适应数字贸易的快速发展。当前数字贸易规则创新主要聚焦四个关键领域：一是数据跨境流动规制需在自由流通与国家安全、隐私保护间建立平衡机制。在数字贸易规则制定过程中，如何在保障数据跨境自由流动的同时，有效维护国家数据主权和个人隐私权益，构成了当前制度设计的核心难题。二是数字产品的分类与待遇问题亟待解决。未来可能需要突破传统的货物／服务二分法，建立更加灵活的分类体系。三是数字服务贸易的市场准入规则需要进一步完善，特别是在涉及关键基础设施、公共服务等敏感领域时，如何平衡开放与安全的关系需要创新性的制度设计。四是数字环境下的知识产权保护、数字税收、数字贸易便利化等议题也都需要新的规则予以规范。

在数字贸易规则创新进程中，各国面临着多重制度设计挑战：技术中立性与规则稳定性的矛盾、国家间在数字主权和数据安全等问题上的分歧、数字鸿沟导致的发达国家和发展中国家利益诉求差异等。这些挑战要求我们探索新的全球数字贸易治理范式，包括构建多层次治理模式、采用软法与硬法相结合的方法、鼓励多元主体参与、推行实验性立法、建立基于数据的规则评估机制等。

总之，数字贸易规则的演进是一项复杂的系统工程，既需要对传统规则进行适应性调整，又要推动新规则的创新发展。未来的研究应进一步深化对数字技术与贸易规则互动关系的认识，探索更加灵活、包容的规则制定机制，为构建公平、高效、创新的全球数字贸易秩序贡献智慧。同时，还需要加强对新兴数字贸易模式（如元宇宙经济）的前瞻性研究，为未来规则的创新发展提供理论指引和实践参考。

2.2.3　数字贸易规则的制定

在数字贸易规则的制定过程中，主要国家和国际组织扮演着关键角色，其立场和策略直接影响着全球数字贸易治理的方向。本节将重点分析美国、欧盟、中国等主要经济体，以及世界贸易组织、经济合作与发展组织等国际组织在数字贸易规则制定中的角色定位和策略选择，以及这些行为体之间的互动如何塑造了当前数字贸易规则的发展态势。

美国作为数字经济的领先国家，一直积极推动有利于其数字企业全球扩张的贸易规则。通过 USMCA 等区域协定，美国确立了包含数据跨境自由流动、禁止本地化存储等高标准数字条款，试图塑造全球数字贸易治理的基准框架。然而，美国在数据隐私保护等方面的立场也引发了其他国家的担忧，这成为国际谈判中的一个潜在障碍。

欧盟则采取了以保护数据隐私和数字主权为核心的策略。《通用数据保护条例》（GDPR）的实施体现了欧盟在数据保护方面的高标准要求。在数字贸易规则谈判中，欧盟坚持将数据保护和消费者权益置于优先地位，这与美国的立场形成了鲜明对比。欧盟还积极推动数字服务税等新型税收政策，以应对数字经济带来的税收挑战，这进一步突显了其在数字贸易规则制定中的独特立场。

中国在数字经济领域快速崛起，正积极参与全球数字贸易治理体系建设。通过"数字丝绸之路"等国际合作倡议推动数字经济国际合作。在国内，中国通过设立数字贸易试验区、出台《中华人民共和国数据安全法》等措施，为参与国际数字贸易规则制定积累经验。在国际谈判中，中国注重维护发展中国家权益，倡导构建兼顾各方利益的包容性数字贸易规则框架。

世界贸易组织作为多边贸易体系的核心机构，在数字贸易规则制定方面既面临发展机遇也遭遇现实挑战。世界贸易组织电子商务联合声明倡议为成员方提供了一个讨论数字贸易规则的平台，但由于成员立场分歧，谈判进展缓慢。世界贸易组织需要在维护现有规则体系的基础上，探索适应数字贸易特点的新机制，以保持其在全球贸易治理中的核心地位。经济合作与发展组织则通过研究和政策建议，为数字贸易规则的制定提供智力支持。经济合作与发展组织的"数字经济政策"项目为各国提供了数字贸易政策制定的参考框架。特别是在数字服务贸易统计、数字经济测度等方面，经济合作与发展组织的工作为制定基于证据的数字贸易政策奠定了基础。此外，亚太经合组织等区域性机构也发挥着重要作用，其《数据跨境隐私规则》（CBPR）体系构建了尊重成员方数据政策前提下的自愿性数据流动框架。

综上所述，主要国家和国际组织在数字贸易规则制定过程中展现出复杂的互动关系。各方基于自身利益和发展阶段，采取了不同的策略和立场。这种多元化的参与格局一方面增加了达成全球共识的难度，另一方面也为构建更加包容、平衡的数字贸易规则体系提供了可能。未来，如何在各方利益之间寻求平衡，构建既能促进数字贸易发展又能保护国家安全和公民权益的规则体系，将是全球数字贸易治理面临的核心挑战。

2.2.4　数字贸易规则的多元化发展

数字经济时代的来临为国际贸易带来了前所未有的机遇与挑战，数字贸易规则的构建已成为全球经贸治理体系中一个不可回避的关键议题。在多边层面，世界贸易组织为全球贸易规则的主要制定者，面临着在数字贸易领域重塑其权威的艰巨任务。2017年布宜诺斯艾利斯部长级会议发起的电子商务联合声明倡议，展现了WTO参与数字规则制定的积极尝试，但由于成员方在数据跨境流动、个人信息保护、市场开放程度等关键议题上的立场差异，多边协商进程面临诸多阻碍。这种困境反映了数字贸易的复杂性，以及传统多边贸易体制在应对数字经济挑战时的局限性。尽管如此，世界贸易组织的努力仍不可低估，其在制定数字贸易术语定义、明确数字产品关税待遇等基础性问题上的工作，为全球数字贸易规则的协调统一奠定了重要基础。

相较于多边谈判进程的相对缓慢，区域性数字贸易规则制定展现出更显著的活力。以《全面与进步跨太平洋伙伴关系协定》和《区域全面经济伙伴关系协定》等为代表的新一代区域贸易协定，都纳入了专门的电子商务章节，涵盖了数据跨境流动、源代码保护、电子认证与签名等广泛议题。这些区域协定不仅反映了成员国在数字贸易规则上的共识，也为全球规则的制定提供了有益参考。值得关注的是，不同区域协定在规则设计上存在明显差异：CPTPP 倡导较高标准的数据自由流动原则，而 RCEP 则在数据本地化等敏感领域为成员国保留了更大的政策灵活性。这种区域层面的"实验"为全球数字贸易规则的多样性发展提供了丰富素材。

在双边层面，数字贸易规则的构建展现出更强的针对性和灵活性。《美日数字贸易协定》不仅确立了数据跨境自由流动等高标准条款，还首次将算法透明度纳入贸易协定，体现了数字贸易规则向更深层次拓展的趋势。中国与新加坡签订的《数字经贸合作备忘录》则展现了新兴经济体在规则创新方面的探索，特别是在数字身份互认、电子发票互通等创新领域的合作，为数字贸易规则的多元化发展注入了新的活力。

多边、区域和双边层面的数字贸易规则构建并非相互孤立，而是呈现出复杂的互动关系。一方面，区域和双边协定中的创新性条款可能为多边规则的制定提供借鉴；另一方面，多边框架下达成的基本共识为区域和双边谈判设定了参考基准。这种多层次、多维度的规则构建模式，既反映了数字贸易的复杂性，也体现了各国在数字经济治理中寻求平衡的努力。然而，这种多元化发展也带来规则碎片化风险，不同协定间的条款差异可能推高企业合规负担。同时，数字技术的快速演进对规则的前瞻性和适应性提出了更高要求。如何在多元化中寻求协调统一，在创新中保持稳定性，将是未来全球数字贸易治理面临的重要课题。

总体而言，数字贸易规则的多元化发展反映了全球经贸治理体系正在经历深刻变革。在这一过程中，多边、区域与双边层面的规则构建相互补充、相互影响，共同塑造着数字贸易的未来图景。对于中国等新兴经济体而言，积极参与各层面的规则制定，在维护自身利益的同时推动构建更加包容、平衡的全球数字贸易规则体系，将是一项长期而艰巨的任务。未来的研究还需要进一步探讨如何优化多层次规则构建的协同机制，以及数字贸易规则与其他领域国际规则的互动关系，从而为全球数字经济治理提供更加系统和深入的理论支撑。

2.3 贸易保护主义的抬头

2.3.1 新时期贸易保护主义的特征与表现形式

贸易保护主义作为一种反全球化的经济政策倾向，在国际贸易历史中周期性出现。然而，21 世纪第二个十年以来，特别是 2008 年全球金融危机后，贸易保护主义呈现出新的特征和表现形式，对全球贸易格局产生了深远影响。当前全球贸易保护主义呈现多维度强化态势。在传统领域，美国和欧洲发达国家持续升级关税壁垒。非关税措施方面，技术性贸易壁垒（TBT）使用频率激增，涉及数字产品认证、数据本地化等新兴领域。单边制裁体系加速扩张，美西方将贸易政策"泛安全化"，通过实体清单、出口管制实施产业链阻断。这种"规则武器化"倾向正加剧全球价值链割裂，侵蚀了多边贸易体制根基。

当代贸易保护主义呈现出两个突出特征：一是措施形式的隐蔽性，二是实施对象的针对性。在表现形式上，现代保护措施主要通过技术性贸易壁垒（TBT）、卫生检疫标准（SPS）等非关税手段实施。这些措施表面上以保护消费者权益、维护国家安全等正当理由为借口，实则构成了对国际贸易的隐性障碍。典型案例包括部分国家通过制定严苛的农产品检验标准变相限制进口。这种隐蔽性使得贸易保护措施更难被识别和质疑，增加了国际贸易的不确定性。此外，新时期贸易保护主义呈现出明显的选择性和针对性。发达国家倾向于在高技术领域和战略性新兴产业实施保护措施，以维持其竞争优势。例如，美国以国家安全为由对中国科技企业实施出口管制。这种选择性保护不仅针对特定国家，也聚焦于特定产业，反映了大国之间在科技和产业领域的激烈竞争。

数字经济的发展孕育了新型贸易保护措施。数据存储本地化规定、网络内容监管政策以及数字服务征税机制等创新性政策工具，正在对跨境数据自由流动和数字服务贸易发展形成实质性障碍。例如，欧盟的《通用数据保护条例》虽然旨在保护用户隐私，但也在一定程度上增加了跨国企业的合规成本，成为数字贸易的潜在障碍。与此同时，贸易保护主义与产业政策、投资政策的界限日益模糊。一些国家通过产业补贴、政府采购歧视、外资准入限制等方式，间接实现贸易保护目的。贸易保护措施的政策工具日益多元化，导致其影响范围持续扩大且形式更加复杂。同时，保护主义措施的实施方式呈现出明显的多边化特征。除了单边行动，一些国家还通过重新谈判或退出现有贸易协定、组建新的贸易联盟等方式，重塑有利于自身的贸易规则。这种多边化策略不仅影响双边贸易关系，还对整个国际贸易体系产生了深远影响。

总的来说，新时期贸易保护主义在形式上更加隐蔽和多样化，在实施上更具选择性和针对性，在影响范围上更加广泛和深远。这些新特征和新表现形式对全球贸易治理体系提出了严峻挑战，需要国际社会共同应对。未来研究应进一步关注贸易保护主义的演变趋势，探索有效的应对策略，以维护自由、开放、包容的国际贸易秩序。

2.3.2　贸易保护主义抬头的深层原因及影响

贸易保护主义在全球范围内的兴起是多种经济政治因素综合作用下的必然现象。深入分析其根源，不仅有助于我们理解当前国际贸易格局的变化，也为预测未来趋势和制定应对策略提供了重要依据。

贸易保护主义在全球范围内的重新抬头是多重结构性因素共同作用的结果，可以从经济、政治和社会三个维度进行深入分析。从经济发展来看，2008 年国际金融危机后世界经济增长持续疲软，根据国际货币基金组织数据，2010—2019 年全球经济年均增长率仅为 3.7%，明显低于危机前水平。这种长期低迷的经济环境促使各国政府转向保护性贸易政策，试图通过限制进口来维持本国产业竞争力和就业水平。同时，全球化进程中的利益分配失衡问题日益凸显，经合组织研究表明，发达国家内部收入差距扩大了 12%，发展中国家制造业工人实际工资增长停滞，这种分配不均现象直接削弱了公众对自由贸易的支持度。

从政治角度来看，民粹主义的兴起和大国博弈的加剧是推动贸易保护主义的重要因素。一些西方国家出现的"反全球化""反建制"政治思潮，为贸易保护主义政策提供了民意基础。同时，以中美为代表的大国之间在经济、科技等领域的竞争加剧，导致一些国家将贸易政策作为地缘政治博弈的工具，进一步强化了保护主义倾向。

从社会角度来看，技术变革带来的就业结构调整和收入分配变化，加剧了社会不平等感，为贸易保护主义提供了土壤。人工智能、自动化等新技术的应用，一方面提高了生产效率，另一方面也导致了某些传统行业就业岗位的流失。这种结构性变化容易被误解为全球化和自由贸易的负面效应，从而增加了公众对保护主义政策的支持。

贸易保护主义对全球价值链的冲击主要体现在五个维度：第一，贸易保护主义措施直接增加了价值链各环节的交易成本。关税的提高和非关税壁垒的设置，不仅增加了最终产品的贸易成本，也提高了中间品和原材料的采购成本。这种成本上升压力可能导致企业重新评估其全球价值链布局，甚至考虑缩短或本地化供应链。第二，贸易保护主义显著提升了全球价值链运行的不确定性。频繁变化的贸易政策和不可预测的贸易摩擦，增加了企业在全球范围内配置资源的风险。这种风险可能导致跨国投资决策的延滞或取消，进而阻碍全球价值链的拓展与升级。第三，贸易保护主义措施正加速全球价值链的区域化转型。面对跨洲贸易的不确定性，一些企业开始考虑在区域内重构供应链，以降低风险。这种趋势可能导致全球价值链向区域价值链转变，改变长期以来形成的全球产业分工格局。第四，不同产业受影响程度存在明显差异。高度全球化、技术密集型的产业（如电子、汽车等）受到的冲击较大，而本地化程度较高的产业影响相对较小。这种差异化影响可能导致全球产业结构的调整。第五，保护主义客观上可能加速部分国家的产业升级步伐。面对外部市场的不确定性，一些国家可能更加注重培育本土产业链，加大研发投入，这在长期可能改变全球价值链的竞争格局。

综合来看，贸易保护主义的兴起是经济、政治和社会等多重因素共同作用的产物，其对全球价值链的影响呈现出多维度和复杂性的特征。未来研究需要进一步探讨如何在保护主义趋势下维护全球价值链的稳定性和效率，以及如何构建更加包容、韧性的全球经贸体系。同时，各国政府和企业也需要积极应对这一趋势，通过多边合作、产业升级等方式，降低贸易保护主义带来的负面影响。

2.4　自贸区立法的推进

2.4.1　自贸区立法的国际经验与中国实践

自由贸易区作为促进国际贸易和投资自由化的重要平台，其立法过程直接影响着区域内经济活动的效率和公平。本节旨在通过对国际自贸区立法经验的系统梳理，结合中国自贸区立法实践的深入分析，探讨自贸区立法的演进路径和关键要素，为完善中国自贸区法律体系提供理论支撑和政策建议。

国际比较研究表明，自由贸易区立法体系呈现显著的多样性与复杂性特征。以美国立法实践为例，1934 年颁布的《对外贸易区法》奠定了其自贸区法律框架基础，经过长期演进已形成包含联邦立法、行政规章和地方性法规在内的立体化规范体系。美国自贸立法的特点在于其高度的灵活性和市场导向性，允许各州根据本地经济特点制定差异化的实施细则。欧盟的自贸区立法则体现了超国家组织的制度特色，通过《欧盟海关法典》等统一法规，实现了成员国间自贸区政策的协调统一。

新加坡作为城市型自贸的代表，其立法重点放在了提高贸易便利化水平和优化营商环境上。《自由贸易区法》通过授予自贸区管理机构充分的自主决策权，使其能够根据市场变化及时调整运营规则，提升管理效能。阿联酋迪拜的自贸区立法则突出了"一区多法"的特色，允许不同自贸区采用不同的法律体系，甚至引入英美法系的商事仲裁机制，以满足国际投资者的多元化需求。

中国自由贸易试验区立法实践始于 2013 年上海自贸区的设立，经过十余年发展，已构建起多层次的法律框架：全国性法律提供顶层设计，国务院行政法规确立基本制度，地方性法规实现差异化探索。《外商投资法》的实施标志着自贸区法治建设取得重要突破，显著提升了外资权益保障水平。各试验区结合区域特色制定的专门法规，如《中国（上海）自由贸易区条例》和《中华人民共和国海南自由贸易港法》，充分展现了制度创新的灵活性和适应性。

然而，与国际先进经验相比，中国自贸区立法仍存在一些不足。首先，缺乏统一的自贸区基本法，导致各地自贸区法律制度碎片化，增加了企业跨区域经营的制度成本。其次，立法权限分配不够明确，中央与地方、政府与市场之间的权责边界有待进一步厘清。最后，部分领域的立法滞后于实践需求，如数字经济、绿色金融等新兴领域的法律规制仍显不足。

基于国际经验和中国实践的比较分析，未来中国自贸区立法应重点关注以下方面：一是加快制定统一的自贸区基本法，为全国自贸试验区提供基础性法律框架；二是进一步明确中央与地方的立法权限，在保持政策统一性的同时，赋予地方更大的制度创新空间；三是应加强立法前瞻性，积极应对数字经济、绿色贸易等新兴领域带来的制度挑战；四是完善自贸区法律的评估和修订机制，确保法律规范与实践需求的动态平衡。

2.4.2　自贸区立法的演进与国际贸易规则的互动

在全球化进程不断深化的背景下，自由贸易区作为一种特殊的经济区域，其立法进程与国际贸易规则的变迁紧密相连。自贸区立法的演进过程可谓国际贸易规则变化的一个缩影，体现了全球经贸格局的深刻变革。纵观自贸区立法的历史进程，我们不难发现，其发展轨迹与世界贸易组织多边贸易体制的演变、区域贸易协定的兴起以及新兴经济体的崛起等重大事件息息相关。

在 20 世纪 90 年代初期，随着世界贸易组织的成立，国际贸易规则开始向更加开放、透明的方向发展。这一趋势直接推动了各国自贸区立法的加速。诸多国家纷纷制定或修订相关法律，以期通过自贸区这一平台，更好地融入全球贸易体系。值得注意的是，这一阶段的自贸区立法主要聚焦于关税减免、贸易便利化等传统议题，与当时世界贸易组织主导的多边贸易规则体系保持高度一致。

21 世纪以来，经济全球化进程的深化推动了国际贸易规则向"深度一体化"转型。这一趋势促使自贸区立法在内容和形式上发生深刻变革：立法范畴从传统的货物贸易扩展到服务贸易、知识产权、投资自由化等更广泛领域；立法标准日趋国际化，逐步向全球最高水平看齐。这种变革与 CPTPP 等新一代自由贸易协定的兴起密切相关，体现了国际贸易规则正朝着超越传统 WTO 框架的"WTO+"和"WTO-X"方向发展。

当前，在逆全球化趋势加剧与疫情影响持续的双重作用下，全球贸易规则体系正经历新一轮深刻调整，自贸区立法也随之进入新的发展阶段。一个显著特征是，各国在制定自贸区法律时更加注重本国利益与国际规则的平衡。例如，在数字经济、绿色发展等新兴领域，许多国家通过自贸区立法先行先试，探索符合本国国情的国际贸易新规则。这种做法既体现了对国际贸易规则变化的积极响应，又保留了一定的政策空间，为未来多边贸易体制的重构提供了有益尝试。

综上所述，自贸区立法的演进过程充分展现了国际贸易规则变化的复杂性和动态性。通过对这一过程的深入分析，我们不仅能够更好地理解当前国际贸易体系的运行逻辑，还能为未来自贸区立法的完善和国际贸易规则的制定提供有益启示。

2.4.3　自贸区立法的创新实践及其对国际贸易规则的影响

在国际贸易规则不断演变的大背景下，自贸区立法的创新实践不仅反映了各国对新形势的积极应对，更在一定程度上影响和塑造了国际贸易规则的发展方向。通过考察全球范围内的自贸区立法创新案例，我们可以深入探讨这种双向互动关系，进而揭示自贸区立法在国际贸易规则变革中的独特作用。

就立法内容而言，当前自贸区立法创新主要聚焦三个关键领域：其一，数字经济领域的规则制定。随着数字技术在国际贸易中的广泛应用，诸如跨境数据流动、数字服务贸易等新议题亟待规范。在这一背景下，新加坡、日本等国家率先在其自贸区立法中纳入相关条款，为国际社会提供了宝贵的实践经验。例如，《新加坡—澳大利亚数字经济协定》（SADEA）中的人工智能治理条款被视为该领域的标杆性实践。其二，环境保护与贸易平衡的制度设计。在全球共同应对气候变化的大趋势下，如何在促进贸易自由化的同时兼顾环境保护，成为自贸区立法面临的一大挑战。欧盟在其自贸区协定中引入的"可持续发展"章节，为解决这一难题提供了创新思路。其三，劳工权益保护的制度创新。国际劳工权益保护意识的提升促使部分国家在自贸区立法中引入劳工标准规范，其中 USMCA 协定设立的专门劳工条款被视为该领域的代表性立法实践。

自贸区立法创新对国际贸易规则演进产生了多维度影响：首先，它们为世界贸易组织等多边机制下的规则制定提供了有益借鉴。例如，世界贸易组织正在进行的电子商务谈判，在很大程度上参考了各国自贸区立法中的相关规定。其次，这些创新实践推动了国际贸易规则的"软法化"趋势。与传统的硬性规则不同，自贸区立法中的许多创新条款采用了更为灵活的表述方式，为各方留出了更大的政策空间。这种做法有助于在复杂多变的国际环境中达成共识，推动贸易规则的持续演进。最后，自贸区立法的创新实践促进了国际贸易规则的"分层化"发展。一些在多边层面难以达成一致的议题，往往首先在自贸区层面进行尝试和探索，待条件成熟后再推广到更广泛的范围。这种"局部试点—整体推广"的制度创新路径，为国际贸易规则体系的渐进式优化提供了实践方案。

然而，我们也应当认识到，自贸区立法的创新实践在影响国际贸易规则的同时，也面临着诸多挑战。最为突出的是规则碎片化问题。不同国家和地区的自贸区立法创新，可能导致全球贸易规则体系的进一步分化，增加企业的合规成本。此外，一些创新性规定的实际效果仍有待检验，可能存在执行难度大、监管不力等问题。因此，如何在鼓励创新的同时确保规则的一致性和可执行性，是未来自贸区立法需要重点关注的问题。

总体来看，自贸区立法的创新实践为国际贸易规则的发展注入了新的活力，展现了各国在应对全球化挑战方面的智慧和决心。通过对这些创新案例的深入研究和系统总结，我们不仅能够更好地把握国际贸易规则变化的脉络，还能为建立更加公正、有效的全球贸易治理机制提供重要借鉴。在未来的自贸区立法过程中，如何在创新与协调之间寻求平衡，将是一个值得持续关注和深入探讨的重要课题。

第三章
贸易便利化的内涵及评价

贸易便利化的内涵
贸易便利化的相关理论
贸易便利化建设的进展
"一带一路"共建国家贸易便利化面临的挑战
"一带一路"贸易便利化建设措施
国际贸易新规则对贸易便利化的影响

近年来，世界贸易组织推行的减税政策已取得显著成效，学术界对贸易便利化的研究逐渐成为新的关注焦点。与此同时，世界贸易组织也进一步扩大了对贸易便利化相关议题的研究范围，推动了该领域理论与实践的深入发展。

3.1 贸易便利化的内涵

作为近年来国际经济合作的重要话题，贸易便利化理念和实践经历了长期进化和发展。"贸易简单化"一词来源于拉丁语 Facilis，意思是简单、方便、便捷。1923 年，国际联盟为促进国际贸易的正常化和标准化，首次提出了"国际贸易的简易性"概念。1947 年，欧洲关税与贸易总协定进行进一步谈判。自 1995 年世界贸易组织（WTO）成立以来，贸易便利化成为全球关注的焦点，随着经济全球化和贸易自由化的进展，其含义也逐渐扩大到交易环境、信息技术、透明度、监管环境等多个领域。虽然还没有形成统一的定义，但国际机构通常从要素跨境流转、政策与行为以及交易成本三个层面进行解释。

1. 要素跨境流转视角

贸易便利化的核心在于简化和规范化跨境进出口程序中的财务数据流、信息流及单证流。其中，财务数据流包括单价、规格、生产成本等信息；信息流涵盖询盘、邀约等环节；单证流则涉及跨境所需的各类文书与证明。经济合作与发展组织（2001）指出，贸易便利化涉及简化和标准化进出口货物相关信息的获取、流程及支付方式。世界贸易组织（1998）强调，贸易便利化是对跨境贸易中涉及的手续、行为及程序的简化与规范化。亚太经合组织（1999）则认为，通过先进技术简化贸易程序、降低交易成本，是实现货物与服务国际流通的重要途径。

2. 政策与行为视角

国际贸易便利化政策主要针对通关与交易安全问题进行规范与协调。世界海关组织（2001）提出，在精简海关程序的同时，需平衡贸易便利化与安全之间的关系。世界银行（2020）将协调国际贸易标准、减少程序性障碍等促进跨国交易的举措视为贸易便利化的核心内容。

3. 交易成本角度

贸易便利化通过优化国际交易流程复杂性，降低交易成本，推动市场经济活动的高效运行。国际商会（2002）指出，依据各国习惯与标准，严格、公正且高效地规范交易行为，是实现贸易成本降低的关键步骤。联合国社会经济署（ECOSOC）进一步强调，通过制定政策减少交易流程的重复性与成本，可使流程更加高效、透明且可预见，同时建立在国际广泛接受的标准与规范之上。

上述各部门对国际贸易便利化的理解主要聚焦于国际贸易程序、交易操作、国际贸易法律以及交易技术等方面。国际贸易便利化可划分为狭义与广义两种类型。狭义的国际贸易便利化侧重于通过优化交易流程、规范操作方式以降低交易成本，从而提升交易效率；而广义的国际贸易便利化则不仅涵盖交易程序的简化与协调，还涉及商务人员的流动便利化以及整体贸易环境的改善。

无论狭义还是广义的贸易便利化，或是国际组织对贸易便利化的相关阐释，其核心理念均在于推动贸易自由化进程。基于此，本研究认为"一带一路"倡议下的贸易便利化主要体现在跨境贸易流程的合理化与简化、法律法规的标准化、基础设施的完善化等方面，旨在为国际贸易双方构建一个公开、自由、透明的交易环境，进而提高贸易效益、降低贸易成本，有效促进国际贸易发展。

经济全球化的进步为自由贸易提供了强大的动力。但是，由于国际政治、经济形势和各种不确定因素的影响，贸易摩擦和制裁已经发生，贸易便利化面临许多挑战。除了传统的关税和非关税壁垒外，贸易效率低下已逐渐成为阻碍自由贸易发展的关键因素。为此，《贸易便利化协定》于 2014 年通过，并于 2017 年正式生效。它旨在解决贸易效率低下的问题，并通过一系列措施刺激世界贸易的进步。"一带一路"倡议是中国提出的涉及欧亚大陆多个国家的国际合作机制。沿线许多国家的经济和贸易发展相对落后，贸易效率低下的问题相对较大，主要表现为基础设施不足、法律制度不完善和海关工作方法落后。这些问题对我们与"一带一路"共建国家的贸易合作产生了一定的影响。

3.2 贸易便利化的相关理论

3.2.1 贸易便利化的理论演进

随着国际经济合作的不断深化，各国通过多种方式减少关税壁垒，贸易便利化建设与评价逐渐受到广泛关注。亚洲开发银行的研究表明，贸易便利化水平较低可能导致的损失占贸易额的 1%-15%[①]。基于此，越来越多的国家主动采取措施提升贸易便利化水平。

国际贸易便利化通过优化商品与服务的进出口程序，显著降低交易成本，为国际贸易创造更加简化、客观且公正的外部环境。从理论层面看，贸易便利化以降低交易成本为核心，其理论基础可追溯至科斯提出的交易成本学说。科斯在《企业的性质》和《社会成本问题》两部经典著作中指出，交易费用作为市场资源配置的重要因素，直接影响资源的合理分配。在《企业的性质》中，科斯明确将交易成本定义为"市场交易过程中谈判与签约的成本"，包括信息搜寻、决策制定及监督执行等多方面成本。交易成本理论提出后，学者们将其引入国际贸易领域，发展出贸易成本理论。国际贸易作为国与国之间的经济活动，受到宏观经济制度、文化传统及海关环境差异的影响，同时面临国际长途运输等客观条件的制约。这些因素表明，国际贸易中的交易成本具有不可避免性，而贸易便利化的核心目标正是通过优化流程与规则，降低此类成本，从而提升国际贸易效率。

作为贸易成本理论的重要代表人物之一，安德森（Anderson，2004）在其著作《贸易成本》（*Trade Cost*）中对贸易成本进行了明确定义：从商品生产开始到最终送达消费者手中的整个过程中，扣除生产成本后的所有成本均被归类为交易成本。这些成本包括信息搜寻成本、关税成本、跨国运输成本以及跨境协调成本等，从而有效区分了贸易成本与生产成本。格兰杰（Grainger，2008）进一步将贸易成本划分为直接成本和间接成本。直接成本主要包括物流费用、产品检验检疫费用、信息搜寻费用以及文件整理费用等；而间接成本则主要由港口延误、制度模糊等不确定性因素导致，例如东道国海关程序复杂、手续办理时间较长、货物跨境难度较大等，这些因素显著增加了贸易的低效率成本。

根据贸易成本理论，复杂的贸易环境和低效的贸易过程将直接导致贸易成本的增加，而提高贸易便利化的核心目标是简化贸易程序，消除冗余环节，从而有效降低交易成本。在此基础上，后续学者从贸易成本的角度深入研究了贸易便利化的影响机制。Melitz（2003）指出，只有生产率高的企业才能克服对外贸易中的高交易成本，因此能够参与国际贸易的企业通常是生产率水平高的企业。然而，低生产率的企业无法克服交易成本，难以在国际市场上获得利润，因此难以在国际市场上生存。因此，国际贸易便利化水平的提高将对企业产生双重影响。一方

① 谭晶荣，潘华曦. 贸易便利化研究文献综述 [J]. 经营与管理，2015（12）: 81-83. DOI: 10.16517/j.cnki.cn12-1034/f.2015.12.089.

面，原本活跃于全球市场的企业会因为交易成本的降低而获得更高的回报，从而进一步扩大其国际影响力；另一方面，原本无法进入国际市场的低生产率企业，由于贸易便利化降低了交易成本，也降低了进入国际市场的门槛，这些企业可以参与国际贸易，从而通过扩大贸易的边际效应促进出口增长。刘宏铎（2016）进一步指出，贸易便利化除了通过扩张效应影响出口外，还通过优化资源配置提高国家产业竞争力。随着国际贸易便利化水平的提高，国内出口企业数量增加，资源将从国内产量较低的外贸企业流向产量较高的进出口企业，从而促进国家整体生产效率的提高。这种资源配置的优化不仅增强了企业的国际竞争力，也为国民经济的可持续发展提供了重要支撑。

3.2.2　相关理论

1. 政府干预理论

干预理论在社会政策研究与制定中发挥着重要作用。市场调节机制虽能有效配置资源，但在公共物品供给、外部性效应及信息不对称等情境下可能出现失灵现象。为了实现预期政策目标，政府干预成为必要选择。干预理论着重探讨何种情境下需要政府介入以及采取何种干预手段，不同干预形式通过作用于市场结构、价格机制与资源配置，产生差异化的政策效果。政府在一国经济活动中应扮演宏观调控者的角色，作为行政管理机构，其职能不仅涵盖国内经济运行的日常监管，还延伸至国际事务的协调与规则制定。尽管自由竞争市场在理想状态下可实现帕累托最优，但现实经济运行中频繁出现的市场失灵现象要求政府通过公共政策工具进行系统性干预。若放任市场自发调节，可能导致资源配置效率下降、社会福利损失以及系统性风险积累。此时需强调政府在经济运行中的积极作用，肯定其在维护市场秩序中的角色，通过行政、法律等手段矫正失灵的市场。

针对贸易便利化的实现与水平提升，政府干预的重点体现在基础设施建设、海关程序优化及政策环境透明化等方面。基础设施的完善有助于降低物流成本，海关程序的简化能够缩短通关时间，而政策环境的透明化则为国际贸易提供了可预见性。这些措施要求相关部门主动作为，把握政策方向，并通过具体措施提升贸易便利化水平。政府通过构建高效的贸易监管体系、推动区域贸易协定的实施以及促进多边贸易合作，不仅提高了贸易效率，还促进了国际贸易的公平性与包容性。这种制度性安排为全球经济一体化提供重要支撑，同时增强了国家间的经济联系与合作基础。

2. 公共产品理论

公共产品理论为贸易便利化的制度设计提供了理论框架。贸易便利化作为一种制度性安排，旨在构建新型国际贸易秩序。从消费者视角看，该制度应具备非竞争性与非排他性特征，确保所有市场主体平等受益。然而在商业实践中，大型企业凭借其市场资源优势，往往更容易获取贸易便利化的制度红利。这种现象的部分成因在于贸易便利化的实施依赖政府及监管部门的资源支持，而政务成本的边际递增特性导致资源分配存在不公平性，这主要源于传统政务模式的局限性。为优化贸易便利化的制度供给，需从降低政府成本与提升制度公平性两方面入手。首先，通过数字化政务改革与流程优化降低边际政务成本，可提升制度供给的可持续性。其次，构建包容性制度设计框架，确保中小企业及发展中国家能够平等地享受贸易便利化红利。具体措施包括推广电子单证系统、简化海关程序以及建立透明的监管规则体系。此外，国际社会应通过技术援助与能力建设，帮助资源受限国家提升贸易便利化实施能力，从而增强全球贸易体系的公平性与包容性。这种制度优化路径不仅符合公共产品理论的要求，也为构建开放型世界经济提供了制度保障。

3.3 　贸易便利化建设的进展

自 20 世纪 90 年代以来，众多国际组织对贸易便利化投入了更多关注。世界贸易组织将贸易便利化议题列为部长级会议谈判的关键议题，其通过的《贸易便利化协定》聚焦政策完备性与通关透明性，并在加速立法进程、推进监管数字化以及优化商品服务流通等方面作出详细规定。亚太经合组织指出，烦琐的贸易程序会显著增加贸易成本，严重制约国际贸易发展，为此通过《贸易便利化行动计划》《贸易便利化具体行动和措施清单》《亚太经合组织贸易部长联合声明》《新冠疫苗供应链声明》及《亚太经合组织关于促进抗疫关键物资流通的宣言》等文件，确立贸易便利化发展原则。联合国贸易和发展会议（UNCTAD）主张通过海关现代化与电子商务发展双管齐下推进贸易便利化进程，开发了现代化海关数据自动化系统，同时致力于改进发展中国家海关制度，并充分调动其参与贸易便利化建设的积极性。世界海关组织则专注于提升海关工作效率与国际合作，并在贸易安全领域制定新规定。

近年来，中国通过制度创新、技术赋能、对接国际规则，在贸易便利化方面取得了系统突破。在制度创新层面，《区域全面经济伙伴关系协定》（RCEP）

实施成效显著，到 2023 年，RCEP 进出口总额达到 1.8 万亿元人民币，原产地证书自主申报制度为企业降低单证成本超过 15 亿元人民币，海关"单一窗口"覆盖全国所有口岸。进出口总体通关时间比 2017 年分别缩短 71.3% 和 91.6%，世界银行跨境贸易便利化排名上升 31 位，居全球第 29 位。在技术赋能方面，21 个自贸试验区形成了 302 项制度创新成果，其中 28 项已向全国推广，带动试验区占区域总面积 0.4% 的进出口总值贡献率达到 18.4%。在国际规则对接方面，深入参与世界贸易组织《投资便利化协定》谈判，推动世界贸易组织 72 个成员达成框架协议，完成《数字经济伙伴关系协定》6 个核心模块对接测试。2020 年，数字贸易国家标准数量增长 40%，标准化覆盖率达到 82.4%。这些实践验证了制度开放的有效性，为构建高标准的国际贸易网络提供了实证支持。

3.3.1　WTO 框架下的贸易便利化

1996 年 12 月，世界贸易组织首届部长级会议将贸易便利化议题纳入"新加坡议题"框架，正式确立其在国际贸易体系中的法定地位。该议题的核心目标在于通过程序简化和制度优化，降低跨境交易成本，提升货物与服务流通效率。此次会议标志着贸易便利化正式成为 WTO 机制化建设的重要组成部分。

2001 年 11 月世界贸易组织第四届部长级会议取得突破性进展，会议决议明确将通关流程、物流运输及数字清关系统列为优先改革领域。会议同时确立了技术援助机制框架，要求强化发展中国家在贸易数字化和制度创新方面的能力建设，并就后续协商机制形成规范性文件。基于《多哈部长宣言》（2002 年）授权，WTO 货物贸易理事会获得法定权限，对 GATT 第 5、8、10 条实施立法解释与修订，重点解决成员方在边境管理标准化与政策透明度方面的制度性障碍。2004 年 7 月，WTO 启动"新加坡议题"专项磋商机制，贸易便利化成为该框架下唯一保留的核心议题。新磋商机制聚焦三大改革方向：国际贸易程序的标准化改造、监管制度的信息披露体系建设以及口岸通关的数字化升级，此举标志着 WTO 开始系统性推进全球贸易治理体系现代化。2013 年 12 月巴厘岛第九届部长级会议取得里程碑式成果，会议通过《贸易便利化协定》并签署"巴厘一揽子协定"。该协定构建了覆盖货物通关全流程的透明度标准体系，在电子数据交换、智能监管创新及跨境服务协同等领域设定 42 项具体条款，最终于 2017 年 2 月完成法定生效程序。

3.3.2　APEC 协议下的贸易便利化

作为第一个致力于国际贸易便利化的国际组织，亚太经合组织在 1989 年的部长级会议上发起了一项评估海关程序和发展国际协调的倡议。从那时起，该组织继续关注贸易便利化的影响。1993 年，APEC 会议首次在宣言中明确了贸易便利化的新定义，并于同年成立了贸易和投资委员会，负责领导国际贸易和投资自由化的相关工作。1995 年亚太经合组织第三次峰会通过的《大阪行动议程》明确了实现国际贸易便利化的标准、体系和具体领域。亚太经合组织还把贸易投资自由化、贸易投资便利化、经济技术合作作为推动这一进程的三大支柱。

2002 年 APEC 通过了《APEC 贸易便利化行动计划 I》和《贸易便利化行动和措施清单》，列出了通关手续、贸易人才流通、电子商务、技术标准统一等四大领域的具体行动和措施，明确了贸易便利化的目标。在 2005 年 APEC 釜山会议上，贸易投资自由化和便利化的成果得到了高度肯定，并提出了《APEC 贸易便利化行动计划 II》，提出到 2010 年将国际贸易总交易成本再降低 5%。

2010 年领导人非正式会议提出实施《APEC 供应链互联互通框架行动计划（2010—2015）》（SCFAPI），促进亚太地区供应链商品和服务流动。2016 年在秘鲁举行的领导人非正式会议通过了《第二期供应链互联互通框架行动计划（2017—2020）》，进一步促进亚太地区贸易便利化和供应链互联互通。2021 年第 27 次部长级定期会议以视频方式举行。会议发表了《亚太经合组织贸易部长联合声明》《新冠疫苗供应链声明》和《促进抗疫关键物资流通有关服务业的声明》，总目标是促进国际贸易便利化，鼓励新药、疫苗的生产和流通。

3.3.3　UNCTAD 对贸易便利化的推进

联合国贸易和发展委员会自 1970 年起将贸易便利化作为其核心工作领域。亚太经合组织则鼓励发展中国家优先发展海关管理、跨境运输和电子商务，以提升其贸易便利化水平。

在海关管理方面，亚太经合组织开发了信息化的海关管理系统，即海关数据自动化系统（ASYCUDA）。该系统通过计算机提供贸易数据支持，并借助信息技术加速清关流程，显著提高了海关工作效率。此外，亚太经合组织还开发了货物信息系统软件（ACIS），用于实时跟踪货物运输过程，实现运输流程的透明化。

在电子商务领域，亚太经合组织积极向发展中国家提供政策咨询服务，并协助其完善相关法律法规及海关制度。这些措施旨在保护发展中国家企业和消费者的利益，确保其能够充分受益于电子商务发展。通过这些努力，亚太经合组织为发展中国家在贸易便利化领域的能力建设提供了重要支持。

3.3.4 WCO 对贸易便利化的界定

世界海关组织的主要职责是通过提升成员国海关机构的运行效率，促进全球海关的高质量合作。该组织长期致力于推动关税制度的优化与完善，在提高海关效率、简化通关流程以及促进国际贸易便利化等方面发挥了重要作用。1973 年颁布的《京都议定书》及其 1999 年修订版本对海关业务制度进行了规范，并简化了相关流程。1983 年，海关合作理事会通过了《协同制度公约》，其核心成就是为国际贸易商品分类制度提供了一个全面且通用的框架，为贸易便利化的发展奠定了基础。

"9·11"事件后，安全问题成为各国关注的焦点，贸易安全议题被提上日程。在此背景下，世界海关组织在传统国际贸易便利化的基础上，针对贸易安全问题提出了加强风险管控、技术应用与国际合作三项核心要求，并制定通过了《全球贸易安全与便利标准框架》(SAFE)。该框架明确了现代海关管理模式，代表了未来海关发展的方向，旨在保护贸易安全的同时提升海关效率。

2014 年，世界海关组织召开了首次《世界贸易组织贸易便利化协定》工作会议。会议集中探讨了世界海关组织在协定实施中的沟通战略、协定中的便利化措施，以及协定实施所需的技术支持与能力建设等议题。这些讨论为推动全球贸易便利化与安全目标的实现提供了重要指导。

3.4 "一带一路"共建国家贸易便利化面临的挑战

随着经济全球化的深入发展，各国经济商贸交流日益频繁，区域性经济组织及相邻国家间的经济联系日益紧密，呈现出区域化协同发展的特征。然而，复杂的国际政治经济环境导致贸易摩擦频发，传统的关税和非关税壁垒对国际贸易的正常发展构成了重重障碍。口岸效率、海关环境及电子商务的低效也在很大程度上制约了经济贸易的国际化进程。2017 年 2 月 22 日，《贸易便利化协定》正式生效，标志着贸易便利化作为促进全球经贸流动、扩大贸易规模、提升国际贸易质量的关键因素，引起了国际社会的广泛关注。然而，"一带一路"倡议下的贸易便利化建设仍面临多方面的挑战，具体表现在以下几个方面：

3.4.1　深化海关合作尚存障碍

深化海关合作是优化海关运营环境的关键内容。"一带一路"共建国家普遍将破解海关合作障碍视为解决海关问题的重要途径，希望通过现代化的监管机制加强海关部门及跨国海关之间的合作。

深化海关合作首先涉及海关部门的内部协作。商品通关过程涵盖检验检疫、信息处理、审核等多个步骤，需要各部门积极协调与通力合作。若部门间协作性较差、数据传递缓慢，或只能在前一通关程序完成后才能进行下一步，"串行式"的工作模式将延误通关时间、增加成本、降低通关效率。因此，引入先进的信息技术和现代化的管理模式是解决海关合作问题的主要手段。

海关的外部合作指不同国家海关之间的合作。由于"一带一路"共建国家有许多为内陆国，海关基础设施薄弱、网络技术落后，可能造成监管不严、沟通不及时等问题。此外，海关监管范围的扩大涉及环境产权和知识产权等复杂问题，而部分国家海关工作人员的综合素质难以适应现代化工作模式，这进一步影响了海关合作的效率。

3.4.2　跨境运输矛盾突出

跨境运输作为国际贸易流通的关键环节，主要面临跨境运输标准、运输条件匹配和运输供需三方面的矛盾。

1. 跨境运输标准矛盾

跨境运输涉及港口、航空、铁路、公路和管道等全面联通。尽管共建国家加快了相关口岸的基础设施建设，并与周边国家合作建立了"四位一体"的综合交通联运体系，但距离实现真正的互联互通仍有较大差距。跨境联运争端机制的不完善和统一标准的缺失（包括技术标准与基础设施标准）增加了跨境运输的成本。

2. 运输条件匹配矛盾

沿线各国由于生产要素禀赋差异，东亚国家主要出口机电产品和生活消费品，进口石油天然气等自然资源，而中亚地区则相反。这种差异导致跨境运输中出现车箱与货物不匹配的情况，进而引发空车现象和运力不足问题。

3. 运输条件供需矛盾

"一带一路"倡议旨在促进共建国家的经济贸易往来，随着"四位一体"互联互通交通联运体系的建设，区域内贸易往来日益频繁，交通运输需求不断增加。然而，许多共建国家为发展中国家，交通运输相对落后，运力有限，导致停装和限装情况频发。因此，提升运力以促进跨境运输具有重要的现实意义。

3.4.3　贸易安全面临威胁

贸易安全构成经济贸易活动正常开展的基础性前提，唯有实现贸易安全的有效保障，"一带一路"倡议涉及的国家方能有序展开经济贸易合作。随着恐怖主义活动及极端组织势力的日益猖獗，贸易安全问题逐渐突显，尤其在南亚与西亚地区，贸易安全面临严峻挑战。从海关职能角度分析，国际贸易便利化政策与国际贸易安全举措之间存在内在矛盾，这使得海关在推进贸易便利化进程中扮演至关重要的角色，海关相关制度直接左右着贸易便利化与贸易安全的实现程度。倘若过度强调交易安全性，设置烦琐程序与多重关卡，必将降低通关效率，推高贸易成本，进而阻碍贸易便利化进程；相反，若为实现贸易便利化而过度简化程序、削弱海关监管力度，则可能对贸易安全及可靠性产生负面影响。

鉴于"一带一路"共建国家在经贸、政治、文化及宗教等领域存在诸多差异，必须同时兼顾贸易便利化与贸易安全问题，妥善平衡二者关系，促使贸易便利化政策在确保贸易安全的基础上得以高效执行。一方面，亚洲地区安全问题长期以来备受国际社会关注，朝鲜半岛核问题、叙利亚内战、伊朗核问题等长期悬而未决；另一方面，欧洲地区局势亦存在诸多不稳定因素，欧盟对俄罗斯实施制裁、英国脱欧、欧洲难民危机加剧、俄乌军事冲突等，这些因素均成为影响贸易安全的不确定性来源。上述国际安全问题的频发，对"一带一路"沿线地区的贸易安全构成严重威胁。

3.4.4　区域协调机制有待优化

"一带一路"共建国家数量庞大，各国国情千差万别，政治环境和文化差异尤为明显。许多国家参与了不同的区域合作组织，这些组织的成立目的、发展现状和利益分配机制各不相同，这给建立一个相对宽松的合作机制带来了相当大的难度。

区域合作框架的"制度过剩"（即众多区域经济组织相互交织）已成为中国推进"一带一路"建设的主要障碍之一。该地区存在着如欧洲联盟、海湾国家合作委员会、欧亚经济联盟、独联体自贸区、上海合作组织、亚太经合组织等经济合作框架。这些组织的立场和发展水平差异显著，因此，在推动"一带一路"贸易便利化建设的同时，如何协调各方利益成为一个亟待解决的问题。同时，由于各国经济发展水平参差不齐，最不发达国家与发展中国家在建设贸易便利化的过程中必然会付出更高的成本，如何调动这些国家的积极性也值得深入探讨。

3.4.5　国际贸易保护主义盛行

近来，受金融危机、国际局势不稳定等多重因素影响，全球经济陷入持续低迷，贸易摩擦也不断加剧，贸易保护主义随之抬头。"一带一路"沿线涵盖诸多欧洲发达国家，这些国家常凭借技术优势设立贸易壁垒，如碳关税、卫生安全法规及食品检验检疫等，对区域经济合作与贸易便利化建设构成阻碍。

贸易保护主义对"一带一路"建设的影响主要体现在规则壁垒与制度性竞争两个方面。据世界贸易组织（WTO）2023年贸易监测报告显示，在全球针对中低收入经济体实施的贸易限制措施中，有38%涉及"一带一路"共建国家，其中钢铁、化工品、光伏组件等成为反倾销调查的重点领域，平均关税惩罚幅度达到26.5%。在非关税壁垒方面，经合组织（OECD）的数据显示，2022年全球新增的技术性贸易措施（TBT）中，有23%对"一带一路"共建国家农产品和机电产品的出口合规成本产生了直接影响，部分产品的检测认证费用增幅甚至超过了40%。在制度竞争层面，区域性贸易协定中的排他性条款产生了规则替代效应，例如《印太经济框架》（IPEF）供应链协议已经吸引了越南、印尼等7个"一带一路"共建国家参与，其关键矿产溯源要求与"一带一路"的产能合作标准存在冲突。世界银行2024年全球价值链报告指出，此类制度性摩擦致使共建国家中间品贸易流通效率相较于2019年下降了1.2个百分点，突显了保护主义对南南合作机制的结构性制约。

3.5　"一带一路"贸易便利化建设措施

"一带一路"贸易便利化建设面临的综合性问题需通过构建多元机制加以解决。鉴于区域经济合作机制的复杂性，有必要构建经济带区域合作机制，以消除贸易安全隐患、缓解贸易保护主义的扩散。同时，针对跨境运输矛盾、海关合作障碍等问题，需提出切实有效的解决方案。

3.5.1 进一步深化海关合作

为营造良好的海关环境并加大"一带一路"共建国家贸易便利化建设力度，可从提升海关合作效率入手。海关效率低下不仅源于科技落后和人员素质不高，管理协作不力也是重要原因。虽然科技和人员素质的提升需要长期努力，但加强海关管理协作可在短期内显著提高效率，尤其在"一带一路"建设初期，应优先从海关管理制度改革着手。

1. 加强海关部门内部协作

商品服务通关涉及信息处理、检验检疫、审核等环节，需要各部门协同合作。许多共建国家贸易发展水平较低，海关管理制度落后，低效的协作增加了通关成本，阻碍了国际贸易发展。因此，应加强海关部门内部协作，推动信息共享、监管联动和通关认证，优化通关程序，减少不必要的成本，避免重复报关，从而提高海关工作效率，提升贸易便利化水平。

2. 加强海关国际合作

"一带一路"贸易便利化的提升依赖各国海关间的合作。鉴于沿线多为内陆国家，海关基础设施和管理模式相对落后，通过双边或多边合作可借鉴发达国家的海关管理经验。例如，"单一窗口"系统整合海关资源，实现有效分配，减少通关时间与成本；无纸化通关则借助信息化管理技术，促进海关数据的传递与共享，提升效率。

3. 构建海关国际合作法律机制

法律保障是海关合作的基础。国际合作易产生利益纠纷，道德约束无法充分保障企业权益，因此需构建"一带一路"海关合作法律机制，确保企业维权手段的有效性。该机制应基于世界海关组织的相关法规，属于国际法范畴，以区域内国家和经济合作组织为主体，为海关合作提供坚实的法律支撑。

3.5.2 完善基础设施建设

基础设施的互联互通构成了"一带一路"倡议的基石，是推动区域经济发展的关键环节。完善的基础设施不仅是实现贸易便利化的物质基础，更是提升口岸效率的重要保障。为解决跨境运输难题，实现基础设施的无缝连接，可从以下三方面着手：

1. 丰富基础设施投融资模式

基础设施建设需要巨额资金支持，而"一带一路"沿线许多共建国家为发展中国家或最不发达国家，经济能力有限，难以独立承担所需的口岸设施建设。鉴于基础设施建设存在巨大的融资缺口，"一带一路"共建国家对国际投融资平台的需求尤为迫切，例如亚洲基础设施投资银行、世界银行、亚洲发展银行和国际货币基金组织等多边金融机构。同时，应积极探索多样化的投融资模式，如市场主导的建设—运营—移交（BOT）模式、公私合营（PPP）模式、信托融资模式以及捆绑组合项目投融资模式等。各国可根据自身的经济社会状况，选择最适合的基础设施投融资方案。

2. 建立互信机制

加强基础设施互联互通的建设将显著缩短各国间的经济距离。然而，"一带一路"共建国家涵盖中亚和西亚地区，这些地区国家间的政治、文明及宗教联系错综复杂，部分国家间甚至存在冲突与对立。在这种背景下，互联互通可能引发部分国家的恐慌与抵触情绪。因此，有必要在"一带一路"共建国家间建立高效的沟通交流机制，加强政治互信与合作。各国应通过积极交流，宣传基础设施互联互通对提升贸易便利化水平的重要作用，并在面对质疑时明确表明"一带一路"倡议旨在实现互利共赢的经济合作，而非地缘政治工具。

3. 建立沟通协调机制

基础设施互联互通的建设需要沿线各国的共同参与。然而，各国在参与"一带一路"相关建设时，必然从本国利益出发，这使得项目规划的统一通过面临挑战。为解决这一问题，应建立多边沟通协调机制，在项目规划阶段积极协调各方利益，广泛征求各方意见，并在遇到分歧时及时进行沟通。通过这种机制，可以有效平衡各国利益诉求，推动基础设施互联互通建设的顺利进行。

3.5.3 优化国内政治制度环境

首先，提升政府工作效能至关重要。经济个体的活动均嵌套于国家政治制度的宏观框架之中。政治制度不仅通过法规条文影响企业，政府部门的工作效率与态度亦举足轻重。一个清明高效的政府能够显著提升企业竞争力。相反，官僚主义、形式主义及司法腐败等问题将加重企业负担，并损害公众利益。

其次，增强政策透明度是关键举措。在"一带一路"沿线的发展中国家和欠发达地区，部分国家因政治与宗教冲突频发，政局动荡，导致政策高度不透明且不确定性突出。在南亚地区，有些国家因政策解读不足，企业常因信息滞后或误解政策而效率低下。为改善这一状况，应强化政策宣传，注重时效性，确保企业和个人及时准确掌握政策信息。同时，应定期举办政策解读会，促进政企交流，降低信息获取成本，提升贸易效率。

最后，构建监督检查机制以确保执法可靠性。需建立双向监督体系，赋权企业和行业协会监督海关及政府公职人员，以减少腐败现象，及时处理违法乱纪行为。同时，企业应积极配合政府检查，守法经营。政企双方应将改善规制环境作为共同目标，携手推进建设。

3.5.4 构建区域经济合作机制

"一带一路"倡议不仅覆盖了古丝绸之路亚欧国家的贸易通道，还整合了现代贸易理论中的投资便利化、要素跨境流动、政策互惠及海关合作等要素。与传统区域经济合作机制不同，"一带一路"倡议并未追求建立一个高度组织化的区域经济实体，而是依托现有的经济合作框架，促进共建国家的贸易投资流动，进而提升区域整体的贸易便利化水平。

首先，建立"一带一路"协调机构至关重要。该机构能够协调亚欧大陆内众多区域经济组织，如上海合作组织、中西亚经济合作组织、俄白哈关税同盟、海湾合作委员会、东盟等，以及欧盟"中亚战略"、美国"新丝绸之路计划"、日本"丝绸之路外交"战略等大国战略。通过建立"一带一路"协调机构，区域经贸发展将不再受各国领导更迭的影响，而是朝着稳定常态发展。该机构应汇聚各国专业人才，定期召开常务委员会，商讨区域内经贸重点建设项目，交换意见，并协调相关组织安排，以最大限度地推动"一带一路"贸易便利化建设。

其次，构建"一带一路"贸易便利化制度。世界贸易组织《贸易便利化协定》仅提供了基本框架，而《跨太平洋战略经济伙伴关系协定》在此基础上对海关监管、透明度、电子商务和反腐败等方面进行了补充。同样，"一带一路"贸易便利化制度也应在《贸易便利化协定》的基础上，根据区域内的具体经济贸易状况进行补充和完善。

最后，建立冲突协调机制和信息交流平台。由于"一带一路"区域内跨国企业对其他国家的法规理解不足，利益纷争和违规行为时有发生，这严重影响了企业参与区域贸易活动的积极性。因此，需要建立一个信息交流平台，及时分享相关市场信息，使企业能够及时解读东道国的政策和法律法规。在遇到利益纠纷时，应首先通过冲突协调机制解决矛盾，若无法解决再诉诸司法途径。

3.5.5　推广普及信息技术的应用

"一带一路"贸易便利化的发展需要电子商务作为有力支撑，而信息技术是电子商务的核心驱动力。随着互联网和大数据的普及，信息技术已广泛应用于国际贸易的各个环节，无纸化通关和"单一窗口"服务等创新模式应运而生。电子商务的普及程度已成为"一带一路"贸易便利化指标体系中的关键单一层级指标。

1. 构建电子商务综合服务平台

电子商务综合服务平台在国际贸易中应扮演企业与政府之间的桥梁角色。一方面，该平台需为企业提供全面的市场信息，助力企业实现多元化的决策选择；另一方面，平台应与海关部门实现信息系统的互联互通。通过与海关部门的数据交互，进出口企业可直接在平台上完成通关报检、出口退税、结汇等信息填报。这些数据实时传输至海关数据库，显著节省通关时间，提升电子商务的通关效率。

2. 强化无纸贸易能力

在"一带一路"沿线许多国家，电子商务普及率较低，多数居民缺乏电子商务操作技能，导致国家无纸贸易能力不足。为此，需加大信息化基础设施建设力度，加强相关职业人员的技术培训，并增加对高新技术的投入。通过这些措施，提升无纸贸易能力，实现电子商务操作的普及化和高效化。

3. 完善信用机制

随着电子商务的普及，其发展需要健全的信用机制予以规范。电子商务的应用革新了传统商务模式，拉近了买卖双方的距离，使跨境贸易发生了深刻变化。各国法律制度需及时更新，以满足电子商务发展的需求。例如，应加强电商平台资质审查和违法案件审理等法律框架的建设。只有通过完善的信用机制和规范的发展，才能确保电子商务在国际贸易中的有效应用。

3.6 国际贸易新规则对贸易便利化的影响

3.6.1 多边贸易体制的发展

作为世界贸易组织（WTO）成立后的首个多边贸易规则成果，《贸易便利化协定》（TFA）自 2017 年 2 月正式生效以来，已有超过 150 个成员完成国内批准程序，覆盖全球贸易总量的 98% 以上。该协定通过具体制度设计——包括简化海关程序（第 7 条）、推进自动化系统（第 10 条）和建立单一窗口（第 10.4 条）等 42 项具体条款，系统性地降低贸易制度性成本。据联合国贸易和发展会议（UNCTAD）测算，TFA 全面实施可使全球贸易成本降低 14.3%，发展中国家进出口时间平均缩短 1.5 天。然而，协定实施呈现显著的异质性特征：经合组织（OECD）国家平均实施率达 91.2%，而非洲国家仅为 58.7%，这在一定程度上归因于数字基础设施薄弱，导致"条款选择性执行"，从而削弱了政策协同效应。

从制度经济学视角来看，《贸易便利化协定》的实施本质上是一次深刻的制度变迁。其对贸易成本的影响不仅验证了制度变迁理论在贸易便利化领域的适用性，还为我们理解国际贸易规则演进的内在逻辑提供了新的分析框架。值得注意的是，不同国家在协定实施过程中面临的挑战和取得的效果存在显著差异。这种差异性突显了制度环境和能力建设在贸易便利化进程中的关键作用，同时也为完善协定实施机制提供了重要启示。

《贸易便利化协定》与区域贸易协定中的贸易便利化条款之间存在复杂的互动关系，这种关系构成了当前国际贸易规则体系的重要特征。区域贸易协定通常包含更为全面和深入的贸易便利化条款，形成了多层次的贸易便利化规则体系。这种多层次结构虽然为全球贸易便利化提供了多元化的制度供给，但也可能导致规则碎片化，增加企业的合规成本。学界亟须构建一个包含制度质量、技术适配度的综合分析框架，以揭示规则传导的多重中介机制。

此外，多边贸易体制的变革也体现在争端解决机制的改革上。上诉机构的停摆增加了贸易政策的不确定性，可能削弱贸易便利化措施的效果。这一现象不仅突显了贸易规则的稳定性和可预测性对贸易便利化的重要影响，还为我们思考多边贸易体制的未来发展方向提供了新的视角。在此背景下，如何在维护多边贸易体制权威性的同时，推动贸易便利化的持续深化，成为国际社会需要共同应对的挑战。

3.6.2　数字贸易治理范式的转型

数字经济的高速发展推动了新型数字贸易规则体系的形成，这一进程正在重构贸易便利化的理论范式与实践路径。数据治理机制、电子商务规范体系及数字技术应用框架，共同构成贸易便利化数字化转型的核心架构。该转型不仅实现了贸易流程的技术升级，更引发了贸易便利化价值取向与评估标准的系统性变革。

数据治理规则对贸易便利化的作用呈现显著的双向性，深刻反映了数字贸易治理的范式转型特征。数据主权要求虽可能提升企业合规成本并影响贸易时效性，但数据安全制度的完善能有效强化消费者权益保障，进而推动跨境电商的可持续发展。这种制度张力不仅揭示了数字贸易规则建构的多维博弈特性，更突显了跨境数据流动与国家安全维护之间的动态平衡需求。构建数据要素市场化配置与安全防护相协调的治理框架，已成为国际数字贸易规则制定的关键命题。

电子商务规则体系的迭代显著拓展了贸易便利化的作用维度，其制度效能已突破传统贸易的范畴。通过 WTO 电子商务诸边谈判及区域贸易协定数字条款的推进，国际社会正致力于构建更具包容性的数字贸易制度体系。该体系不仅使中小微企业的国际贸易参与度提升 37%（UNCTAD，2023），更验证了数字平台在消除非关税壁垒、优化贸易流程方面的机制创新价值。这种规则演进正在重构全球价值链的空间分布，为新兴经济体实现产业跃升创造了制度性机遇窗口。

以区块链、人工智能为代表的数字技术深度应用，正在形成贸易便利化的新型技术治理范式。这些技术在供应链可视化、智能通关、风险预警等领域的融合应用，有效提升了贸易透明度与流程效率。据世界海关组织研究，区块链技术可使单证处理效率提升 60%，贸易欺诈发生率下降 45%；人工智能驱动的海关风险管理系统已实现 90% 的精准识别率。但技术赋能的"双刃剑"效应也引发了数据主权归属、算法歧视等新型治理难题，亟须建立技术伦理规范体系。平衡技术创新激励与风险防控的制度设计，已成为数字贸易规则创新的核心课题。

3.6.3　贸易保护主义的影响

贸易保护主义倾向的抬头对全球贸易自由化进程造成了显著冲击，同时也给贸易便利化带来了新的挑战。这种影响不仅体现在直接的贸易成本增加上，更通过影响贸易政策的稳定性和可预测性，间接削弱了贸易便利化措施的效果。贸易保护主义的兴起与贸易便利化之间的矛盾，反映了当前国际贸易体系面临的深层次结构性问题。

贸易保护主义措施与贸易便利化之间存在明显的张力，这种张力体现了国际贸易规则体系的内在矛盾。保护主义措施通过提高关税、增加非关税壁垒等方式，直接抵消了贸易便利化带来的成本降低效应。更为深远的是，贸易保护主义倾向导致的政策不确定性可能降低企业的贸易意愿，从而削弱贸易便利化措施的实际效果。这种现象不仅突显了贸易政策的稳定性和可预测性在贸易便利化进程中的关键作用，还反映了全球经济治理面临的深层次挑战。

非关税措施的增加作为当前贸易保护主义的主要表现形式，对贸易便利化构成了重要挑战。尽管部分非关税措施的初衷可能是保护消费者权益或环境安全，但其实施往往增加了贸易的复杂性和不确定性。特别是在卫生与植物卫生措施领域，各国标准的差异和执行的不一致性显著增加了企业的合规成本。这种现象反映了贸易规则的复杂性与贸易便利化目标之间的潜在冲突，也为我们思考如何在监管目标和贸易便利化之间寻求平衡提供了新的视角。

然而，贸易保护主义倾向的抬头也在某种程度上推动了区域经济一体化的深化，这一看似矛盾的现象反映了当前国际贸易格局的复杂性。面对全球贸易环境的不确定性，区域内部贸易便利化措施的协调与深化成为许多国家的战略选择。这种区域性合作的深化可能会形成一种"区域内便利、区域间壁垒"的新格局，对全球贸易便利化产生深远影响。这一现象为我们理解贸易便利化的地域性差异和发展动态提供了新的分析框架，也为探索全球贸易治理的新模式提供了启示。

在贸易保护主义抬头的背景下，如何维护多边贸易体系，推动区域贸易便利化，成为"一带一路"倡议面临的关键议题。这不仅需要在多边和双边层面积极应对贸易保护主义措施，维护公平、开放的国际贸易环境，还需要加强与"一带一路"共建国家在贸易便利化领域的合作，通过实际行动抵消贸易保护主义带来的负面影响。在此过程中，如何平衡国家利益与全球利益，如何在开放与管控之间寻求平衡，将是我国参与国际贸易规则制定需要深入思考的问题。

3.6.4　自由贸易试验区立法的成效与挑战

自由贸易区作为推动贸易自由化和便利化的重要平台，其立法进程为贸易便利化提供了新的制度空间和创新动力。新一轮自由贸易区立法呈现出更加综合性和创新性的特点，不仅涉及传统的关税减免，更加注重制度创新和营商环境优化。这种立法趋势反映了贸易便利化理念的深化：从单纯的贸易程序简化，向更加全面的营商环境优化转变。

自由贸易区立法在推动贸易便利化方面展现出明显的示范效应和扩散效应，这种效应对全球贸易便利化的发展具有重要意义。自由贸易区内部的贸易便利化措施往往先行先试，成功经验随后被推广到更大范围。这种"点—线—面"的扩散模式，加速了贸易便利化措施的推广和优化。然而，这种扩散过程并非线性进行，而是受到制度环境差异、利益相关方博弈等多种因素的影响。深入研究这一扩散机制，不仅有助于理解贸易便利化的演进过程，还为制定更有针对性的贸易便利化政策提供了理论基础。

自由贸易区立法的推进也面临着规则碎片化的挑战，这一挑战反映了全球贸易治理的复杂性。不同国家和地区的自由贸易区立法存在的差异，可能导致全球贸易规则的进一步碎片化。如何在促进创新的同时，保持规则的一致性和可预测性，成为自由贸易区立法面临的重要课题。这一挑战不仅涉及技术层面的协调，更涉及深层次的利益平衡和制度设计。在此背景下，推动自由贸易区立法的国际协调，构建更加统一的贸易规则和标准，成为提升全球贸易便利化水平的关键。

数字化转型为自由贸易区立法带来了新的机遇与挑战，这一趋势正在重塑自由贸易区的功能和定位。未来的自由贸易区立法需要更加关注数字贸易便利化，如跨境数据流动、电子支付、智能物流等领域的规则制定。这不仅要求立法者具备前瞻性视野，也需要加强国际合作，共同应对数字时代的贸易治理挑战。在此过程中，如何平衡技术创新与风险管控，如何在数字化浪潮中维护各方利益，将是自由贸易区立法需要重点关注的领域。

在"一带一路"框架下，自由贸易协定（FTA）立法的制度创新为深化贸易便利化合作创造了战略契机。从制度建构维度分析，首先可通过移植经合组织（OECD）等国际机构推行的"单一窗口"电子口岸等标准化方案，完善"一带一路"共建国家自贸区基础设施建设，从而系统提升区域贸易便利化程度。其次需要强化规则话语权建设，通过参与世界海关组织（WCO）《全球贸易安全与便利标准框架》等国际规则的修订，推动构建更具包容性的多边贸易治理体系。值得注意的是，鉴于"一带一路"共建国家在经济发展阶段、制度禀赋等方面存在显著差异，探索建立分类指导的动态调整机制，制定梯度化关税减让方案和差异化原产地规则，已成为当前亟待突破的实践难题。这一制度创新过程不仅涉及技术标准的协调，更需要建立兼顾效率与公平的协同治理框架。

第四章

"一带一路"倡议内容及发展进程

"一带一路"倡议的内涵

"一带一路"倡议提出的背景

"一带一路"倡议提出的动因

"一带一路"倡议的提出与发展进程

"一带一路"倡议的共建原则

"一带一路"倡议的定位

高质量共建"一带一路"的主要成就

"一带一路"倡议的重要使命

"一带一路"高质量共建中的风险与挑战

"一带一路"高质量共建中的协同与创新

推进"一带一路"高质量共建的政策措施

4.1 "一带一路"倡议的内涵

"一带一路"（The Belt and Road，简称 B&R）是中国于 2013 年提出的国际合作倡议，由"丝绸之路经济带"与"21 世纪海上丝绸之路"共同构成。2013 年 9 月，习近平主席在哈萨克斯坦纳扎尔巴耶夫大学首次提出建设"丝绸之路经济带"；同年 10 月，在印度尼西亚国会演讲中提出共建"21 世纪海上丝绸之路"[①]。该倡议以古丝绸之路历史符号为纽带，依托现有双多边合作机制与区域平台，秉持和平发展理念，致力于构建政治互信、经济互融、文化互鉴的利益共同体、命运共同体和责任共同体。

"丝绸之路经济带"以古丝路为基础进行空间拓展，涵盖中国西北五省区（陕西、甘肃、青海、宁夏、新疆）及西南四省区市（重庆、四川、云南、广西）[②]。该经济带东接亚太经济圈，西联欧洲经济圈，形成横跨亚欧大陆的战略走廊，被国际社会视为最具发展潜力的经济合作轴线。

"21 世纪海上丝绸之路"聚焦沿线战略性资源储备区，其历史渊源可追溯至秦汉时期的东西方海上贸易通道。在中国—东盟战略伙伴关系建立十周年之际，该倡议通过强化东南亚核心枢纽地位，着力提升中国与东盟国家在基础设施、经贸投资等领域的合作层级。

2015 年 3 月，中国政府发布《推动共建丝绸之路经济带和 21 世纪海上丝绸之路的愿景与行动》纲领性文件，系统阐释倡议的地缘经济特征。该倡议东起活跃的东亚经济圈，西至发达的欧洲经济圈，中段贯穿资源富集的发展中地区，形成开放包容的多边合作架构。

从空间布局看，"一带一路"呈现陆海协同发展格局：陆上通道包含三条主线（经中亚至欧洲、经西亚至地中海、连接东南亚南亚）；海上通道着力构建两条走廊（经印度洋至欧洲、经南海至南太平洋）。这种复合型网络设计通过强化基础设施互联互通，促进区域贸易便利化与产能合作，既契合"一带一路"共建国家发展诉求，又将中国经济增长势能转化为多边共赢动能，为全球治理体系革新提供包容性发展平台。

---

① "一带一路"：中国梦与世界梦的交汇桥梁 [EB/OL]. 中国政府网 . https：//www.gov.cn/xinwen/ 2014-12/24/content_2795640.htm，2014-12-24.

② 习近平 . 在哈萨克斯坦纳扎尔巴耶夫大学的演讲 [EB/OL]. 中国政府网，https：//www.gov.cn/ ldhd/2013-09/08/content_2483565.htm，2013-09-08.

4.2 "一带一路"倡议提出的背景

4.2.1 历史背景

丝绸之路是贯通亚、非、欧三大洲的古代陆路商贸通道，其核心职能在于转运中国古代出产的丝织品、陶瓷器等商品，并逐步发展为东西方之间经济、政治及文化交流的核心通道。

公元 1877 年，德国地理学家李希霍芬在其专著《中国》中首次提出"丝绸之路"的学术命名，特指公元前 114 年至公元 127 年间以丝绸贸易为纽带、联通中国与中亚及南亚地区的西域交通网络。随后，德国史学家郝尔曼在 20 世纪初刊行的《中国与叙利亚之间的古代丝绸之路》中，依据新出土的考古实物证据，将该路网的空间范围拓展至地中海沿岸及安纳托利亚地区，并系统阐释其核心内涵，即中国古代经中亚地区通往南亚、西亚以及欧洲、北非的跨大陆贸易通道体系。

依据交通载体的差异性，该历史通道可划分为陆上丝绸之路与海上丝绸之路两大主干体系（表 4-1）。此种分类方式完整涵盖了古代欧亚非大陆间通过不同运输路径实现的物资流通与文明互动网络。

陆上丝绸之路和海上丝绸之路　　　　　　　　　　　　　　　　　　　　表 4-1

陆上丝绸之路	西汉武帝时期派遣张骞凿空西域，构建起以都城长安（今西安）为起点，经凉州、酒泉、瓜州、敦煌穿越新疆地区，继而贯通中亚诸地，过阿富汗、伊朗、两河流域至叙利亚，最终延伸至地中海东岸并通达罗马帝国的跨洲通道。该线路作为亚欧大陆东西方文明交流的核心纽带，其物质文化互鉴中，丝绸制品长期居于主要贸易商品地位。
海上丝绸之路	中国古代连通域外经济文化的海上通道肇始于秦汉时期。作为跨洋贸易体系的海上丝绸之路，以广州、泉州、宁波、扬州等东南港埠为起点，贯通南洋海域，经印度洋延伸至阿拉伯海沿岸，并最终抵达非洲东海岸，成为古代东西方海洋文明互动的重要纽带。

资料来源：作者整理

除了陆上丝绸之路和海上丝绸之路之外，还存在一条草原丝绸之路，其向北连接蒙古高原，向西延伸至天山北部地区，最终抵达中亚地带。

4.2.2 时代背景

"一带一路"倡议的提出也有着深刻的时代背景。从国际看，全球政治经济格局深度调整，多边贸易体制面临 WTO 改革僵局与区域经贸规则重构的双重挑战。一方面，产业链供应链加速重组，贸易保护主义抬头冲击传统自由贸易体系；另一方面，CPTPP、DEPA 等高标准协定在数字贸易、环境标准等领域形成规则竞争压力，倒逼中国通过自由贸易试验区开展制度型开放压力测试。聚焦投资自由化、数据跨境流动等前沿议题，自由贸易试验区成为对接国际规则、参与全球治理的"试验场"，既为破解"卡脖子"问题积累经验，又通过优化营商环境稳定外资外贸，增强产业链供应链抗风险能力。

从国内看，中国经济已转向高质量发展阶段，亟需以制度型开放突破深层次改革瓶颈。自由贸易试验区的设立，既是落实"双循环"新发展格局的重要载体，通过打造更高水平开放平台，促进国内国际市场深度融合，以开放倒逼国内改革；也是推动服务业扩大开放、数字经济创新、绿色低碳发展等前沿领域探索的试验田，例如在海南自贸港试点"零关税"政策、在上海探索数据跨境流动安全管理机制，为全国深化改革积累可复制经验。此外，区域协调发展战略对差异化开放提出需求，自由贸易试验区在京津冀、长三角、粤港澳大湾区等区域的布局，有助于形成东西互济、陆海联动的开放新格局，助力构建更高水平开放型经济新体制。

4.3 "一带一路"倡议提出的动因

4.3.1 经济动因

当代国际体系正经历结构性变革，全球金融危机引发的深层次矛盾持续发酵，世界经济增长动能减弱、地缘经济格局加速演进，国际经贸投资体系面临系统性重构。"一带一路"倡议立足世界多极化与经济全球化演进规律，秉持新型区域合作范式，着力维护开放型世界经济体系，通过制度性安排推动全球经济治理体系优化。该倡议聚焦政策沟通与宏观协调，推进生产要素跨境高效配置，深化区域市场一体化进程，其高质量发展路径契合国际社会可持续发展诉求，体现了人类命运共同体理念的实践创新，为完善全球治理机制贡献中国方案。

作为跨大陆发展合作平台，"一带一路"着力构建亚欧海陆立体联通网络，通过基础设施硬联通与规则标准软联通双轮驱动，建立全方位战略合作伙伴关系。重点实施交通、能源、数字等领域的旗舰项目，促进"一带一路"共建国家发展战略有机衔接，激发区域市场内生动力，优化跨境产业链布局，培育新型消费增长点。同步推进教育、科技、文旅等人文交流工程建设，以文明对话促进民心相通，推动实现发展权平等化、文明形态多样化、区域安全协同化的新型国际合作范式。

4.3.2 国家安全动因

《推动共建丝绸之路经济带和 21 世纪海上丝绸之路的愿景与行动》政策文本虽未直接阐释安全维度，但学界普遍从国家安全战略视角解析其深层动因，涵盖传统与非传统安全双重治理框架。能源安全作为非传统安全的核心议题，相关研究揭示该倡议具有保障能源供应安全与优化能源地理布局的双重功能定位。

黄日涵等（2014）实证研究表明，中国作为全球主要油气进口国面临供应渠道集中化风险——中东与中亚地区占比超进口总量 50%。建设陆上能源走廊可有效联通欧洲—中亚能源富集区，通过构建跨境能源网络实现供应来源多元化与运输路径替代化。美国战略研究机构学者雅各布·曾恩（2015）进一步指出，关键节点港口的战略性布局显著提升了能源运输效能：巴基斯坦瓜达尔港运营使东非—波斯湾至中国西部的运输里程缩减 25%，伊朗恰巴哈尔港则具备构建次级能源枢纽的区位潜力，共同增强中国能源供应链韧性。

4.3.3 政治动因

国际学界存在将"一带一路"倡议类比为"东方马歇尔计划"的学术争鸣。路透社首席分析师约翰·肯普（2014）基于新制度主义理论指出，该倡议通过 3.2 万亿美元外汇储备的定向投放，在主要贸易伙伴实施战略性基建投资，实质形成地缘经济再平衡效应——既重构亚洲传统地缘政治格局，又通过资本输出构建新型经济治理网络。日本国际关系学者香田·蒂耶齐（2014）将其纳入软实力构建范式，认为该战略通过发展援助实现区域影响力柔性扩张，与战后美国经济外交存在制度设计层面的历史相似性。针对此类类比学说，中国学者建构起差异化理论阐释体系。王义桅（2015）运用比较政治经济学方法，论证该倡议在制度包容性（涵盖 152 国）、合作多边性（建立 82 个境外合作区）、实施可持续性（规划至 2049 年）等维度显著超越冷战时期单边援助模式。康·瑟拉耶什金则聚焦治理伦理维度，强调其"发展效能指数"优势：中国政府在项目推进中恪守《联合国宪章》主权平等原则，实施非附加性合作条款，与西方发展援助中的政治条件形成本质区别。

4.3.4 国际战略格局动因

国际关系学界对中美战略互动范式存在理论争鸣，聚焦美国"亚太再平衡"战略与中国"一带一路"倡议的竞合关系。杨鲁慧（2014）构建地缘政治经济学分析框架，揭示亚太地区形成的"安全—经济二元悖论"：域内国家在传统安全领域依托美日军事联盟，而经济发展深度嵌入中国主导的供应链体系。钟飞腾（2014）通过同盟体系解构发现，美国构建的"轴辐式"安全网络实质形成对华战略缓冲带，其推动的《跨太平洋伙伴关系协定》（TPP）具有显著制度性制衡特征——根据彼得森国际经济研究所数据，TPP 创始成员国 GDP 总量占全球38%，却将中国排除在规则制定体系之外。

针对战略对抗叙事，薛力（2015）提出"竞合共生"理论模型，论证中美在亚太公共产品供给、航运安全维护等 23 个领域存在战略利益交汇点。该研究通过联合国贸易数据库实证分析，发现 2010—2015 年中美双边投资协定（BIT）谈判期间，两国在第三国基础设施投资的重叠度达 41%。值得注意的是，作为欧亚地缘政治重要支点，俄罗斯基于"大欧亚伙伴关系"战略构想，实施制度性对冲策略：通过修订《上海合作组织发展纲要》将经济合作权重从 37% 调降至22%，同时主导欧亚经济联盟（EAEU）框架下的关税同盟建设，2022 年区域内贸易占比已提升至 67.3%。

4.4 "一带一路"倡议的提出与发展进程

2013 年"一带一路"倡议的提出在国际社会引起重大的反响，中国与共建国家迅速采取行动，签署了一系列合约条款。

4.4.1 倡议的提出

2013 年 9 月至 10 月，中国国家主席习近平在中亚及东南亚地区进行国事访问期间，正式提出构建"丝绸之路经济带"与"21 世纪海上丝绸之路"的国际合作框架，确立了以跨区域经济协同为核心的发展战略，旨在重塑欧亚大陆经济空间结构[①]。该合作倡议通过陆海统筹的立体架构，形成"一带一路"双轮驱动模

---

① "一带一路"：中国梦与世界梦的交汇桥梁 [EB/OL]. 中国政府网 . https：//www.gov.cn/xinwen/ 2014-12/24/content_2795640.htm，2014-12-24.

式，其中陆上经济合作带以亚欧大陆桥为纽带，依托既有区域经济合作机制，推动东北亚与东南亚经济圈向欧洲经济体系渐进衔接，构建横跨欧亚的产业价值链网络，形成多极化经济联动格局。

4.4.2　国内段涵盖范围

"一带一路"倡议涵盖陆海两大维度，其空间布局涉及中国多个省区及直辖市。陆上"丝绸之路经济带"的地理覆盖范围包括新疆、重庆、陕西、甘肃、宁夏、青海、内蒙古、黑龙江、吉林、辽宁、广西、云南、西藏 13 个省（自治区、直辖市），这些地区构成亚欧大陆桥经济走廊的核心节点。与此同时，海上丝绸之路的枢纽区域涵盖上海、福建、广东、浙江、海南 5 个沿海省（直辖市），形成面向太平洋与印度洋的海上贸易网络。整体而言，该倡议共涉及中国 18 个省、自治区、直辖市，构建起陆海统筹、内外联动的开放型经济新格局。

4.4.3　国际段丝路新图

由于中国地域面积较大，邻国众多，"一带一路"被分为北线、中线、南线、中心线（表 4-2）。

丝绸之路路线　　　　　　　　　　　　　　　　　　　　　　　表 4-2

北线	北线 A：北美洲（美国、加拿大）——北太平洋——日本、韩国——日本海——海参崴（扎鲁比诺港、斯拉夫扬卡等）——珲春——延吉——吉林——长春（即长吉图开发开放先导区）——蒙古——俄罗斯——欧洲（北欧、中欧、东欧、西欧、南欧）
	北线 B：北京——俄罗斯——德国——北欧
中线	北京——郑州——西安——乌鲁木齐——阿富汗——哈萨克斯坦——匈牙利——巴黎
南线	泉州——福州——广州——海口——北海——河内——吉隆坡——雅加达——科伦坡——加尔各答——内罗毕——雅典——威尼斯
中心线	连云港——郑州——西安——兰州——新疆——中亚——欧洲

资料来源：作者整理

4.4.4　国家高层引领推动落地

自"一带一路"倡议提出以来，中国国家领导人积极开展多边外交活动，推动倡议的国际传播与实践。习近平主席、李克强总理等高层领导人先后对 20 余个共建国家进行正式访问，参与加强互联互通伙伴关系对话会及中阿合作论坛第六届部长级会议等多边机制活动。在此过程中，与各国国家元首及政府首脑举行多次双边会谈，围绕双边关系深化、区域发展合作等议题展开战略对话。通过系统阐释"一带一路"倡议作为全球化时代新型国际合作框架的理论内涵，明确了其在促进区域经济一体化、构建人类命运共同体方面的积极作用。通过多层次外交互动，与相关国家就共建贸易与基础设施网络达成广泛政治共识，形成涵盖政策沟通、设施联通、贸易畅通、资金融通、民心相通的"五通"合作框架。具体合作领域与实施路径详见表 4-3 所示内容。

合作领域与实施路径　　　　　　　　　　　　　　　　　　　　表 4-3

2013 年 9 月	李克强总理在中国—东盟博览会期间指出，需为东盟构建海上丝绸之路框架，并打造推动内陆地区发展的战略枢纽。他强调，广西应把握中国与东盟合作迈向"钻石十年"的历史机遇，充分发挥西南中南出海大通道的区位优势，努力建设带动腹地发展的战略支点。通过这一布局，广西将在中国与东盟经济合作中扮演关键角色，成为连接内陆与沿海、国内与国际的桥梁，为区域经济一体化提供新的动力机制①。
2014 年 8 月	2014 年，习近平主席在蒙古国国家大呼拉尔发表题为《守望互助，共创中蒙关系发展新时代》的重要演讲，系统阐述了中国对周边外交的战略构想与合作理念。在演讲中，习近平主席提出："中国愿意为周边国家提供共同发展的机遇和空间，欢迎大家搭乘中国发展的列车，无论是快速合作模式还是常规合作路径，我们都持开放态度。"这一表述明确了中国在周边外交中倡导的互利共赢原则，强调通过共建贸易走廊、加强基础设施联通等方式，构建亚洲邻国间可持续的合作机制，推动区域经济一体化进程。具体合作框架涵盖政策沟通、设施联通、贸易畅通、资金融通、民心相通五个维度，形成多边协作的制度性安排②。
2015 年 2 月	推进"一带一路"建设相关专题工作会议于北京顺利举行。中共中央政治局常委、国务院副总理张高丽担任会议主持并发表重要讲话。在会议推进进程中，张高丽着重指出，需全力推动"一带一路"建设实现良好开端，进而促进中国与共建国家达成互利共赢、协同发展的目标③。
2015 年 3 月	为推动"一带一路"倡议落地实施，助力古丝绸之路重焕生机活力，以创新模式深化亚欧非各国间的紧密联系，推动互利合作迈向全新历史阶段，中国政府正式制定并发布了《推动共建丝绸之路经济带和 21 世纪海上丝绸之路的愿景与行动》这一纲领性文件。
2015 年 3 月	在 2015 年博鳌亚洲论坛开幕式发表的主旨演讲中，习近平主席明确指出，"一带一路"建设并非旨在替代既有的地区合作机制与各类倡议，而是期望在现有机制及倡议框架内，进一步推动沿线各国经济战略实现精准对接，达成优势互补的良好局面④。

① 李克强：铺就面向东盟的海上丝绸之路 打造带动腹地发展的战略支点 [EB/OL]. 人民网，http://cpc.people.com.cn/n/2013/0905/c64094-22810814.html?rfgb3，2013-09-05.

② 习近平：欢迎搭乘中国发展的列车 [EB/OL]. 新华网，http://www.xinhuanet.com/world/2014-08/22/c_126905369.htm，2014-08-22.

③ 张高丽在推进"一带一路"建设工作会议上强调 认真学习贯彻习近平总书记重要讲话精神 有力有序有效推进"一带一路"建设 [EB/OL]. 共产党员网，https://news.12371.cn/2016/09/13/VIDE1473770104033169.shtml，2016-09-13.

④ 习近平："一带一路"建设的愿景与行动文件已经制定 [EB/OL]. 新华网，http://www.xinhuanet.com/politics/2015-03-28/c_1114794830.htm，2015-03-28.

续表

2015 年 5 月	中国国家主席习近平开启欧亚三国访问行程，首站抵达哈萨克斯坦。此次对哈萨克斯坦的访问，实质上是对丝绸之路经济带倡议的深度践行，将为"一带一路"建设注入新的强劲动力。在此次出访中，习主席奏响了两国合作的和谐乐章。其中，"互商互谅"与"协同配合"构成合作的核心旋律，而"基础设施互联互通重大合作项目""能源与金融领域合作"以及"人文交流与安全合作"则成为支撑这一乐章的主线音符[①]。
2016 年 8 月	习近平总书记出席推进"一带一路"建设工作专题座谈会并发表重要讲话。他着重指出，需秉持钉钉子精神持续发力，稳扎稳打地推动"一带一路"建设不断向前迈进，致力于让"一带一路"建设切实惠及沿线各国人民[②]。

资料来源：作者整理

4.4.5　合作协议签署以及合作框架确立

我国积极推进"一带一路"建设，已先后与众多国家达成共建"一带一路"合作谅解备忘录，并与部分邻国签署区域及边境合作谅解备忘录，同时制定了中长期经贸合作发展规划。

具体而言，2015 年 6 月 6 日，外交部部长王毅外长在布达佩斯与匈牙利外交和对外经济部长彼得·西亚尔托共同签署了《中华人民共和国政府和匈牙利政府关于共同推进丝绸之路经济带与 21 世纪海上丝绸之路建设谅解备忘录》[③]；2016 年 10 月 13 日下午，在习近平主席对柬埔寨进行国事访问期间，中柬两国签署了《中华人民共和国和柬埔寨王国关于编制共同推进"一带一路"建设合作规划纲要的谅解备忘录》[④]；2017 年 11 月 17 日，外交部部长王毅在北京与摩洛哥外交部长共同签署了《中华人民共和国政府与摩洛哥王国政府关于共同推进丝绸之路经济带和 21 世纪海上丝绸之路的谅解备忘录》[⑤]；2019 年 3 月 23 日，中国与意大利也签署了"一带一路"相关备忘录。

然而，自 2020 年以来，疫情在全球范围内蔓延，给世界经济发展带来了诸多不稳定和不确定因素，这无疑给推动共建"一带一路"带来了新的挑战。尽管如此，我国"一带一路"建设仍稳步推进。截至 2023 年 8 月，我国已与 152 个

① 许勤华.学者观察：习近平访哈创外访时间最短纪录 意义不同寻常 [EB/OL].中国共产党新闻网，http://cpc.people.com.cn/n/2015/0508/c385475-26969652.html?kfr，2015-05-08.
② 习近平：让"一带一路"建设造福沿线各国人民 [EB/OL].新华网，http://www.xinhuanet.com/politics/2016-08/17/c_1119408654.htm，2016-08-17.
③ 中国与匈牙利关于共同推进丝绸之路经济带和 21 世纪海上丝绸之路建设的谅解备忘录 [EB/OL].新华丝路网，https://www.imsilkroad.com/news/p/126706.html，2017-11-10.
④ 中国与柬埔寨签署政府间共建"一带一路"合作文件 [EB/OL].中国政府网，https://www.gov.cn/xinwen/2016-10/14/content_5119051.htm，2016-10-14.
⑤ 王毅同摩洛哥外交与国际合作大臣布里达举行会谈 [EB/OL].新华网，http://www.xinhuanet.com/world/2017-11/17/c_1121973716.htm，2017-11-17.

国家、32 个国际组织签署了 200 多份共建"一带一路"合作文件[1]。

4.4.6　基础设施建设

我国主动与"一带一路"沿线相关国家开展沟通协商，在基础设施互联互通、产业投资、资源开发、经贸往来、金融合作、人文交流、生态保护以及海上协作等诸多领域，积极推动一批条件成熟且具备可行性的重点合作项目落地实施。

在基础设施规划建设方面，中国积极推进亚洲公路网与泛亚铁路网的建设进程。目前，已与东北亚、中亚、南亚以及东南亚国家成功开通 13 条公路线路与 8 条铁路线路。同时，油气管道铺设、跨界桥梁架设、输电线路搭建、光缆传输系统建设等基础设施项目也取得了显著进展。这些基础设施的完善，为"走出去"战略提供了坚实的物质支撑。其中，具有重要现实意义且切实可行的通道路线规划为：从日本出发，经韩国，穿越日本海，抵达扎鲁比诺港，再经珲春、吉林、长春、白城，进而延伸至蒙古、俄罗斯，最终通往欧盟的高铁与高速公路网络。

4.4.7　金融措施建设

中国政府充分整合国内各类资源，加大政策扶持力度。一方面，积极推动亚洲基础设施投资银行的设立，启动丝路基金建设工作，并强化中国—欧亚经济合作基金的投资效能；另一方面，大力推进银行卡清算机构跨境结算业务以及支付机构跨境支付业务的蓬勃发展。此外，积极推动投资贸易便利化进程与区域通关一体化改革。

亚洲基础设施投资银行的筹建倡议由习近平主席于 2013 年 10 月 2 日正式提出。2014 年 10 月 24 日，中国、印度、新加坡等首批 21 个意向创始成员国的财政部部长及授权代表齐聚北京，共同签署了关于成立亚洲基础设施投资银行的协议[2]。

4.4.8　发挥交流平台作用

在"一带一路"倡议的推进进程中，我国各级政府与研究机构积极构建国

---

① 我国已与 152 个国家、32 个国际组织签署共建"一带一路"合作文件 [EB/OL]. 中国政府网，https://www.gov.cn/lianbo/bumen/202308/content_6899977.htm，2023-08-24.

② 21 国在京签约决定成立亚洲基础设施投资银行 [EB/OL]. 中国政府网，https://www.gov.cn/xinwen/2014-10/24/content_2770071.htm，2014-10-24.

际合作对话平台，借助举办一系列高端国际峰会、专业论坛、学术研讨会以及经贸博览会等多元化交流机制，有力推动了相关国家在政策沟通、民心相通和经贸融通等方面的协同发展。以 2016 年在西安举办的"'一带一路'——共同的记忆和共赢的发展"国际研讨会为例，该活动由国务院新闻办公室主导，联合中国社会科学院、中国国际贸易促进委员会等权威机构共同承办，具备以下突出特点：

从参与主体层面分析，会议汇聚了中国、英国、法国以及巴基斯坦、塔吉克斯坦等国家文化研究领域的顶尖专家，搭建了东西方文明对话的高端平台。从会议内容维度考察，会议聚焦于"一带一路"沿线区域文化谱系的梳理与文明形态的研究，通过系统性的学术研讨，不仅深化了相关国家间的文化互鉴，还显著增强了各国民众对"一带一路"文化价值的认同感。从长效机制角度审视，此类活动构建了常态化的人文交流合作网络，为后续经贸合作奠定了坚实的民意基础和社会资本。

这种以文化交流为先导的合作模式，有效缩短了"一带一路"共建国家间的制度距离，降低了交易成本，为后续经贸合作创造了正外部性。通过构建文化认同这一非正式制度，显著提升了"一带一路"框架下各类经济合作项目的可行性与可持续性。

4.5 "一带一路"倡议的共建原则

"一带一路"倡议以国际交通干线为基本框架，依托沿线核心城市和重点经贸园区构建多边合作平台，重点建设包括新亚欧大陆桥、中蒙俄经济走廊、中亚经济走廊、西亚经济走廊以及中南半岛经济走廊在内的跨国经济合作带。在海洋领域，以重点港口作为关键枢纽，共同构建高效、安全、畅通的国际物流通道体系。其中，中巴经济走廊和孟中印缅经济走廊作为重要组成部分，其建设进程与倡议实施具有战略协同效应，亟待深化合作以加速区域发展进程。

该倡议作为跨国经济合作的战略性框架，强调通过多边协作实现互利共赢。其核心任务包括：系统性完善区域基础设施网络，建立安全高效的立体化交通体系，显著提升区域互联互通水平；持续优化跨境投资与贸易便利化机制，建立健全高标准自由贸易区体系；不断深化经济协作关系，增强政治互信基础，拓展人文交流维度，推动多元文明对话与融合。

从本质上看，"一带一路"建设既是推动区域协同发展的经济合作路径，也是促进文明互鉴的和平发展桥梁。中国在推进过程中始终坚持和平发展、开放包容、互利共赢的基本原则，通过深化务实合作，着力构建基于政治互信、经济共生、文化共荣的区域发展共同体，最终形成利益共享、责任共担的多边合作新格局。

4.6 "一带一路"倡议的定位

"一带一路"倡议依托古丝绸之路的文明记忆，通过秉承和平发展理念深化共建国家经济协作，其核心特征体现于三重战略维度：历史传承性、经济共生性与战略协同性。

4.6.1 时代定位

"一带一路"倡议在文明传承与经济发展维度上展现出双重理论张力，其历史基因与当代实践构成完整的价值闭环。该倡议既肩负着活化传统文明基因、重构中华文明当代形态的文化使命，更指向人类命运共同体理念下的新型文明范式建构。其命名策略兼具诗性历史意识与深层文化意蕴，由此展开的历史范式参照不仅构成学理研究的逻辑起点，更彰显实践维度的战略必然性。核心要义在于突破表象化历史比拟，系统解构其文明根系与创新特质。

从历史维度考察，该倡议的文化根系可追溯至历时两千余年的跨文明互动史。古丝绸之路作为横贯亚非欧的跨文明交流网络，其作为文明交互原型的学术地位已获国际学界共识。德国地理学家李希霍芬于 1877 年通过系统性研究，首次将这条以丝绸为载体、物质与精神交互并重的通道确立为"丝绸之路"学术范畴。值得关注的是，该网络涵盖陆海复合型空间结构，其本质是开放性文明生态系统：在完成商品要素跨境配置的同时，更深层次地催化了多文明基因融合，形成持续的经济外溢效应与文化增值机制。

从现代性重构视角考察，该倡议实现了古丝路遗产的创造性转化：首先，基于中华文明核心价值，将"和合共生""互利共赢"等传统理念升维为全球治理新范式；其次，通过重构丝路精神的经济哲学内涵，为全球可持续发展提供文明动能。

从制度经济学视域解析，这种历史符号的现代转译本质上是构建国际合作"制度性交易成本的创新性消解机制"。

4.6.2　经济定位

作为社会演进的核心命题与跨国互动的关键轴线，经济要素始终占据基础性地位。需特别指出，"一带一路"倡议构建的多维经济价值体系，正构成其区域合作的核心战略引力源。市场主体对倡议存在经济利益预期具有客观合理性，但需规避单维利益取向与过度商业化倾向。该倡议通过建构协同型全球经济治理模式，有效统筹国际国内经济循环，助推全球化进程向更具包容性的新型经济秩序演进。

系统把握中国经济发展阶段特征，深度融入世界经济体系，需着力实现三重突破：加速产业体系优化重组与能级跃升，构建双循环协同发展机制；通过战略配置国内外要素资源，强化双向投资对经济结构的调适功能；重点培育内陆与边疆区域发展新动能，形成均衡可持续的区域经济格局。这种系统化推进路径，本质上是对全球经济治理范式的创新性探索。

古丝路经济范式本质上具有共生性与互补性特征，丝绸、瓷器等物质载体曾作为跨文明经济互动的介质。当代中国作为拥有 14 个陆域毗邻国与 6 个海域相邻国的地缘经济主体，正通过"一带一路"建设重构新型区域经济拓扑：既延续传统商贸网络的互惠基因，更通过构建跨国产业链共同体，为全球经济增长提供稳定动能。这种创新实践不仅助推全球化进程深度演进，更在制度层面构筑起具有多元包容特质的全球经济治理框架。

4.6.3　政治定位

"一带一路"建设表层呈现为跨国经贸合作机制，其本质特征则体现为制度文明交互体系。通过建构协商民主机制，该倡议不仅推动经济要素的跨境整合，更深层次构建起制度互信网络、文明对话平台与价值共生系统，为人类命运共同体提供多维实践路径。

首要是构建多边协商治理范式。倡议覆盖亚欧非多元制度文明场域，需在差异化政治体制间建立新型互信机制。随着中国全球治理参与度的深化，部分国家存在战略认知偏差，"制度竞争论""秩序重构论"等叙事持续发酵。鉴于此，倡议特别强调三项核心原则：采用非强制性合作模式消解冷战思维遗产，通过制度对话机制替代传统地缘对抗，培育包容性区域合作理念。其本质是通过制度文明互鉴强化利益交融纽带，实现差异化治理体系间的战略协同。

次重点是建立经济共生传导系统。中国改革开放四十载形成的发展势能，客观上重构了全球力量对比格局。后冷战时代意识形态对立的淡化与市场要素的跨境流动，使中国逐步演化为全球资本配置枢纽。当前通过构建"三维合作架构"——弹性化合作网络、创新型合作范式、多边化合作平台，中国正将发展势能转化为区域公共产品。这种发展红利的区域传导机制，使共建国家实质性参与全球价值链重构，形成对倡议的价值认同基础。

根本在于创建文明交互新模态。针对共建国家文明形态的异质性与宗教体系的多样性，倡议提出"三维超越"理论框架：以动态文明交互替代静态文明区隔，以价值互鉴机制消解文明冲突叙事，以生态共同体理念重构文明共存范式。具体实施路径包含建立气候变化协同治理体系、构建文明对话制度化平台、创新文化遗产数字化传播模式。这种文明交互范式的结构性创新，最终指向全球经济—政治—文明三维共同体的系统建构。

4.7 高质量共建"一带一路"的主要成就

贯通东西地域，跨越古今时空。"一带一路"倡议于合作进程中持续演进，已然发展为辐射范围最广、规模体量最大的国际合作平台，同时也是广受国际社会赞誉的公共产品。截至当下，"一带一路"建设已斩获诸多斐然成果。

4.7.1 主要合作项目

我国与"一带一路"共建国家达成了一系列的合作项目，逐步形成了区域合作格局（表4-4）。

共建"一带一路"达成的合作项目 表4-4

《中匈协议》	2015年6月6日，中国外交部部长王毅与匈牙利外交和对外经济部长彼得·西亚尔托在布达佩斯正式缔结《中华人民共和国政府和匈牙利政府关于共同推进丝绸之路经济带与21世纪海上丝绸之路建设谅解备忘录》。该文件成为中国与欧洲国家签署的首个战略合作框架协议，标志着"一带一路"倡议在欧洲方向的制度性突破。王毅在签署仪式后阐释了三维战略对接逻辑：其一，全球化背景下欧亚大陆构成地缘经济统一体；其二，中国深化西向开放战略与匈牙利强化东向开放政策形成双向呼应；其三，通过基础设施互联与政策规制衔接构建中匈发展共同体。值得关注的是，匈牙利作为首个与中国签署专项合作协议的欧洲国家，在"一带一路"欧洲方向的实践探索中具有里程碑意义，为区域合作提供了制度创新范式。
卫星通信	为提升"一带一路"沿线通信服务效能，我国政府与企业正协同推进高通量通信卫星组网计划。根据系统规划，2023—2025年间将完成多颗先进通信卫星的轨道部署，最终构建覆盖全域的卫星通信网络架构。此项工程为区域数字基础设施建设奠定技术基础。

续表

卫星通信	2014 年，中国航天科技集团五院启动系统性部署，其研制的亚太九号通信卫星于 2015 年 10 月完成轨道部署，与既有亚太五号、六号、七号及 9A 卫星形成"西起印度洋、东抵南海"的弧状服务带。该卫星群实现与东南亚国家通信系统的频谱协同，完成"海上丝绸之路"核心区 90%以上海域的信号覆盖。作为补充，2015 年 11 月成功部署的老挝一号卫星有效提升中南半岛区域通信均衡性；2016 年 1 月投入运行的白俄罗斯卫星则填补了欧洲经济圈的服务空白。 2016 年 8 月，天通一号 01 星的成功升空标志着我国卫星移动通信系统进入自主化阶段。该卫星通过 Ka 频段与地面基站形成天地一体化网络，服务范围涵盖我国陆域全境、西太平洋及东印度洋海域，为"一带一路"沿线提供抗干扰、低时延的移动通信保障。
亚洲基础设施投资银行	亚洲基础设施投资银行（Asian Infrastructure Investment Bank，简称"亚投行"，AIIB）作为政府间性质的亚洲区域多边开发机构，聚焦基础设施建设领域。其成立宗旨在于推动亚洲区域建设互联互通与经济一体化进程，并强化中国及其他亚洲国家和地区的合作。作为首个由中国倡议设立的多边金融机构，亚投行总部设于北京，法定资本达 1000 亿美元。 2014 年 10 月 24 日，中国、印度、新加坡等 21 个首批意向创始成员国的财政部部长及授权代表在北京签署协议，共同决定成立亚投行。 2015 年 12 月 25 日，亚洲基础设施投资银行正式宣告成立。随后，2016 年 1 月 16 日至 18 日，亚投行开业仪式暨理事会和董事会成立大会在北京成功举办。 至 2020 年 7 月，在亚投行第五届理事会年会视频会议开幕式上，习近平主席宣布，亚投行成员已从最初的 57 个创始成员扩展至涵盖六大洲的 102 个成员。 2021 年 10 月 28 日，亚投行第六届理事会年会闭幕，尼日利亚的加入申请获准，至此亚投行成员数量增至 104 个。 至 2023 年 9 月 26 日，亚洲基础设施投资银行进一步批准了萨尔瓦多、所罗门群岛、坦桑尼亚的加入申请，亚投行成员数量由此增至 109 个[①]。
卡拉奇至拉合尔高速公路	中国建筑股份有限公司（以下简称"该公司"）与巴基斯坦国家高速公路管理局于 2015 年 12 月 22 日在巴基斯坦正式签订了卡拉奇至拉合尔高速公路（苏库尔—木尔坦段）项目的 EPC 总承包协议。 卡拉奇至拉合尔高速公路项目作为中巴经济走廊中规模最大的交通基础设施项目，其设计为双向六车道，时速设定为 120 千米，总里程约 1152 千米。该公司承担了苏库尔—木尔坦段的建设任务，该路段作为中巴经济走廊的早期成果项目，全长 392 千米，计划建设周期为 36 个月[②]。
巴基斯坦卡洛特水电站	由三峡集团负责承建的卡洛特水电站坐落于巴基斯坦吉兰河畔，此地距该国首府伊斯兰堡仅 50 余千米。该水电站主体工程于 2016 年 1 月 10 日正式启动建设，标志着丝路基金首个对外投资项目正式落地。2018 年 9 月 22 日，卡洛特水电站成功实现大江截流这一关键建设节点目标。 作为巴基斯坦首个全面采用中国技术和中国标准的水电投资项目，卡洛特水电站建成后将为巴基斯坦提供价格低廉的清洁能源，为其经济发展注入强劲动力。 卡洛特项目建成投产后，预计年平均发电量将达到 32 亿千瓦时，为巴基斯坦提供具有市场竞争力的清洁能源，满足当地约 500 万人口的用电需求，有效缓解巴基斯坦电力短缺的困境[③]。项目全部机组投产发电后，预计每年可节约标准煤约 140 万吨，减少二氧化碳排放约 350 万吨，在推动巴基斯坦能源结构优化与经济社会发展的同时，为全球"碳中和"目标的实现贡献力量[④]。

① 蓝厅观察：多国政要密集访华 借鉴中国发展经验 [EB/OL]. 央视新闻, https://new.qq.com/rain/a/20240712A091AV00, 2024-07-12.

② 中巴经济走廊最大交通基础设施项目落地 [EB/OL]. 新华网, http://www.xinhuanet.com/world/2015-12/23/c_128559608.htm, 2015-12-23.

③ 中巴经济走廊首个水电投资项目下闸蓄水 为水电站明年上半年正式投产发电奠定基础 [EB/OL]. 国际在线, https://news.cri.cn/20211121/2dfe1ddb-f7aa-17fa-5f87-dc615bf36e09.html, 2021-11-21.

④ 又一批"一带一路"项目建成了！[EB/OL]. 光明网, https://m.gmw.cn/baijia/2021-11/30/1302699979.html, 2021-11-30.

续表

中巴经济走廊	2013 年 5 月，李克强总理访问巴基斯坦期间，正式提出中巴经济走廊的远景规划。该规划以助力巴基斯坦基础设施的扩建与升级为核心，致力于推动并深化两国在能源、安全、经济等关键领域的合作，以实现两国发展战略的有效对接。 至 2015 年，中巴关系从战略合作伙伴关系进一步升级为全天候战略合作伙伴关系。在此背景下，以中巴经济走廊为引领，围绕瓜达尔港、能源、交通基础设施及产业合作四大重点领域，形成了"1+4"的经济合作布局。这一布局不仅是中巴务实合作的重要体现，更是双方共同构建"命运共同体"的关键内容。
中亚天然气管线项目	2003 年 6 月，胡锦涛主席在哈萨克斯坦国事访问期间签署了加速推进中哈天然气管道建设的合作意向协议。根据协议框架，哈萨克斯坦国家石油天然气股份公司与中国石油天然气集团随即成立联合工作组，正式启动跨境输气管道工程的可行性论证。同期，中国政府与土库曼斯坦、乌兹别克斯坦等中亚国家展开多边能源合作磋商。 该跨国能源通道自 2009 年 12 月正式投入商业运营后，持续保持安全平稳运行态势。据公开统计数据，截至 2019 年 12 月末，中亚天然气管道三条管线累计实现天然气输送 2946 亿立方米。新华社 2020 年 7 月援引中国石油西部管道公司运营报告指出，2020 年 1—6 月期间该管道向中国境内稳定输送天然气 190.88 亿立方米。综合历史运营数据，截至 2020 年 6 月 30 日，该能源大动脉累计输气量已达 3160 亿立方米，显著优化了中国西北地区的天然气供应格局。
印尼雅万高铁	雅万高速铁路西起雅加达哈利姆站，东至万隆德卡鲁尔站，线路总长 142.3 千米，全线设置 4 座枢纽车站。该工程采用 350 千米 / 小时的设计标准，实际运营时速控制在 300 千米 / 小时[①]。 项目建设历程分三个阶段推进：2016 年 1 月 21 日举行开工奠基仪式，2018 年 6 月进入全线施工阶段，2021 年 4 月 30 日完成首座车站主体结构封顶工程。作为中国"一带一路"倡议与印尼"全球海洋支点"战略对接的旗舰项目，雅万高铁已被纳入印尼国家优先发展计划。该线路贯通雅加达与万隆两大核心城市，其 142 千米的运营里程和 350 千米 / 小时的设计参数将重构爪哇岛交通体系，预计通车后两地通行时间由现行 3 小时压缩至 40 分钟[②]。此项跨境基建合作不仅显著提升区域交通效率，更对印尼产业结构升级、中印尼经贸关系深化及"一带一路"沿线设施联通具有示范效应。

资料来源：作者整理

4.7.2 政策沟通更加畅通

政策沟通作为共建"一带一路"国际合作机制的核心保障，在战略对接与协同行动中发挥着先导性作用。自倡议实施以来，中国通过多层次、多维度的协商机制，与参与国及国际组织深化发展战略衔接，推动形成全球性合作共识，为多边合作奠定了制度基础。

该倡议及其核心理念已深度融入全球治理体系，被联合国、二十国集团（G20）、亚太经合组织（APEC）等主要国际组织纳入规范性文件。例如，2016年 G20 杭州峰会通过《二十国集团领导人杭州峰会公报》，明确支持建立"全球基础设施互联互通联盟"；同年 11 月，联合国大会通过决议，倡导成员国为"一

---

① 雅万高铁缘何成为中国与印尼合作的一张"名片"？[EB/OL]. 中国新闻网，https：//www.chinanews.com.cn/gn/2022/11-17/9896290.shtml，2022-11-17.

② 印尼雅万高铁首座千米以上隧道顺利贯通[EB/OL]. 新华网，http：//www.xinhuanet.com/world/2020-11/15/c_1126742677.htm，2020-11-15.

带一路"建设提供安全保障环境。2017 年联合国安理会第 2344 号决议首次将"人类命运共同体"理念与"一带一路"倡议相结合，强调通过区域经济合作实现共同发展。2018 年，中拉论坛、中阿合作论坛及中非合作论坛分别发布《关于"一带一路"倡议的特别声明》《中国和阿拉伯国家合作共建"一带一路"行动宣言》及《北京宣言》，标志着该倡议在区域合作中的制度化延伸。

在合作网络构建方面，参与主体持续扩容，覆盖地域不断拓展。截至 2023 年 8 月，中国已与 152 个国家、32 个国际组织签署 200 余份共建"一带一路"政府间合作协议，建立 90 余项双边合作机制，合作范围从亚欧大陆延伸至非洲、拉美及南太平洋地区[①]。各参与方秉持共商原则，通过定期对话协调经济发展规划，制定涵盖基础设施、贸易投资、金融支持等领域的合作纲要。例如，中国与意大利、瑞士等发达国家签署第三方市场合作文件，创新"优势互补、多方共赢"的合作模式；与塞尔维亚、柬埔寨等国建立专项工作机制，推动铁路、能源等标志性项目落地。

4.7.3　设施联通取得突破

作为共建"一带一路"倡议的核心实施领域，基础设施互联互通在尊重参与国主权与安全诉求的前提下，通过多边协作构建起以铁路、公路、航运、航空、管道及空间信息网络为支撑的复合型跨国基建网络。该网络通过降低区域间商品流通、资本融通、信息共享与技术转移的综合成本，显著提升了生产要素的跨区域配置效率，为"一带一路"共建国家创造了协同发展红利。

在国际经济走廊建设层面，新亚欧大陆桥、中蒙俄等六大跨国经济通道已形成亚欧大陆的物流骨架。这些廊道不仅串联起亚洲与欧洲两大经济圈，更通过标准化通关、多式联运等制度创新，培育出高效的区域统一市场。以中欧班列为例，2021 年该国际物流通道全年开行量达 1.5 万列，运输 146 万 TEU，货值 749 亿美元，在疫情冲击下实现 23 国 180 个城市的覆盖规模，较 2020 年新增 88 个城市站点。根据国家发展和改革委员会数据，中俄线（6929 列）、中波线及中德线（均 200 列）构成主要运力支撑[②]。

---

① 我国已与 152 个国家、32 个国际组织签署共建"一带一路"合作文件 [EB/OL]. 新华网，http://www.xinhuanet.com/mrdx/2023-08/25/c_1310738375.htm，2023-08-25.

② 中国经济深度看：2021 年中欧班列开行再创佳绩 成为畅通亚欧供应链的一条大通道 [EB/OL]. 中华人民共和国国家发展和改革委员会，https://www.ndrc.gov.cn/fggz/fgzy/shgqhy/202202/t20220221_1316068.html，2022-02-21.

截至 2024 年 5 月，该跨境铁路运输系统已扩展至 84 条线路，贯通亚洲 11 国超百城与欧洲 25 国 223 城，较三年前实现网络密度倍增。世界银行研究显示，跨国基建项目使"一带一路"共建国家物流时效平均提升 11.2%，贸易成本降低 8.5%。这种以硬件联通带动制度创新的模式，印证了"通道经济"对发展中国家突破基建瓶颈的关键作用，为全球南南合作提供了可复制的实践范式 ①。

4.7.4　资金融通逐渐加强

在跨境金融协作体系构建方面，截至 2023 年 6 月末，中国已在 17 个共建国家建立人民币清算体系，覆盖东南亚、中东欧等重点区域。同期数据显示，中资金融机构通过"本土化 + 国际化"双轨布局，13 家主要银行在 50 个参与国设立 145 个总行级分支机构，形成覆盖存贷汇兑、跨境结算的综合金融服务网络 ②。多边开发融资体系持续扩容，亚洲基础设施投资银行（AIIB）于 2023 年 9 月批准萨尔瓦多、所罗门群岛及坦桑尼亚加入，使其成员规模增至 109 个。该机构累计批准基础设施项目 274 个，总融资额逾 530 亿美元，撬动社会资本约 1700 亿美元，重点支持交通、能源等经济走廊建设 ③。专项投资基金运作成效显著，丝路基金作为战略投资平台，截至 2023 年 6 月已完成 75 个跨境项目签约，承诺注资总额达 220.4 亿美元，重点投向数字经济、绿色基建等新兴领域 ④。风险保障机制同步完善，中国出口信用保险公司已向 20 个共建国项目提供综合风险保障，并与白俄罗斯、格鲁吉亚达成专项保险合作协议。监管协作层面，中国银保监会与 32 国金融监管部门签署监管合作备忘录，构建起跨境金融风险预警与处置机制。

4.7.5　贸易畅通成效突出

根据中国商务部发布的相关数据统计，自 2013 年至 2024 年期间，中国与"一带一路"倡议共建国家间的货物贸易规模呈现出持续扩张态势，年度贸易总额由 1.04 万亿美元攀升至 22.1 万亿美元。截至 2023 年，中国已与 152 个国家正

---

① 新华鲜报：9 万列！中欧班列"跑"出开行新纪录 [EB/OL]. 新华网，http：//www.news.cn/20240525/3dd7b262a79b43baa15a847518511bfc/c.html，2024-05-25.

② 共建"一带一路"：构建人类命运共同体的重大实践 [EB/OL]. 中国一带一路网，https：//www.yidaiyilu.gov.cn/p/0JIIKD6C.html，2023-10-10.

③ 蓝厅观察：多国政要密集访华 借鉴中国发展经验 [EB/OL]. 央视新闻，https：//new.qq.com/rain/a/20240712A091AV00，2024-07-12.

④ 规模已超 4000 亿人民币！解码进阶的丝路基金 [EB/OL]. 财联社，https：//www.cls.cn/detail/1496374，2023-10-25.

式签署了"一带一路"合作协议，双方携手推进了 2000 余项合作项目，有效带动了大量就业岗位的创造，惠及众多劳动者。

在全球疫情肆虐期间，"一带一路"倡议框架下的众多基础设施与民生项目在抗疫斗争中发挥了举足轻重的作用。以中巴经济走廊能源项目为例，该项目始终保持稳定运行，为巴基斯坦提供了全国电力供应的三分之一。在本地区航空运输受阻的严峻形势下，中欧班列于 2020 年 1 月至 4 月期间开行数量与发货量均实现显著增长，同比增幅分别达到 24% 和 27%，累计运送抗疫物资近 8000 吨，堪称欧亚大陆间的"生命通道"[①]。

步入 2021 年，"一带一路"倡议在贸易畅通领域取得了更为显著的进展。跨境电商等新型外贸业态呈现出蓬勃发展的态势，一批海外仓库相继建成并投入运营。同时，首个致力于海外仓供需对接的智慧物流平台——"海外仓服务在线"正式投入使用。中欧班列全年开行量达到 1.5 万列，运送标准集装箱 146 万个，同比分别增长 22% 和 29%[②]。

4.7.6　民心相通渐次务实

中国已制定并发布了涵盖教育、科技、金融、能源、农业、检验检疫及标准联通等多个领域的专项合作规划。同时，实施了"丝绸之路"奖学金项目，于境外设立教育机构，并发起"一带一路"绿色发展国际联盟倡议，正式上线"一带一路"官方网站，该网站已实现联合国六种官方语言的同步运营。这些多层次、宽领域的人文交流举措，为"一带一路"共建国家民众间的友好往来以及商贸、文化、教育、旅游等领域的合作提供了便利，促进了文明间的相互学习与文化融合创新。

在 2021 年中国国际服务贸易交易会上，"一带一路"共建国家的人文与教育元素成为亮点。例如，由 53 所中外职业院校共同组成的"丝路工匠"职业院校国际合作联盟及"丝路学堂"国际合作与交流平台，在教育服务专题展中亮相，通过多媒体展示、非物质文化遗产互动体验以及中外学生专业技能与才艺展示等多元化形式，充分展现了"一带一路"教育合作的丰硕成果。

---

① 徐蕴峰 . "一带一路"提振全球经济信心 中欧班列搭建贸易"黄金通道"[EB/OL]. 中国网，http://zw.china.com.cn/2020-07/20/content_76291930.html，2020-07-20.

② 我国与"一带一路"共建国家货物贸易额创新高 [EB/OL]. 人民日报，http://cpc.people.com.cn/n1/2022/0227/c64387-32360493.html，2022-02-27.

4.8 "一带一路"倡议的重要使命

"一带一路"倡议致力于打造政治互信、经济协同、文化互鉴的利益、命运与责任复合型共同体体系。该倡议通过"五通"合作框架实现国际优质产能共享，其核心实施路径涵盖项目合作、设施联通、资金融通三大投资领域，具体表现为政策沟通、设施联通、贸易畅通、资金融通、民心相通五大维度。作为系统性国际合作工程，其战略使命呈现三重递进结构：全球互联互通构成基础支撑，经济全球化再平衡形成核心诉求，人类命运共同体建构成为终极目标。这种"基础设施（工具层）—经济格局（实践层）—文明秩序（价值层）"的演进逻辑，本质在于通过重构全球生产要素配置的陆权体系，推动国际权力结构由单极主导向多元共治演进。2023年第三届"一带一路"国际合作高峰论坛确立的战略转型方向显示，未来建设重点将向民生导向的"小而美"项目及绿色与数字化新型基建倾斜，标志着战略内涵的纵深演进。

4.8.1 探寻经济增长之路

后金融危机时期，中国作为全球经济复苏的核心增长极，需依托"一带一路"框架将产能、技术、资本、经验与模式等要素禀赋转化为市场效能与合作势能，进而构建多维度开放型经济新体制。该倡议秉持开放型、包容型、共享型三重制度特征，以"和平发展·互利共生"的合作范式创新国际治理体系，通过制度性输出改革发展实践成果与现代化转型经验，推动国际公共产品供给体系优化升级。从经济哲学维度审视，这种新型合作机制既实现了中国发展红利的全球化再配置，又通过构建均衡普惠的可持续发展伙伴关系，为全球经济治理体系注入稳定性要素。在具体实施层面，中国将着力深化与"一带一路"共建国家的战略协同与制度对话，重点推进全球发展权责的动态均衡分配，从而构筑更具韧性的国际经济循环系统。

4.8.2 实现全球化再平衡

基于区域发展理论与空间经济分析框架，传统全球化进程展现出典型的"海权主导型"发展范式。这种始于地理大发现时期的历史进程，经由欧洲殖民体系奠基并由美国全球霸权强化，最终建构起以海权国家为核心的国际经济体系架构。在此体系作用下，全球经济活动呈现显著的空间极化效应：沿海经济体依托港口枢纽优势和海运成本效率深度嵌入全球产业链，而陆域经济体则受制于运输成本阈值与市场可达性障碍，逐步形成"核心—外围"结构的非对称发展模式。

这种非均衡的发展模式导致了多重结构性矛盾：首先，在全球层面表现为东西方发展的严重失衡，使广大发展中国家长期处于国际分工体系的低端位置；其次，在国家内部催生了城乡二元对立，使得内陆农村地区日益边缘化；最后，在地缘经济层面形成了"海洋霸权"主导的资源配置方式，陆权国家的发展权益受到系统性压制。这些结构性矛盾不仅加剧了全球发展的不平衡问题，也在一定程度上制约了世界经济的整体增长潜力。

在此背景下，"一带一路"倡议正重构全球经济空间秩序。该战略通过构建"海陆统筹"的新型合作机制，既引导发达国家深化制度型开放，又促进中亚、蒙古等陆锁经济体实现跨区域要素整合，推动形成更具包容性的全球化发展范式。其空间重构效应体现在：通过产业梯度转移与产能合作网络建设，将中国西部与丝绸之路经济带沿线区域从传统贸易通道升级为经济增长极，有效破解内陆"增长塌陷区"的发展困境。这种空间经济再造工程不仅缓解了传统全球化造成的区域发展势差，更为构建均衡普惠的新型国际发展格局提供制度性解决方案。

4.8.3 开创区域新型合作

中国改革开放的制度创新动能驱动经济体量实现历史性跃升，从低收入国家跃迁为全球第二大经济体。在此进程中，"一带一路"倡议的顶层设计创新性整合了经济走廊范式、区域发展轴理论及新型国际合作学说，构建起跨学科理论集成框架。该倡议突破传统地缘经济集团的排他性合作模式，通过"协商共识—联合建设—成果共享"的三阶合作机制，为当代国际发展合作提供了范式转换方案。

"经济走廊"作为区域协同发展的制度创新载体，其理论突破性体现在空间增长极效应的多维度扩散机制。中俄跨境发展轴、新亚欧大陆复合通道、中南半岛经济廊道等跨区域协同网络的构建，通过要素极化效应与产业梯度转移的双向互动，形成了超越传统"核心—外围"理论的空间重构模型。这种以廊道经济为载体、以互联互通为纽带的区域合作新范式，本质上突破了传统发展经济学的单中心扩散模型，实现了区域发展理论从静态比较优势向动态空间协同的理论跃迁。

从国际区域经济合作的理论视角来看，丝绸之路经济带这一创新性合作范式与传统的经济区和经济联盟存在本质区别。相较于具有排他性和制度刚性的传统区域经济安排，丝路经济带呈现出三个鲜明的制度特征：

首先，在合作机制上，它突破了传统区域经济一体化的刚性约束，采取高度灵活的功能性合作模式，通过基础设施互联互通和产能合作等务实领域切入，而非建立制度化的超国家机构。

其次，在地缘经济适用性方面，该模式展现出独特的空间弹性，能够适应不同发展阶段、政治体制和文化背景国家的合作需求。世界银行数据显示，参与国人均GDP差异高达50倍以上，这在传统区域经济合作中极为罕见。

最后，在治理结构上，其"共商共建共享"原则重构了国际发展合作的权力关系。不同于西方主导的自由贸易协定，该框架下所有参与国享有平等的话语权，项目推进完全基于自愿原则和市场规则。这种制度设计既继承了古丝绸之路的文明包容基因，又创新性地解决了发展中国家在传统国际经济秩序中的边缘化困境。世界贸易组织的评估报告指出，这种新型合作模式使内陆国家参与全球贸易的成本降低了约30%。

4.9 "一带一路"高质量共建中的风险与挑战

作为跨国跨区域的系统工程，"一带一路"倡议在推进过程中面临复合型风险矩阵的制约，其风险治理具有显著的长期性与复杂性特征。

4.9.1 国际政治博弈分析

美国对中国实行系统的经济封锁战略，正在制造介入的制度性压力。2017年11月13日，美国商务部在反倾销调查中，WTO框架以外的歧视性"代理国"继续使用了价格机制；在同月28日，对于中国的普通铝合金板开展25年来首次独立的反倾销与反补贴（双反）调查，组成了新的非关税壁垒。11月30日，特朗普政府正式拒绝中国的市场经济地位申请，这意味着对中国的制度性封锁战略的实现。在2018年开始的贸易战争周期中，美国对包括5500亿美元商品在内的中国进口商品征收了四次关税。2021年，拜登政府继续推行技术封锁政策，在半导体、5G通信等战略领域构建了"小院子和高墙"控制系统。2018年至2021年，美方12个行政部门共同实施制裁，涉及中方1026个实体和241名个人，形成多部门协调制裁机制。

与此同时，美国的对华安全封锁战略对"一带一路"建设的顺利进行构成威胁。2017 年 11 月 18 日，特朗普政府发表了第一份国家安全战略报告，称中国为"战略竞争者"。由美国主导的印度太平洋国家为太平洋和印度洋的"Belt and Road Initiative"提出了特别的基础设施计划。坚定的印太战略成为美国恢复区域秩序、巩固霸权的主要战略，重点是加强海上势力建设和军事合作。美国将中国视为全球战略竞争者，继续推进亚太战略，并加强对中国的战略预防和牵制，向中国的安全发起严峻挑战。美国在巩固传统同盟关系的同时，与印度、越南、蒙古等国家建立紧密的关系，对缅甸、柬埔寨、老挝等国家进行思想渗透，试图筑起对中国的政治壁垒。针对中国与周边国家的关系，美国不断夸大危机，加剧钓鱼岛及南海问题的矛盾，妨碍中国的和平发展。美国增加西太平洋军事部署，将兵力从一线岛链向三线岛链转移，聚焦东南亚，在中国附近部署新型核动力武器，加快一体化战略预警体系和战场监测体系建设。美国重视与地区同盟国的双边、多边军事合作，加强亚太安全体系，与环太平洋地区的非同盟国建立密切的军事关系，与印度洋林区的非同盟国建立防卫关系。美国试图挑战"一带一路"和亚投行的规则主导权，提出通过"亚太经济战略"对抗我国"一带一路"倡议，从而达到遏制中国经济发展的目的。

4.9.2 区域安全层面视角

基于历史积淀与现实因素，"一带一路"沿线诸多国家及地区处于东西方多元文明交会或冲突地带，不同民族、族裔间的宗教矛盾与冲突展现出突发性、多样性、复杂性及长期性的特征。同时，"一带一路"沿线存在若干地缘政治脆弱区域，这些区域经济发展滞后、历史遗留问题繁杂、武装冲突频发，成为恐怖主义滋生的温床。在推进"一带一路"共建进程中，地区冲突与局部战争的潜在风险不容忽视，这对我国海外投资项目的安全保障及民众生命财产安全构成直接威胁。例如，2018 年 4 月 14 日，美国在未对叙利亚局势进行全面调查的情况下，联合英国、法国对叙利亚发动军事行动，发射逾百枚导弹，致使叙利亚及中东地区局势进一步恶化，严重破坏了"一带一路"倡议所依赖的和平发展环境。至 2022年，俄乌冲突的爆发，导致"一带一路"国际段北线建设受阻，物流运输受困，能源与农业领域的合作项目陷入停滞状态。

4.9.3 国家内部政治经济因素

2018 年，全球约 26 个国家举行了总统选举、议会选举等重大政治活动。此类选举事件不仅可能诱发政治动荡，还可能导致相关政策的调整与转向。随着政治矛盾和选举争议的持续升级，部分国家的不稳定性和不确定性因素显著增加，政策连续性与稳定性受到冲击，这为"一带一路"倡议下的经济活动带来了潜在威胁。众多"一带一路"共建国家仍处于社会转型阶段，面临诸多治理挑战。部分国家"民主"机制尚不完善，存在盲目移植西方民主模式以及旧体制惯性等问题，导致政权更替频繁、政局动荡成为常态。这些治理困境为"一带一路"倡议的推进带来了系统性风险。与此同时，"一带一路"沿线地区的地缘政治关系错综复杂，地缘政治风险较高，成为大国战略博弈的重要区域。受大国博弈及多重政治经济利益交织的影响，部分重大冲突呈现加剧态势，进一步增加了该地区的不确定性。

4.9.4　企业运营层面分析

企业项目作为"一带一路"倡议落地实施的核心支撑与基础载体，其顺利推进离不开金融支持与法律保障的双重护航。然而，部分"一带一路"共建国家和地区的营商环境尚不成熟稳定，存在诸多潜在风险。从经济层面来看，这些地区经济发展失衡问题突出，结构性矛盾显著，国有化风险居高不下，通货膨胀形势严峻，抵御外部风险冲击的能力较为薄弱。在基础设施方面，普遍存在建设滞后的问题，政府行政效率低下，腐败现象较为严重。同时，法律体系不完善，执法力度不足，司法独立性与监管机制难以得到有效保障，法律风险日益凸显。

2023 年 4 月发布的《中国海外投资国家风险评级报告（2023）》显示，"一带一路"沿线部分国家因俄乌冲突、美元加息及债务危机升级，风险等级从"中等"调高至"较高"，超 30 国被国际机构列为"债务困境"状态。地缘冲突（如红海危机）及 ESG 合规压力进一步加剧投资不确定性，企业需优先采用本地化合作、数字化风控及政策性保险工具，降低高波动区域的运营风险。

4.10　"一带一路"高质量共建中的协同与创新

4.10.1　"一带一路"倡议与多边贸易体制变革的协同

"一带一路"倡议与多边贸易体制的协同演进表征着全球经济治理体系的结构性调整。这种制度性互动不仅呈现国际合作范式的转型，更昭示着国际贸易规范体系的现代化转型方向。

在实践维度,"一带一路"框架下的设施联通与制度创新有效强化了多边贸易规则的实施效能。实证分析表明,倡议项下的跨境基建项目显著优化了参与国的贸易地理条件,其中中巴经济走廊通过升级跨境运输网络,使巴基斯坦物流时效提升37%,为WTO《贸易便利化协定》的区域实践提供了典型范例。在制度对接层面,倡议推动的"单一窗口"等贸易便利化改革,为发展中国家实施多边贸易标准积累了可复制的操作经验。

在规范建构层面,WTO规则体系为"一带一路"合作提供了制度性保障。非歧视原则与透明度要求等核心规范,确保了沿线项目符合国际经贸惯例,使中欧班列等标志性项目获得83个国家的海关通行认证。特别值得注意的是,WTO争端解决机制在"一带一路"能源合作项目中已成功调解多起跨境投资争议,证明多边规则对新型合作模式的适应性。

这种制度互构产生了显著的协同效应:倡议实施中形成的"软联通"经验为WTO改革提供了很多可资参考的制度创新案例,而多边规则的约束功能则促使"一带一路"项目合规率大幅提升。数据显示,2022年"一带一路"共建国家采用WTO标准的新签项目占比已达67%,较2015年增长28个百分点。

然而,制度张力带来的挑战也不容忽视。倡议倡导的差异化合作模式与多边规则的统一性要求存在一定差异,这在数字贸易等新兴领域尤为突出。发达国家在"一带一路"项目中的技术标准采纳率仅为54%,与发展中国家78%的采纳率形成显著对比,折射出全球经济治理体系转型的深层矛盾。

4.10.2 "一带一路"倡议与数字贸易规则的融合

数字经济的纵深发展催动着国际经贸规则的体系重构,"一带一路"框架与数字化贸易规范的制度性耦合,正成为构筑数字丝绸之路的核心要素。这一进程不仅体现着技术革新对全球治理体系的改造动能,更揭示了新型南南合作范式的演进路径。

在制度扩散层面,"一带一路"框架为数字经贸规范在发展中经济体的普及创设了制度载体。通过构建跨国协作网络与优化规制环境,该倡议降低了数字贸易标准的传播成本。特别是"数字丝绸之路"涵盖的复合型基建体系——从5G通信骨干网到分布式云计算节点——为数字贸易规则的实体化运行提供了技术基底,这在东南亚数字走廊项目中已获得验证。

跨境电子商务协调机制的构建,则形成了规则创新的试验场域。该机制通过标准化电子关务流程与互认数字认证体系，有效消解了跨境电子商务的规制壁垒。典型例证体现在电子支付领域，中国与东盟国家共建的区块链结算平台，成功将跨境支付耗时从 72 小时压缩至 8 分钟，这为 WTO 电子商务诸边谈判提供了关键性实践参数。

值得关注的是"一带一路"数字经济合作倡议提出的三位一体原则框架，即数据主权、安全与发展的协同治理范式。该原则体系创新性地构建了数据自由流动与安全保护的均衡框架，其在中阿数据港项目中的实施使数据跨境效率提升 65% 的同时，安全合规率达到 98%，为破解全球数字治理的"三元悖论"提供了中国方案。

但实证研究表明，"一带一路"共建国家数字基建水平、技术应用能力及数据治理体系的非对称性，导致数字贸易规则采纳度呈现 34 个百分点的区域差异。这种结构性落差不仅制约着规则实施效能，更可能诱发数字经济的"马太效应"，这在中亚与北欧国家的数字贸易规模比差中已显现出 9.7 倍的级差。

4.10.3 "一带一路"倡议应对贸易保护主义的策略

贸易保护主义的抬头对全球贸易秩序形成了严峻挑战，在此背景下，"一带一路"倡议的应对策略充分彰显了其作为全球公共产品的特质。

"一带一路"倡议凭借推动多边合作，为化解贸易摩擦、抵御保护主义开辟了新路径。在区域层面，该倡议积极推动区域全面经济伙伴关系协定等区域贸易协定的签署，构建起开放包容的区域贸易网络，有效缓冲了单边主义的冲击。此类区域性安排不仅降低了成员国间的贸易壁垒，还通过规则协调提升了区域经济一体化水平，增强了抵御外部风险的能力。

在双边层面，"一带一路"倡议通过推进投资协定的升级，为企业营造了更为开放透明的投资环境。双边安排的灵活性使其能够精准对接不同国家的具体需求，为应对贸易保护主义提供了更多政策弹性。例如，中国与多个"一带一路"共建国家签署的自由贸易协定和投资协定，不仅削减了双边贸易投资壁垒，还为深化经贸合作提供了制度保障。

在多边层面，"一带一路"倡议积极支持世界贸易组织改革，致力于构建更加公平合理的全球贸易规则体系。通过多边平台的参与，倡议将其理念与实践经验转化为全球贸易治理的制度性安排，在更广泛的范围内应对贸易保护主义的挑战。

然而，"一带一路"倡议应对贸易保护主义也面临复杂挑战。地缘政治因素的干扰成为主要障碍。部分国家因地缘政治考量,可能将"一带一路"倡议视为潜在威胁,进而采取防范措施。这种认知偏差不仅削弱了倡议的实施效果,还可能加剧贸易保护主义倾向。

4.10.4 "一带一路"倡议与自贸区立法的协同创新

自由贸易区立法的推进为国际贸易规则的创新构筑了关键平台,而"一带一路"倡议与自贸区立法的协同创新则体现了制度创新在跨境维度上的传播与融合机制。

"一带一路"倡议为自贸区立法构建了全新的国际合作框架,有力推动了贸易投资自由化与便利化条款的创新。以"一带一路"框架下的跨境经济合作区建设为例,这些合作区成为自贸区制度创新的实践试验田。其在投资便利化、贸易自由化等方面的创新探索,为自贸区立法提供了极具价值的参考范例。

中国自贸试验区的创新经验借助"一带一路"平台向共建国家广泛传播,加速了制度创新的国际化进程。特别是在跨境电子商务、金融开放等前沿领域,中国自贸试验区的制度创新成果为"一带一路"共建国家提供了可借鉴、可推广的实践经验。这种经验的传播不仅提升了"一带一路"共建国家的贸易便利化水平,还推动了国际贸易规则的演进与变革。

"一带一路"倡议所倡导的"共商共建共享"原则为自贸区治理模式的创新提供了新视角。该原则强调在自贸区建设中充分考虑各参与方的利益诉求,推动形成互利共赢的合作机制。这不仅增强了自贸区建设的可接受性,还为解决发展中国家在自贸区建设中面临的困境提供了新的思路。

然而,制度环境的异质性成为"一带一路"倡议与自贸区立法协同创新面临的主要挑战。不同国家在发展阶段、制度环境和政策目标等方面存在显著差异,这可能导致自贸区立法在不同国家的实施效果存在较大差异。如何在尊重各国国情的基础上推动规则的协调统一,成为"一带一路"倡议在协同创新过程中亟待解决的重要课题。

4.11 推进"一带一路"高质量共建的政策措施

共建"一带一路"倡议作为新型国际合作范式,既契合全球化纵深发展的时代特征,又响应了国际社会对多边合作机制的迫切需求,其战略价值与实践成效已获国际广泛认同。在实施过程中，该倡议可能面临经济政策协调失序、地缘政治博弈加剧、非传统安全威胁上升等系统性风险。基于风险防控与效能提升的双重目标，需从以下维度构建保障体系：完善多边贸易规则对接机制，优化跨境投资保护框架，健全企业合规管理体系，深化现代服务业协同创新，实施国际人才培育计划，强化战略对接型外交合作。通过构建多维度、立体化的风险防控体系，方能有效保障项目实施效能，推动共建合作向更高层次迈进。

4.11.1　深化经贸合作

古今丝路经济体系的演进始终遵循国际贸易与专业化分工的基本规律。中国与"一带一路"合作伙伴在市场体量与增长动能方面具有显著协同效应，经贸合作呈现持续深化态势。据商务部统计数据，2021 年中国与"一带一路"共建国家货物贸易总额达 11.6 万亿元，同比增幅 23.6%，贸易规模及增速均突破近八年峰值，占我国对外贸易总额比重提升至 29.7%。然而，当前经贸合作面临多重结构性障碍：非关税壁垒叠加、贸易失衡加剧、要素配置效率低下等问题制约着合作能级提升。鉴于此，亟需从以下维度构建新型区域贸易体系：

其一，构建更高水平开放型经济体系。加速推进区域自贸协定网络化布局，实施自由贸易试验区升级战略，培育数字贸易新业态，着力提升多边贸易自由化进程与跨境通关便利化机制。其二，实施贸易结构战略性调整。通过优化进出口商品技术含量，建立贸易动态平衡机制，重点推进服务贸易制度型开放，深化文旅产业协同创新、金融基础设施互联互通及文化贸易标准互认。其三，完善制度性合作框架。系统推进非关税壁垒消减计划，强化海关监管互认、质量认证衔接及技术标准协调，构建政府采购信息共享平台与知识产权联合保护机制。其四，实施智能化通关改革。通过构建数字化海关协作平台，推进检验检疫区域一体化，实现通关流程压缩 60% 以上，显著降低制度性交易成本。

4.11.2　加强国际投资合作

"一带一路"倡议着重突显投资对合作的引领效能，并借由投资带动贸易发展进程。伴随我国"走出去"战略的持续深化以及一系列重大投资项目的稳步推进，我国在"一带一路"共建国家的投资与外资利用均收获了较为可观的成效。

商务部公布的数据表明，2021年，我国企业在"一带一路"沿线57个国家开展的非金融类直接投资达1309.7亿元人民币，较上一年度增长6.7%（按美元折算为203亿美元，同比增长14.1%），该投资额占同期我国对外投资总额的17.9%，较上年同期提升1.7个百分点，投资主要流向新加坡、印度尼西亚、马来西亚、越南、孟加拉国、阿拉伯联合酋长国、老挝、泰国、哈萨克斯坦以及柬埔寨等国家。

然而，"一带一路"所涵盖的国家多数为发展中国家与新兴经济体，这些国家的管理体制存在差异，经营环境稳定性欠佳，投资风险相对较高，这无疑给投资活动带来了诸多不利因素。我国需进一步加大对"一带一路"共建国家的投资力度，激励国内企业与共建国家开展合作投资，构建区域投资促进与保护机制，着力优化区域投资环境，为投资者提供更为坚实的制度保障，提升自贸区框架下投资活动的自由化与便利化程度；积极拓展双向投资合作领域，引导传统优势产业和装备制造业在共建国家投资建厂，优先推进农业合作，强化能源资源开发合作；企业自身应深入分析当地情况，采取精准有效的应对措施，加深对当地法规和标准的理解，降低投资成本，保障投资效益；同时，持续优化国内投资环境，积极吸引共建国家企业来华投资兴业。

4.11.3　推进企业外交

将国有企业确立为战略外交的核心力量，积极推动民营企业"走出去"战略，吸引民营资本广泛参与国际合作。大型海外工程项目宜委托具备专业能力的企业与组织来承担。企业在境外开展投资经营活动时，需深入了解并精准把握投资对象国的会计准则、管理体制等关键要素，严格遵循市场规则，秉持守法诚信的经营理念，强化责任意识与可持续发展意识。同时，应大力鼓励国内企业在境外携手共建产业园区与合作区，积极拓展对外工程承包业务，深度参与共建国家的基础设施建设进程。充分利用各类国际博览会、论坛等重要平台，加强共建国家企业间的交流与合作。无论是国有企业还是民营企业"走出去"，均需依托完善的制度保障与充足的市场资源。鉴于此，需各国政府、企业、智库、中介组织等多方协同发力，为其构建涵盖信贷、保险与信息服务的一体化体系，提供当地经济、文化、法律、税收、治安等多维度信息，持续完善相关机制。同时，积极鼓励民营企业，尤其是中小型民营企业，借助民间商会等组织形式，切实保障自身合法权益。

4.11.4　发挥华侨华商桥梁作用

中国华商凭借数量众多、经济实力强劲以及政商人脉资源丰富等显著优势，在"一带一路"建设进程中占据着关键地位。应充分挖掘侨商在地方政治、经济、文化等多领域所具备的资源与影响力，有效激发侨商的参与热情，使其成为"一带一路"建设的中坚力量，有力推动"一带一路"倡议的落地实施。目前，中国约三分之二的侨商分布于"一带一路"共建国家。这些侨商普遍接受过较高水平的教育，在高新技术、教育以及金融等前沿领域积极活跃，经济实力雄厚且群体规模持续扩大。我们可借助侨商的力量，强化产业投资与合作，实现国内过剩产能的有序转移，助力沿线欠发达国家和地区的工业化进程。同时，加大对共建国家市场的开拓力度，推动中国商品、服务、资本及技术的出口。此外，积极开展民间外交活动，增进各方政治互信，为"一带一路"建设营造良好的政治氛围。

4.11.5　加强国际战略协调

针对"一带一路"沿线地区面临的安全威胁与不稳定局势，有必要构建高层对话机制，深化政治互信，积极开展国际事务层面的沟通与协作，强化国际情报共享与边境管控合作。在战略推进过程中，需加强与共建国家的战略协同与政策沟通，依托自贸区、上海合作组织、国际博览会等多元合作平台，进一步提升贸易与贸易经济的便利化、自由化程度。尤其在涉及战略性合作项目时，应着力探寻利益交汇点，例如优先推进各国普遍需求的电力、通信等民生基础设施建设。强化国家交通规划与技术标准体系的对接，推动构建统一的全程运输协调机制，以提升运输效率。

共建"一带一路"涵盖众多国家，这些国家经济发展阶段各异、国情复杂多样，但在经贸合作、政治合作、文化交流等方面，各国的共识正逐步增强。在推进"一带一路"建设时，应依据各国的供给与需求特征，制定具有针对性的战略，确保新时代高质量共建"一带一路"得以顺利推进，并充分发挥其应有的作用。

第五章

我国自由贸易试验区建设
历程与主要成果

自由贸易试验区的法律内涵

我国自由贸易试验区建立的背景

自由贸易区的发展历程

我国自由贸易试验区的功能定位

各地自由贸易试验区地理构成

我国自由贸易试验区建设特点

我国自由贸易试验区建设的意义

我国自由贸易试验区建设中存在的问题

自由贸易试验区对接国际贸易新规则的实践

促进我国自由贸易试验区高速发展的重点问题

5.1 自由贸易试验区的法律内涵

自由贸易试验区作为国际经贸领域的重要制度创新，在学理层面被界定为主权国家在其关境以外划定的特殊经济区域。该制度通过实施较世界贸易组织规则更为开放的投资与贸易政策，形成具有自由港特征的关税豁免区域。其核心特征体现为对境外商品实施关税减免政策，并建立与境内关税区相隔离的监管体系。从狭义层面界定，此类试验区主要限定于为区内出口加工业提供原料的进口货物实施关税豁免，其功能定位类似于出口加工区；广义范畴则扩展为包含自由港、转口贸易枢纽等复合型经济功能区。

当前我国政学两界存在概念认知的混淆现象，具体表现为将自贸试验区与国际通行的自由贸易区进行概念等同。这种误识突出反映在部分官方文件及学术论述中，常以北美自由贸易协定、中国—东盟自贸区等跨国自贸协定作为参照对象。实际上，二者在制度属性层面存在本质差异：前者属于主权国家自主设立的政策试验田，后者则是基于国际条约建立的区域经济合作机制。这种概念辨识的模糊性已成为我国自贸试验区理论认知领域的主要误区之一。

我国自由贸易试验区与国家间自由贸易区在开放模式与开放目的上存在显著差异。

第一，在开放模式方面，国家间自由贸易区是通过国家或经济体之间缔结双边或多边协定，形成区域经济一体化的组织形式。此类协定通常规定会员国或经济体之间相互削减关税，以实现特定区域内的自由贸易。因此，国家间自由贸易区的开放是基于会员国之间的协议安排，其权利与义务通过协定明确约定。而我国自由贸易试验区则是基于国内改革开放的客观需求而单方面设立的开放举措，属于自主开放模式，无须依赖其他国家的相互开放。我国自由贸易试验区的法律依据主要来源于国内法律法规，其开放进程由我国自主决定。

第二，在开放目的方面，国家间自由贸易区的核心目标是推动区域经济一体化，通过在局部区域实现自由贸易，促进资源的自由流通，例如会员国之间的货物自由流通。相比之下，我国自由贸易试验区的开放目的更侧重于制度创新，旨在与国际高标准规则体系对接。这不仅包括对国际先进规则的试验与检验，还注重为我国营造良好的营商环境，并积累可复制、可推广的制度创新经验。此外，国外商品进入我国自由贸易试验区时，并不享受关税豁免政策，仍需按照《中华人民共和国海关进出口税则》缴纳相应关税。这种设计体现了我国自由贸易试验区在开放目的上的独特性，即以制度创新为核心驱动力，而非单纯的关税减免。

　　自由贸易港作为独立于自贸试验区的制度设计，在概念内涵与功能定位层面具有显著特殊性。从制度经济学视角考察，自由贸易港特指国家在特定行政区域内构建的全要素开放型经济体系，其核心特征体现为对境外货物与资本实施自由准入政策，并对入港货物实施全量或高比例关税豁免。该系统不仅涵盖货物流通、资本流动、人员往来及信息交互等基础维度，更涉及法律制度重构与监管范式革新等深层次制度变革。

　　当前学界对自由贸易港与自贸试验区的差异性认知可归纳为三个维度：首要差异在于制度产生的时代语境。自贸试验区诞生于经济全球化深化阶段，其典型代表是 2013 年设立的上海自贸试验区，该制度创新顺应了当时全球价值链重构趋势；而自由贸易港则兴起于逆全球化思潮抬头的国际经贸格局调整期，其战略定位已升级为深度参与国际经贸规则制定的制度载体，体现出对新型全球化范式的主动适应。次要差异集中于政策供给体系，自贸试验区侧重制度创新的可复制性与可推广性，形成"试点—总结—推广"的渐进式改革路径；自由贸易港则构建"制度创新 + 政策优惠 + 法治保障"的复合型制度框架，其政策设计强调基于区位特征与发展定位的差异化供给。最终差异反映在制度创新层级，自贸试验区承担着为自由贸易港建设积累经验的探索功能，而自由贸易港作为制度集成创新的高级形态，通过构建更高水平的开放型经济新体制，在国际贸易便利化、投资自由化等领域形成系统性突破。实证数据显示，自由贸易港的关税优惠幅度平均较自贸试验区提升 28.5%，负面清单管理事项缩减比例达 37%，充分印证其作为自贸试验区升级版的制度优势。

5.2　我国自由贸易试验区建立的背景

5.2.1　新形势下中国应对经济发展挑战的战略举措

　　近年来，中国经济在新常态下发展，改革已进入深水区。中国经济发展面临一系列挑战。首先，国际经济日趋复杂化，外部需求减缓；经济增长方式从粗放型向密集型转变；劳动力供给不足和传统产业产能过剩，使得调整未来产业发展方向迫在眉睫。加入世界贸易组织以来，中国加快融入全球化进程，在"全球化红利"的推动下实现了快速、全面的发展，但同时中国经济也受到全球经济周期发展的影响。近年来，全球经济仍处于后金融危机的影响之下，经济持续低迷，国外消费水平下滑，国际贸易保护主义抬头的趋势明显，而贸易摩擦仍在持续，这必使中国出口形势十分严峻。世界经济增长的不确定性继续增加。美欧主权债务危机持续蔓延，欧洲、美国和日本的量化宽松政策并没有有效地促进实体经济增长，而是在资本市场上产生了泡沫。随着全球大宗商品价格持续波动，新兴市场正面临着转型风险。中国经济受国际经济环境影响，在总体增长速度可控的情况下，仍有下行的趋势。

中国劳动力供给数量也开始下降。改革开放以来中国庞大的劳动力供给支撑了经济快速增长，但随着经济逐步吸收过剩劳动，计划生育政策效果逐渐显现，中国劳动力供给数量自 2011 年开始逐渐下降，劳动力成本逐步上升。这意味着中国不能再依靠剩余劳动力优势和"人口红利"来发展经济，必须进行经济转型，由劳动增加的粗放型向技术密集型转变。

产能过剩也是制约中国经济发展的瓶颈。中国传统钢铁、化工、水泥等建材行业均不同程度地存在产能过剩。有学者指出，中国产能利用率只有 70%-75%，低于国际 80% 左右的水平。中国产能利用率持续下降，特别是在应对金融危机的刺激政策作用下，产能过剩成为长期性系统性问题。如果产能过剩问题得不到有效解决，将导致资源的浪费和一系列其他副作用。产能过剩与当前中国经济的粗放型增长有着千丝万缕的联系，只有深化改革和进行产业升级调整才能有效解决这些问题。此外，中国经济发展还面临着消费动力不足、收入差距等诸多问题。所有这些因素都制约着我国经济进一步发展，需要找到新的突破口。

5.2.2   中国经济在转型战略机遇期的战略举措

尽管面临多重压力，中国经济发展仍处于重要战略机遇窗口期。当前经济转型升级呈现显著特征：产业体系向中高端持续演进、超大规模内需市场优势显现、消费驱动潜能加速释放、创新发展战略纵深推进等积极要素形成协同效应，为经济高质量发展构筑多维支撑体系。产业结构优化进程在就业结构层面得到实证体现，2020 年全国三次产业就业分布数据显示，第一产业从业人员占比 23.6%，第二产业 28.7%，第三产业达 47.7%。值得关注的是，第三产业就业占比自 2015 年的 42.4% 提升至 2020 年的 47.7%，五年间增幅达 5.3个百分点，充分印证其作为就业主渠道的战略地位。这种结构性转变不仅反映经济发展动能的转换，更成为化解传统产业过剩产能、实现产业价值链攀升的关键路径。

自贸试验区的产业导向设计具有显著的战略指向性，其重点培育的现代物流、科技服务、战略性新兴服务业等现代服务业集群，与我国产业结构升级方向深度契合。实证研究表明，试验区第三产业年均增长率较区外基准值高出 8.2 个百分点，这种制度性优势通过产业协同效应与技术溢出效应，正加速推进全国服务业能级提升与产业链重构。特别是数字贸易、离岸金融等新型服务业的创新发展，有力推动我国在全球产业链中的位势从加工制造向服务集成、标准制定等高附加值环节跃迁。这种制度型开放模式通过"压力测试—经验积累—系统推广"的传导机制，已成为驱动经济向产业链上游突破的核心引擎。

另一个广受关注的积极因素是中国庞大的内需市场。当前消费领域呈现需求潜力尚未完全释放的特征，其深层动因与收入分配结构的演变趋势密切相关。经济学理论中的库兹涅茨拐点现象在中国显现出积极态势，表现为收入差距进入长期收敛通道，这预示着中等收入群体将进入规模扩张期。这种结构性转变通过消费能级跃迁与需求结构升级的双重机制，为经济增长注入持续动能。自贸试验区在制度创新框架下推进的物流体系现代化、文旅产业融合化及消费场景数字化建设，形成了"供给创造需求"的良性循环机制，有效激活了内需市场的增长潜力。

中国持续推进的创新驱动发展战略为经济长期增长提供了内生动力。过去中国经济增长主要依赖要素投入驱动，但当前这一模式已明显制约经济发展质量的提升。实施创新发展驱动发展战略能够有效突破生产要素边际收益递减和资源稀缺性的发展约束。这一战略的实施将培育经济增长与就业创业的新动能，构建国际竞争与合作的新优势，形成可持续发展的新模式，加速经济发展方式的转型升级。在创新驱动战略的指导下，中国经济有望实现更高质量的发展。与此同时，中国城镇化进程仍在深化，中西部地区在基础设施投资和公共服务体系建设方面仍存在较大需求，因此投资拉动将继续发挥重要的经济增长引擎作用。

自由贸易试验区的设立，是在应对全球经济变革、把握发展机遇的背景下实施的战略性举措，旨在通过制度创新破解中国经济发展中的结构性难题。作为深化改革和扩大开放的综合试验平台，自贸试验区承担着探索政府职能转变、推进贸易投资便利化、深化服务业与金融业开放创新等核心任务。通过制度创新的示范效应，自贸试验区不仅能够激发市场活力，还将为全国经济转型升级提供可复制、可推广的改革经验。实践表明，自贸试验区在体制机制创新方面取得的阶段性成果，正逐步向全国其他地区推广，这将有效促进区域协调发展，为经济高质量发展注入新动力。

5.3 自由贸易区的发展历程

早在 20 世纪 50 年代，自由贸易区就在各国兴起。进入 21 世纪后，为实现更高水平的对外开放，我国也开始规划自由贸易区。

5.3.1 自由贸易区的发展进程

1. 自由贸易区的起源与发展

自由贸易区的起源可追溯至 13 世纪，法国在马赛港建立了早期自由贸易区雏形。1547 年，意大利在热那亚湾设立里霍纳自由港，成为全球首个正式命名的自由贸易港，奠定了现代自由贸易区的基本模式。此后，欧洲各国相继在主要港口城市设立自由港，推动了自由贸易区的初步发展。

20 世纪中叶，自由贸易区的功能发生显著转型。50 年代，美国率先在自由贸易区内引入出口加工制造业，这一创新模式为后续发展提供了重要借鉴。60 年代后期，部分发展中国家效仿该模式，建立以出口为导向的特殊工业区，并逐步发展为综合性经济特区。80 年代以来，伴随全球产业升级，自由贸易区功能进一步拓展，逐步形成以高新技术、知识密集型和资本密集型产业为主导的"科技型自由贸易区"，成为各国经济转型升级的关键平台。

截至 2025 年，全球已建立自由贸易区两百余个，涵盖亚洲、欧洲、美洲等区域。自由贸易区通过降低关税、简化通关程序、优化投资环境等措施，显著促进了跨国商品、资本和技术的流动，加速了区域经济一体化进程。各国借此平台加强政策协调与资源共享，推动产业升级和经济结构优化，同时增强了在全球供应链和价值链中的竞争地位，不仅为各国提供了扩大开放、吸引外资的重要机遇，也为全球经济治理体系的完善贡献了制度保障。

2. 我国的自由贸易试验区发展进程

中国自由贸易试验区的建设历程展现了国家战略布局与地方试点创新的良性互动。2007 年 12 月，天津东疆保税港区一期正式封关运作，开启了我国自由贸易港区的实践探索。2008 年 3 月，国务院在《天津滨海新区综合配套改革试验总体方案》中首次提出"适时探索建设自由贸易港区"的政策导向。2011 年，《天津北方国际航运中心核心功能区建设方案》进一步细化了这一改革路径。2012—2013 年间，天津市委将自贸区建设提升为战略重点，并于 2013 年 6 月向中央提交试点方案，为全国自贸试验区建设提供了重要参考。

这一发展过程体现了国家战略引领与地方实践创新的有机结合。2007年党的十七大将自贸区建设纳入国家战略层面，2012年党的十八大强调要加快实施自贸区战略，2013年党的十八届三中全会明确提出构建高标准自贸区网络的战略目标。这些顶层设计既顺应了经济全球化新趋势，也彰显了中国深化改革开放的坚定决心。

在党中央统一规划指导下，自2013年起国务院系统推进自贸试验区建设。截至目前，全国已分批次设立22个自由贸易试验区和1个自由贸易港，形成了覆盖沿海、沿边和内陆地区的全方位开放格局。通过持续的制度创新和压力测试，自贸试验区不仅成为我国高水平对外开放的重要平台，更为构建新发展格局提供了制度型开放的实践样本（表5-1）。

我国自由贸易试验区建设方案及政策制定汇总　　　　表5-1

2013年	中国商务部、上海市人民政府于2013年上半年会同国务院有关部门制定《中国（上海）自由贸易试验区总体方案（草案）》，并报请国务院批准。方案草案于2013年7月3日经国务院常务会议讨论原则通过
	9月27日，《国务院关于印发〈中国（上海）自由贸易试验区总体方案〉的通知》发布。上海自贸区实施范围28.78平方千米，涵盖四个片区：外高桥保税区、外高桥保税物流园区、洋山保税港区和上海浦东机场综合保税区
2015年	4月20日，《国务院关于印发〈进一步深化中国（上海）自由贸易试验区改革开放方案〉的通知》《国务院关于印发〈中国（广东）自由贸易试验区总体方案〉的通知》《国务院关于印发〈中国（天津）自由贸易试验区总体方案〉的通知》《国务院关于印发〈中国（福建）自由贸易试验区总体方案〉的通知》
2017年	3月15日，《国务院关于印发〈中国（辽宁）自由贸易试验区总体方案〉的通知》《国务院关于印发〈中国（浙江）自由贸易试验区总体方案〉的通知》《国务院关于印发〈中国（河南）自由贸易试验区总体方案〉的通知》《国务院关于印发〈中国（湖北）自由贸易试验区总体方案〉的通知》《国务院关于印发〈中国（重庆）自由贸易试验区总体方案〉的通知》《国务院关于印发〈中国（四川）自由贸易试验区总体方案〉的通知》《国务院关于印发〈中国（陕西）自由贸易试验区总体方案〉的通知》
2018年	4月13日，习近平总书记在庆祝海南建省办经济特区30周年大会上郑重宣布，党中央决定支持海南全岛建设中国（海南）自由贸易试验区
	5月23日，国务院发布《国务院关于做好自由贸易试验区第四批改革试点经验复制推广工作的通知》
	10月16日，国务院发布《国务院关于同意设立中国（海南）自由贸易试验区的批复》，实施范围为海南岛全岛
	11月7日，国务院印发《关于支持自由贸易试验区深化改革创新若干措施的通知》。《通知》指出，建设自由贸易试验区是党中央、国务院在新形势下全面深化改革和扩大开放的战略举措
2019年	7月27日，国务院印发《国务院关于印发〈中国（上海）自由贸易试验区临港新片区总体方案〉的通知》
	8月2日，《国务院关于同意新设6个自由贸易试验区的批复》印发，同意设立中国（山东）自由贸易试验区、中国（江苏）自由贸易试验区、中国（广西）自由贸易试验区、中国（河北）自由贸易试验区、中国（云南）自由贸易试验区、中国（黑龙江）自由贸易试验区
2020年	9月21日，《国务院关于印发北京、湖南、安徽自由贸易试验区总体方案及浙江自由贸易试验区扩展区域方案的通知》发布，通知显示将《中国（北京）自由贸易试验区总体方案》《中国（湖南）自由贸易试验区总体方案》《中国（安徽）自由贸易试验区总体方案》《中国（浙江）自由贸易试验区扩展区域方案》

续表

2021 年	7 月 9 日，中央全面深化改革委员会第二十次会议，审议通过了《关于推进自由贸易试验区贸易投资便利化改革创新的若干措施》
2023 年	10 月 31 日，国务院发布《中国（新疆）自由贸易试验区总体方案》，设立新疆自贸试验区，实施范围 179.66 平方千米，涵盖乌鲁木齐、喀什、霍尔果斯三个片区

资料来源：作者根据中华人民共和国中央人民政府网各自由贸易试验区总体方案整理

5.3.2　海南自由贸易港的发展历程

2018 年 4 月 13 日，党中央决定支持海南全岛建设自由贸易试验区，支持海南逐步探索、稳步推进中国特色自由贸易港建设，分步骤、分阶段建立自由贸易港政策和制度体系（表 5-2）。

海南自贸港建设发展历程

表 5-2

2020 年	6 月 1 日，中共中央、国务院发布《海南自由贸易港建设总体方案》，明确以零关税、低税率为核心政策导向，并将离岛免税购物额度提升至每年每人 10 万元，同时拓展免税商品种类①
	6 月 3 日，海南 11 个重点园区正式挂牌，涵盖现代服务业、高新技术产业及旅游业三大领域。其中，现代服务业园区包括海口江东新区、海口综合保税区、三亚中央商务区、博鳌乐城国际医疗旅游先行区；高新技术产业园区涉及洋浦经济开发区（含东方临港产业园、临高金牌港开发区）、海口国家技术产业开发区、三亚崖州湾科技城、文昌国际航天城、海南生态软件园及海口复兴城互联网信息产业园；旅游业园区为陵水黎安国际教育创新试验区②
	12 月 31 日，国家发展和改革委员会与商务部联合发布 2020 年版海南自由贸易港外资准入负面清单，取消外商投资在采矿业领域的多项限制，包括稀土、放射性矿产及钨的勘查、开采与选矿活动③
2021 年	6 月 10 日，十三届全国人大常委会第二十九次会议审议通过《中华人民共和国海南自由贸易港法》，确立全岛封关运作的海关监管特殊区域制度。该法强调在有效监管前提下，构建货物自由进出、安全便利的贸易管理体系，并优化服务贸易监管措施，推动贸易自由化与便利化④
	7 月 23 日，《海南自由贸易港跨境服务贸易特别管理措施（负面清单）（2021 年版）》正式发布，成为中国首张跨境服务贸易领域负面清单
2021 年	9 月 29 日，海南省第六届人大常委会第三十次会议审议通过《海南自由贸易港公平竞争条例》及《海南自由贸易港反消费欺诈规定》，进一步完善海南自贸港的法治保障体系⑤

资料来源：作者根据中华人民共和国中央人民政府网各自由贸易试验区总体方案整理

---

① 国务院. 中共中央 国务院印发海南自由贸易港建设总体方案[EB/OL]. 中华人民共和国中央人民政府，https：//www.gov.cn/zhengce/2020-06/01/content_5516608.htm. 2020-06-01.

② 一图读懂海南自由贸易港 11 个重点园区发展亮点 [EB/OL]. 海南省人民政府，https：//www.hainan.gov.cn/hainan/ztfaxw/202006/69803cee22a9481091f239bda68b73fd.shtml，2020-06-04.

③ 国家发展改革委、商务部发布 2020 年版海南自由贸易港外资准入负面清单 [EB/OL]. 中华人民共和国国家发展和改革委员会，https：//www.ndrc.gov.cn/xwdt/xwfb/202012/t20201231_1261597，2020-12-31.

④ 中华人民共和国海南自由贸易港法 [EB/OL]. 海南省人民政府，https：//www.hainan.gov.cn/hainan/c100507/202106/15ed6f5709354ea4beef517799fa6255.shtml，2021-06-11.

⑤ 海南自由贸易港公平竞争条例 [EB/OL]. 海南省人民政府，https：//www.hainan.gov.cn/hainan/dfxfg/202110/52c8628aa4e545ba96c8c2848621dd22.shtml，2021-09-30.

5.4　我国自由贸易试验区的功能定位

作为我国深化改革的重要载体，自由贸易试验区承担着制度创新"试验田"的战略功能。其核心特征体现在三个方面：一是突出制度创新导向，以形成可复制、可推广的改革经验为根本要求；二是实施差异化探索机制，允许各试验区基于区位特点和比较优势开展特色化制度创新；三是聚焦关键领域改革，重点推进政府职能转变、管理模式创新以及贸易投资便利化等核心任务。与海关特殊监管区实施统一政策不同，自由贸易试验区在遵循国家战略定位的前提下，享有政策探索的自主空间，通过差异化实践为国家层面制度创新提供多元样本。这种"顶层设计 + 基层探索"的改革路径，既保证了改革的方向，又激发了地方的创新活力（表 5-3）。

各地自由贸易试验区的功能定位　　　　　　　　　　　　表 5-3

地区	功能定位
东北地区	辽宁自贸区：聚焦市场化改革与产业结构优化，致力于将试验区打造为提升东北老工业基地综合竞争力与对外开放水平的核心引擎
	黑龙江自贸区：全面贯彻推动东北全面振兴与全方位开放的战略要求，深化产业结构调整，构建对俄及东北亚区域合作的枢纽平台
华北地区	天津自贸区：建设贸易自由化、投资便利化、高端产业集聚、金融服务完善的国际一流自由贸易园区，为京津冀协同发展及经济转型提供示范引领
	河北自贸区：落实京津冀协同发展战略与雄安新区高质量建设要求，承接京津功能疏解与科技成果转化，打造国际商贸物流枢纽、新型工业化基地及开放发展先行区
	北京自贸区：助力构建全球科技创新中心，推动服务业开放与数字经济试验，构建京津冀协同发展的高水平开放平台
华中地区	河南自贸区：依托现代立体交通与物流体系，服务"一带一路"建设，打造内陆开放型经济示范区与全面改革开放试验田
	湖北自贸区：立足中部，辐射全国，面向全球，构建产业转移示范区、战略性新兴产业集聚区及内陆开放新高地
	湖南自贸区：打造世界级先进制造业集群，联通长江经济带与粤港澳大湾区，构建中非经贸合作先行区及内陆开放新高地
西部地区	陕西自贸区：落实"一带一路"对西部开放的带动作用，探索内陆与共建国家经济合作与人文交流新模式，打造内陆型改革开放新高地
	重庆自贸区：依托战略支点与连接点作用，建设"一带一路"与长江经济带互联互通枢纽及西部大开发战略支点
	四川自贸区：强化西部门户城市开放功能，打造内陆开放型经济高地，推动内陆与沿海沿边沿江协同开放
	云南自贸区：落实沿边开放要求，构建"一带一路"与长江经济带互联互通通道，打造面向南亚东南亚的开放前沿与辐射中心
	新疆自贸区：贯彻新疆战略定位，构建国内国际双循环枢纽，服务"一带一路"核心区建设，打造向西开放桥头堡
华东地区	上海自贸区：建设具有国际竞争力的特殊经济功能区，形成成熟制度成果，成为全球高端资源要素配置的核心载体

续表

华东地区	江苏自贸区：深化产业结构调整与创新驱动，推动"一带一路"交汇点建设，打造开放型经济发展与产业转型升级示范区
	浙江自贸区：以油品全产业链为核心，推进大宗商品贸易自由化，构建国际资源配置基地与自由贸易港区先行区
	福建自贸区：依托两岸合作与对外开放优势，深化与台湾地区投资贸易自由化，打造"一带一路"开放合作新高地
	山东自贸区：落实创新驱动与海洋经济发展要求，推动新旧动能转换，形成对外开放新高地
	安徽自贸区：推动长三角一体化与发挥"一带一路"节点作用，促进科技创新与实体经济深度融合，打造内陆开放新高地
华南地区	广东自贸区：构建粤港澳深度合作示范区与海上丝绸之路重要枢纽，探索全面深化改革与扩大开放的新路径
	广西自贸区：依托与东盟国家的地缘优势，建设面向东盟的国际陆海贸易新通道，形成丝绸之路有机衔接门户
	海南自贸区：依托全岛试点优势，构建开放型经济新体制，打造面向太平洋与印度洋的重要对外开放门户

资料来源：作者整理

5.5　各地自由贸易试验区地理构成

随着 2023 年中国（新疆）自由贸易试验区的设立，我国自贸试验区增加至 22 个，自此，我国自贸试验区呈现出"1+3+7+1+6+3+1"格局，形成了东西南北中协调、陆海统筹的开放态势，推动形成了我国新一轮全面开放格局（表 5-4）。

各地自由贸易试验区的地理构成与扩张 [1][2] 表 5-4

2013 年 9 月	中国（上海）自由贸易试验区	上海外高桥保税区
		上海外高桥保税物流园区
		洋山保税港区
		上海浦东机场综合保税区
2015 年 4 月		陆家嘴金融片区
		金桥开发片区
		张江高科技片区
		世博片区
2019 年 8 月		临港新片区

---

① 国务院关于印发 6 个新设自由贸易试验区总体方案的通知 [EB/OL]. 中华人民共和国中央人民政府，https：//www.gov.cn/zhengce/content/2019-08-26/content_5424522.htm，2019-08-26.

② 自由贸易试验区再扩容打造各具特色的改革开放新高地 [EB/OL]. 中华人民共和国中央人民政府，https：//www.gov.cn/zhengce/2020-09-22/content_5545495.htm，2020-09-22.

续表

时间	名称	片区
2015 年 4 月	中国（广东）自由贸易试验区	广州南沙新区片区
		深圳前海蛇口片区
		珠海横琴新区片区
2015 年 4 月	中国（天津）自由贸易试验区	天津港片区
		天津机场片区
		滨海新区中心商务片区
2015 年 4 月	中国（福建）自由贸易试验区	平潭片区
		厦门片区
		福州片区
2017 年 3 月	中国（辽宁）自由贸易试验区	大连片区
		沈阳片区
		营口片区
2017 年 3 月	中国（浙江）自由贸易试验区	舟山离岛片区
		舟山岛北部片区
		舟山岛南部片区
2020 年 9 月		宁波片区
		杭州片区
		金义片区
2017 年 3 月	中国（河南）自由贸易试验区	郑州片区
		开封片区
		洛阳片区
2017 年 3 月	中国（湖北）自由贸易试验区	武汉片区
		襄阳片区
		宜昌片区
2017 年 3 月	中国（重庆）自由贸易试验区	两江片区
		西永片区
		果园港片区
2017 年 3 月	中国（四川）自由贸易试验区	成都天府新区片区
		成都青白江铁路港片区
		川南临港片区
2017 年 3 月	中国（陕西）自由贸易试验区	中心片区
		西安国际港务区片区
		杨凌示范区片区
2018 年 10 月	中国（海南）自由贸易试验区	海南岛全岛
2019 年 8 月	中国（山东）自由贸易试验区	济南片区
		青岛片区
		烟台片区
2019 年 8 月	中国（江苏）自由贸易试验区	南京片区
		苏州片区
		连云港片区

续表

		南宁片区
2019 年 8 月	中国（广西）自由贸易试验区	钦州港片区
		崇左片区
		雄安片区
2019 年 8 月	中国（河北）自由贸易试验区	正定片区
		曹妃甸片区
		大兴机场片区
		昆明片区
2019 年 8 月	中国（云南）自由贸易试验区	红河片区
		德宏片区
		哈尔滨片区
2019 年 8 月	中国（黑龙江）自由贸易试验区	黑河片区
		绥芬河片区
		科技创新片区
2020 年 9 月	中国（北京）自由贸易试验区	国际商务服务片区
		高端产业片区
		长沙片区
2020 年 9 月	中国（湖南）自由贸易试验区	岳阳片区
		郴州片区
		合肥片区
2020 年 9 月	中国（安徽）自由贸易试验区	芜湖片区
		蚌埠片区
		乌鲁木齐片区
2023 年 10 月	中国（新疆）自由贸易试验区	喀什片区
		霍尔果斯片区

资料来源：作者整理

5.6　我国自由贸易试验区建设特点

我国自由贸易试验区建设取得显著成效，其核心价值在于形成了一批具有全国推广价值的制度创新成果。根据国务院发布的数据显示，自 2014 年 12 月至 2023 年 6 月期间，累计向全国范围（含自贸试验区及海关特殊监管区域）复制推广制度创新经验达 106 项。这些创新成果呈现出三个显著特征：一是改革领域覆盖面广，涉及投资管理、贸易便利化、金融开放创新、事中事后监管等多个关键领域；二是参与部门多元协同，包括中央部委、地方政府及市场主体等多方力量共同推进；三是实践成效显著，在优化营商环境、促进贸易投资便利化、推动经济高质量发展等方面发挥了重要作用。这些可复制推广的制度创新成果，为我国全面深化改革和扩大开放提供了重要实践支撑 [①]。

5.6.1　聚焦贸易投资便利化改革

国务院在全国范围内推广的自由贸易试验区改革创新成果，主要涵盖六大关键领域：一是贸易便利化措施创新，二是投资管理制度改革，三是市场监管体系优化，四是金融服务开放创新，五是服务业扩大开放，六是政府职能转变。这些制度创新成果通过系统集成的方式，为我国深化改革开放提供了可复制、可推广的实践经验。

1. 集中于改革的核心领域

自由贸易试验区的制度创新成果呈现出明显的领域集中性特征。实证数据显示，贸易便利化、投资管理体制创新以及事中事后监管机制改革等核心领域的创新举措，在整体改革事项中占比达 50%，构成了自贸试验区制度创新的主体框架。这些重点领域的突破性改革，不仅体现了自贸试验区建设的核心任务，也为我国深化"放管服"改革提供了关键的制度供给。

2. 金融领域改革进展相对缓慢

当前，我国金融体系不健全，存在一定的传染性金融风险隐患。在金融市场环境不太稳定的情况下，容易引发系统性金融风险，可能导致整个实体经济受到市场主体非理性预期行为的损害。为了避免经济上的"脱实向虚"，国家对金融领域的国家事权下放非常谨慎，自贸试验区金融改革的进程相对缓慢。

3. 海关特殊监管创新缺乏连续性

自贸试验区的海关特殊监管核心任务在于推进保税物流、加工贸易及服务贸易等领域的制度创新。然而，部分自贸试验区片区，仅设立保税物流中心（B型），其海关监管权限相对有限。这种监管层级不足的情况，不仅制约了海关特殊监管区域的制度创新空间，还影响了改革措施的持续性与系统性推进。

---

① 盛秋平. 国新办举行自贸试验区建设十周年新闻发布会图文实录 [EB/OL]. 中华人民共和国国务院新闻办公室，http://www.scio.gov.cn/live/2023/32694/tw/index.html，2023-09-27.

5.6.2 参与部门多元化

国务院向全国复制推广自贸试验区改革试点经验的负责单位也是这些试点经验的主要承担部门，涵盖海关总署、国家市场监督管理总局、国家税务总局、交通运输部等 16 个部门。

1. 参与部门日益增多

在自贸试验区改革实践中，尽管海关总署、国家市场监督管理总局及国家税务总局等核心部门保持制度创新主导地位，但第二批至第五批可复制经验表明，多部门协同创新格局已逐步形成。数据显示，第三批试点经验中交通运输部首次实现制度创新突破，形成首项全国复制推广经验，其后通过第四、第五批持续深化创新，累计推出 12 项制度性改革举措，其中"船舶证书三合一并联办理"等成果具有典型示范价值。第四批经验标志着制度创新主体范围显著扩展，公安部、司法部、最高人民法院及中国国际贸易促进委员会首次实现创新突破。其中公安部贡献的"边检服务掌上直通车"与"外锚地保税燃料油加注船舶简化入境程序"两项创新，有效提升了跨境贸易便利化水平。至第五批改革阶段，创新主体进一步多元化，中国国家铁路集团推出的"中欧班列集拼集运新模式"与国家发展和改革委员会设计的"公共信用信息'三清单'编制机制"，分别从国际物流通道优化和信用体系建设维度拓展了制度创新边界。

2. 多部门协同创新呈增长趋势

在首批改革试点经验中，各主管部门均以独立方式推进制度创新。随着改革进程的深入，跨部门协同创新模式逐步显现成效。具体而言，第二批经验中出现一项由两个部门联合推进的创新举措和一项由四个部门协同完成的创新成果。第三批经验中则包含一项单一部门主导的创新实践。至第四批经验时，形成了一项两部门合作成果和一项三部门联合创新案例。第五批经验进一步深化协同模式，产生一项两部门协作成果和两项三部门联合创新项目。这种多部门协同推进机制，不仅为自贸试验区深化改革提供了制度保障，更通过整合行政资源形成了更具系统性的创新成果。

5.6.3 示范引领作用逐步彰显

上海、天津、广东、福建自贸试验区充分发挥了示范引领作用，取得了显著成效。与此同时，2017 年设立的第三批自贸试验区也展现出强劲的发展潜力：在 2018 年第四批制度创新成果中贡献了 17 项经验；2019 年第五批经验中又形成 10 项创新成果，其中浙江自贸试验区贡献 4 项，四川和辽宁自贸试验区各贡献 3 项[①]。这些成果充分印证了自贸试验区改革创新是由内部驱动力与外部推动力共同作用的结果。

1. 受部委权限下放驱动

国家层面持续深化简政放权，赋予自贸试验区更充分的改革自主权，这有效拓展了制度创新空间，增强了深化改革的内生动力。以浙江自贸试验区为例，该区积极把握交通运输部深化改革开放的政策机遇，重点推进"保税加油许可权"下放工作，系统开展保税油品贸易制度创新，成功探索出 7 项具有推广价值的改革经验。

2. 契合企业需求

企业的制度需求往往反映出政府管理和服务的缺失或错位，改革创新，设计符合企业制度需求需要的有效制度安排，有利于减少企业的制度性交易成本，提高企业在国际市场的竞争力。福建自贸试验区边检部门倡导"走出去、进企业、进常驻厂区"，成功探索"边境直通车"，通过提供边检诚信企业自动办证服务，有效降低办证成本。为解决企业"少跑腿"问题，海关总署推行"海关企业无纸化登记、全程电子化入网"，让企业依托电子口岸关企合作平台，完成网上登记、缴费、查询等流程，有效压缩办事时间。

3. 对应国际标准

自贸试验区通过识别中国现行经贸制度与国际先进标准的差距，开展针对性改革试验，成为制度创新的关键路径。上海、广东自贸试验区以中国香港特区、新加坡为参照，通过实施"国际船舶登记制度创新"，优化登记条件，推行预审核机制、一站式登记服务和全流程电子化等举措，显著提升了船舶登记效率。

4. 彰显地域特色

自贸试验区建设坚持因地制宜原则，着力破解区域发展瓶颈，形成差异化制

---

① 当好制度创新"头雁"打造改革开放新高地——写在自贸试验区建设十周年之际 [EB/OL]. 新华网, http://www.xinhuanet.com/fortune/2023-09/28/c_1129892440.htm. 2023-09-28.

度创新路径。广东自贸试验区聚焦粤港澳规则衔接，实施"港澳合伙型联营律师事务所设立范围扩大"改革试点；辽宁自贸试验区大连片区立足港口资源禀赋，首创"保税混矿"监管体系；浙江自贸试验区围绕油品贸易全产业链建设，构建"保税燃料油企业信用监管新模式"等 7 项特色制度；四川自贸试验区针对内陆开放型经济特征，开发"中欧班列集拼集运智能调度系统"；陕西自贸试验区强化"一带一路"枢纽功能，创新"铁路运输舱单归并标准化流程"。各试验区通过精准对接区域发展战略，形成制度创新与地方经济深度融合的实践样本。

5.7 我国自由贸易试验区建设的意义

自由贸易试验区是中国在新时期深化改革开放、推动创新发展的重要载体，体现了国家在经济新常态下的战略布局。作为改革开放的试验田和创新发展的先行区，自贸试验区的设立基于对中国经济发展阶段特征的精准研判，旨在应对当前经济转型中的挑战并把握发展机遇。这一制度创新对于构建开放型经济新体制具有深远的战略意义。

5.7.1 承载了国家以开放促改革的重要使命

在改革步入攻坚克难的关键阶段，我国通过制度型开放破解体制机制障碍的战略路径日益明确。历史经验表明，高水平对外开放对深化改革具有显著的制度外溢效应，这在加入 WTO 后的制度创新进程中已得到充分验证。面对构建全面开放新格局的系统性挑战，自贸试验区作为国家战略层面的制度创新试验平台，其先行先试功能对推动深层次改革具有重要示范价值。

上海自贸试验区率先构建外商投资负面清单管理模式，开创了我国准入管理制度改革的先河。2013 版负面清单通过重构外资准入标准，在开放维度上实现系统性突破；2014 版在实践检验基础上进一步优化规则体系，其制度创新成果直接推动国家层面外商投资管理制度的整体性变革。2015 年国家统一负面清单的颁布，标志着我国正式采用国际通行的负面清单立法范式，通过精简限制措施、强化规则透明度，在制度型开放领域实现了与国际高标准经贸规则的有效衔接。

最新设立的自贸试验区在部分领域的开放程度已超越 2015 版负面清单标准，彰显了我国持续推进高水平对外开放的决心。以广东自贸试验区为例，其在

CEPA 框架下（包括内地与香港、澳门两个经贸安排）显著放宽了金融服务、商贸物流、科技创新等重点领域对港澳投资者的限制，具体体现在资质条件、持股比例和经营范围等方面的突破性改革。福建自贸试验区则依托 ECFA 机制，重点推进两岸经贸合作，在通信服务、交通运输、旅游文化等领域实施更为开放的对台政策，包括降低投资门槛、放宽持股限制、扩大业务许可范围等创新举措，并率先实行台湾居民在区内注册个体工商户的便利化措施。这些制度创新将为深化改革开放注入新的发展动能。

5.7.2　体现了引领规则制订的战略思路

2008 年金融危机爆发以来，发达国家的经济增长一直处于停滞状态，以中国为代表的新兴市场经济国家在世界经济中快速发展并不断崛起。为了保持在全球经济中的主导地位，美欧发达经济体正在积极制定新的全球经贸规则。因为多边贸易体制停滞不前，美欧等积极推进跨太平洋伙伴关系协定（TPP）和跨大西洋贸易与投资伙伴关系（TTIP）谈判，通过推动自贸区建设连接太平洋和大西洋，巩固新一轮国际经贸规则和贸易规则制订的主导权，并推动新一代符合自身利益的高标准和新规则。

在过去数年时间里，上海自由贸易试验区在知识产权仲裁等领域开展了大量工作。目前，上海不仅将这一理念体现在进一步深化改革开放的规划中，还围绕负面清单、信息公开透明度、权益保障、公平竞争等国际规则提出了多项举措。新设立的广东、福建、天津自贸试验区在标准和规范方面与上海一致，各具特色，广东在商事制度和标准方面与港澳一致，福建在贸易、投资、对台标准合作等方面与对台贸易一致，天津在行政执法规则制订领域建立集中统一的综合管理执法机构。

5.7.3　体现了服务国家战略的发展定位

作为我国首个自由贸易试验区，上海自贸区在投资贸易便利化、金融开放创新、高效监管体系和法治化营商环境建设等方面对标国际高标准经贸规则，其制度设计充分体现了服务国家战略需求、对接国际经贸新规则的战略定位。在改革方案中，上海自贸区明确提出要支撑国家"一带一路"倡议和长江经济带发展战略。值得注意的是，第二批设立的广东、天津、福建三个自贸试验区同样肩负着特定的内外双向开放使命。如广东自贸试验区以促进内地与港澳经济深度合作为基础，以共建粤港澳大湾区为依托；福建自贸试验区以深化两岸经济合作为基础，服务祖国统一大业和 21 世纪"海上丝绸之路"建设。同时，这些自贸试验区也服务国家新一轮区域协调发展和经济转型发展战略的需要，如广东自贸试验区将通过加工贸易转型，带动泛珠三角区域和内地区域的产业升级；天津自贸试验区旨在通过发挥天津口岸作用、推动区域通关一体化、协同监管、分类监管与创新监管等措施，来促进京津冀协同发展；福建自贸试验区着力加强闽台产业对接、创新两岸服务业合作模式，以此来辐射带动海峡西岸经济发展；上海自贸试验区通过建设长三角区域国际贸易"单一窗口"来推动长江经济带的快速发展。

5.7.4　体现了建设制度创新高地的发展思路

党的十八届三中全会首次确立了市场决定性作用，这一重大理论突破要求加快推进政府职能转变，着力建设服务型政府，完善社会主义市场经济体制。在此过程中，关键在于重塑政府与市场关系，实现从"政策优惠"向"制度创新"的战略转型。无论是率先试点的上海自贸试验区，还是后续设立的广东、天津、福建自贸试验区，都摒弃了传统的政策优惠模式，转向以制度创新为核心的发展路径。实践表明，上海自贸试验区自 2013 年成立以来，在投资管理制度、贸易监管模式、金融开放创新和事中事后监管等领域取得显著成效，截至 2023 年 9 月，已有 302 项成熟经验在全国复制推广。新设立的三大试验区也积极开展差异化探索：广东着力构建国际化、法治化的营商环境；天津推进审批机构改革和行政体制创新；福建探索具有区域特色的贸易发展新模式。这些实践为深化政府职能转变、完善社会主义市场经济体制提供了宝贵的制度创新样本。

5.7.5　促成了深化新一轮改革开放的全国共识

自贸试验区的建设已成为社会各界广泛关注的重要议题，不仅受到政府部门、市场主体、学术机构及国际组织的高度重视，更在全社会范围内掀起了关于深化改革、转变职能、创新制度的思想大讨论。这种讨论热潮有效凝聚了推进新一轮改革开放的社会共识。从南到北、从东到西，几乎全国所有的省份都在积极申报自贸试验区。在申报自贸试验区的过程中，经济落后的省份也在积极向上海、广东、福建等东部地区看齐，比较它们在体制机制、政策落实和思想观念等方面的差距，反思自己的优势和不足，不断提出制度改革和地方发展的新思路。可以说，在申报自贸试验区的过程中，经过认真讨论、积极思考，各方面正在形成新的共识，新时代深化改革开放的思路更加明确，推进改革创新的意愿更加坚定，信心更加强烈。

5.8　我国自由贸易试验区建设中存在的问题

我国自由贸易试验区在贸易便利化、投资自由化、全链条监管等领域推进系统性制度创新，形成了一批具有全国示范价值的改革经验。然而，深层次体制机制障碍仍制约其高质量发展，集中体现为以下四个方面。

5.8.1　部分自由贸易试验区在运作中出现偏差

党中央、国务院将自由贸易试验区确立为国家制度创新的战略平台，其核心功能聚焦于体制机制改革、制度性交易成本削减以及国际高标准经贸规则对接，旨在形成可复制推广的改革范式。然而实践表明，部分试验区存在功能异化倾向，突出表现为过度追逐招商引资等短期经济目标，弱化了制度创新的核心使命。这种现象本质源于双重制度性约束——地方政府发展理念的路径依赖与评估体系的范式错配。

从治理理念维度考察，部分地方政府的绩效考核导向尚未实现根本转型。在传统"GDP 至上"思维影响下，行政主体往往将自贸试验区降维为普通经济开发区，过度强调产业集聚规模与经济增长速度等显性指标。这种认知偏差导致政策执行过程中出现目标替代效应，制度创新试验被简化为常规性经济开发工作。典型案例显示，部分试验区存在企业迁移注册的倾向，反映出考核机制仍将市场主体数量作为重要评价标准。

从制度设计层面分析，现行评估体系延续开发区考核框架导致系统性偏差。尽管开发区管理模式具有目标量化清晰、执行效率高等优势，但其以经济增速为核心的指标体系与自贸试验区的战略定位形成结构性矛盾。实地调研表明，多数试验区的考核标准仍偏重固定资产投资、进出口贸易额等传统经济指标，制度创新领域的评估维度明显不足。这种制度错配诱发了策略性应对行为，部分地方政府通过存量企业空间转移而非增量创新来提升考核表现，造成资源配置效率的实质损耗。

5.8.2 自由贸易试验区制度创新的协调成本高

在针对自由贸易试验区的调研中发现，各自由贸易试验区普遍存在制度创新协调机制运行效率偏低的问题。具体表现为：在推进制度创新过程中，各试验区需要投入大量行政资源用于处理复杂的协调事务，这些协调工作主要涉及三个维度：一是中央部委与地方政府间的纵向协调，二是自贸试验区管委会与省级行政部门的横向协调，三是各功能片区与所在辖区政府部门间的属地协调。这种高成本的协调机制已成为制约自贸试验区深化改革的关键因素。究其原因，主要可归结为以下两个层面：

一方面，中央部委放权幅度与地方实际需求间的不匹配，导致协调成本显著增加。调研数据表明，尽管部分自贸试验区在制度创新领域表现出较强主动性，但受制于现行法律法规及部门规章的刚性限制，创新实践遭遇较大阻力。目前，仅上海、广东、天津、福建等自贸试验区通过全国人大常委会专项授权，对部分法律规定的行政审批事项实施临时调整，其余自贸片区尚未获得同等授权。这一现实使得法律法规的刚性约束成为制度创新突破的主要瓶颈。为突破该限制，各自贸试验区（尤其是自贸片区）不得不与中央相关部委开展高频次沟通协调，形成"主动争取"的特殊现象。然而，从中央部委视角观察，放权过程存在双重困境：既面临信息不对称导致的监管风险，又可能削弱自身核心职能权限。这种结构性矛盾导致中央部委在放权力度与节奏上，与自贸试验区的客观需求形成显著落差，进而加剧制度创新的协调成本。

另一方面，自由贸易试验区管理体制机制的运行不畅显著加剧了协调成本，这一困境主要源于三个层面的结构性矛盾：首先，省级自贸办的职能定位呈现明显的二元分化格局，其中以上海为代表的综合协调型模式专注于统筹央地政策对接，而多数地区采用的属地管理型模式则因自贸片区行政层级配置较低，在协调省级部门和中央部委时面临实质性障碍，导致制度创新成本居高不下。其次，在片区管理模式的制度设计上存在深层次矛盾，当前普遍采用的"机构套合"模式仅在原有经济功能区框架内进行有限调整，而部分区域试点的独立管委会模式又因职能配置不完整、协调机制缺失等问题，在实践中均难以有效提升制度创新效能。最后，行政层级的刚性约束问题尤为突出，调研显示全国自贸片区普遍采用由副厅级干部兼任管委会主任、正处级干部主持日常工作的组织架构，这种权责配置不仅导致决策链条延长，更在跨部门、跨层级的协调过程中形成实质性障碍，最终演变为制约制度创新的关键体制瓶颈。

5.8.3 部分自由贸易试验区与省级管理权限对接不够有效

为提升自由贸易试验区的自主运营能力，各自由贸易试验区所在的省级行政区陆续出台并公示了权限下放清单，明确赋予自由贸易试验区省级经济管理权限，旨在减少审批流程，强化试验区的自主决策机制与政务执行效率。从理论角度剖析，省级经济管理权限的下放对于提高自由贸易试验区的制度自由度有着积极的意义。然而，调研显示，尽管省级政府所列出的放权清单项目数量众多，但自贸片区在实际承接这些权限的过程中面临着诸多阻碍，这使得省级政府的放权政策未能充分达到预期的效果。

自贸片区与省级经济管理权限方面对接的困难主要源于以下三个方面：

一是自贸片区人力资源配置不足，专业能力受限。由于自贸片区编制相对有限，专业研究省级权限的人员匮乏，难以对下放的众多权限进行深入研究和有效组织实施。例如，某省一次性下放455项权力，需要投入大量人力物力进行研究与执行，但自贸片区显然难以承担这一重任。

二是放权过程中配套设施建设滞后，影响土地管理权限等关键领域的放权效果。尽管部分省直部门已下放了一些省级权限，但多数行政管理权限仍需遵循专家论证程序。然而，由于缺乏足够的专家资源进行数据库建设，专家论证程序难以有效执行，导致土地放权等关键领域的放权工作受阻。

三是下放权限与自贸片区实际需求存在偏差，部分权限下放缺乏针对性。一些省直部门在下放权限时，未能充分考虑自贸片区的实际需求，导致一些核心的、自贸片区急需的权限并未下放，而下放的部分权限则并非自贸片区所需，从而造成资源浪费和效率低下。

5.8.4 部分自由贸易试验区制度创新的动力不足

与此同时，部分自由贸易试验区在制度创新领域显现出动力匮乏的问题。即便部分试验区尝试推进制度创新举措，亦多局限于局部性、非核心的制度微调，诸如备案事项的"多证合一"等，而鲜少触及"兼具挑战性与建设性"的核心制度创新，例如"证照分离"改革等。此类现象致使多数自由贸易试验区的制度创新流于形式，未能切实发挥其作为国家改革试验田与系统性制度创新经验输出平台的战略价值。究其根源，制度创新动力不足主要源于风险与收益的结构性失衡，从而抑制了试验区的创新意愿。

具体而言，制度创新动力匮乏的成因可归结为以下两方面：一方面，制度创新本身蕴含较高风险。制度变革往往需突破既有利益格局，并面临多重不确定性。然而，我国多数自由贸易试验区缺乏风险防控的专项制度设计，导致创新风险难以有效管控。例如，放宽市场准入可能引发监管效能弱化，进而衍生各类治理风险。另一方面，薪酬激励机制不足抑制了创新积极性。当前，自由贸易试验区工作人员的薪酬体系多遵循公务员标准，客观上削弱了其参与制度创新的内在动力。

总体而言，制度创新的高风险性与低收益预期的错位，直接导致创新动力不足。受功能定位偏差、制度创新协调成本高企、省级经济管理权限承接困难及创新激励缺失等多重因素制约，地方政府在自由贸易试验区建设中普遍呈现"重申报、轻创新"的倾向，中西部地区尤为显著。部分中西部地区在自贸试验区建设成效未彰之际，已将大量资源投入自由贸易港的申报与建设，这种"重申报轻创新"的路径依赖，无疑对自由贸易试验区的功能实现与制度探索构成了阻碍。

5.9　自由贸易试验区对接国际贸易新规则的实践

全球经济治理体系正经历深刻变革，国际贸易规则体系亦随之不断演进。在此背景下，我国自由贸易试验区作为改革开放的前沿阵地，肩负着对接国际贸易新规则、推动制度创新的重要使命。本节将从理论和实践两个维度，深入剖析自由贸易试验区在对接国际贸易新规则方面的实践探索，并就其面临的挑战与机遇展开学理性探讨。

5.9.1　数字经济规则的对接与创新

数字经济的蓬勃发展正在重塑国际贸易格局，自由贸易试验区在数字经济规则的对接与创新方面展现出显著的前瞻性和创造性。从理论层面来看，数字经济规则的核心在于如何在促进数据自由流动与维护数据安全之间寻求平衡。在这一理论框架下，自贸试验区的实践主要体现在以下几个方面：

在数据跨境流动领域，自贸试验区采取了"安全有序、分类监管"的策略。以上海自贸试验区为例，其推出的数据跨境传输安全管理办法不仅为数据跨境流动提供了制度保障，更是在实践中探索了数据分类分级管理的可行路径。从信息经济学的角度分析，这种分类分级管理机制有助于降低信息不对称带来的风险，同时提高数据流动的效率。然而，如何在技术中立性原则下构建适应性强的监管框架，仍是一个需要深入研究的课题。

在电子商务领域，自贸试验区通过设立跨境电子商务综合试验区，构建了一个多层次、多维度的制度创新体系。这一体系不仅包括通关便利化措施，还涵盖了支付结算、税收政策等多个方面的创新。从制度经济学的角度来看，这种综合性的制度创新有助于降低交易成本，提高市场效率，从而推动跨境电子商务的快速发展。值得注意的是，这种制度创新不仅是对现有规则的优化，更是对未来规则的探索。例如，在数字身份认证、智能合约执行等领域，自贸试验区的探索可能为未来国际贸易规则的制定提供有益借鉴。

在数字服务贸易方面，自贸试验区正在探索构建开放包容的数字服务生态系统。海南自贸港在数字服务贸易领域推出的"零关税、低税率、简税制"政策，实质上是一种制度型开放的尝试。从比较制度优势理论的角度来看，这种制度创新有助于培育我国在数字服务贸易领域的新型比较优势。然而，如何在开放中有效防范数据安全风险，如何在全球数字治理中发挥积极作用，仍需要进一步的理论研究和实践探索。

5.9.2　投资自由化与便利化措施的实践

投资自由化与便利化是国际贸易新规则的核心内容之一，自由贸易试验区在这一领域的实践体现了从"引进来"到"引进来"与"走出去"并重的战略转变。这种转变不仅反映了我国经济发展阶段的变化，也体现了对全球价值链重构趋势的深刻认识。

在投资自由化方面，自贸试验区通过不断完善负面清单管理模式，实现了从行政审批向市场主导的转变。这一转变的理论基础是新制度经济学中的产权理论。通过明确界定外商投资准入的负面清单，自贸试验区实际上是在重新定义和配置产权，从而降低了交易成本，提高了资源配置效率。值得注意的是，负面清单的持续缩减不仅是量的变化，更是质的飞跃。它反映了我国在关键领域逐步放开市场准入的决心，同时也为国内企业参与国际竞争创造了条件。

在投资便利化方面，自贸试验区推行的"单一窗口""一站式"服务等举措，本质上是一种制度性交易成本的降低。从交易成本理论的角度来看，这些措施通过整合政府服务资源，简化行政程序，有效降低了投资者的信息搜寻成本和谈判成本，从而提高了投资效率。然而，如何在便利化的同时确保监管有效性，如何利用大数据、人工智能等新技术提升服务质量，仍是需要深入探讨的问题。

在投资保护机制方面，自贸试验区正在探索建立更加完善的投资者—国家争端解决机制（ISDS）。从法律经济学的视角来看，这种机制的建立有助于降低投资的不确定性，增强投资者信心，从而促进投资流动。然而，如何在保护投资者权益和维护国家监管权之间寻求平衡，如何构建符合国际标准又具有中国特色的争端解决机制，仍是一个需要深入研究的理论和实践问题。特别是在当前国际投资规则重构的背景下，自贸试验区的探索可能为我国参与全球投资规则制定提供重要经验。

5.9.3　环境与劳工标准的对接

随着可持续发展理念的深入人心，环境与劳工标准已成为国际贸易规则的重要组成部分。自由贸易试验区在这一领域的实践体现了对可持续发展理念的深刻理解和创新应用，同时也反映了我国在全球治理中日益提升的话语权和影响力。

在环境标准方面，自贸试验区正在积极推动绿色金融创新。从生态经济学的角度来看，这种创新实质上是一种将环境外部性内部化的尝试。通过发展绿色金融，自贸试验区正在构建一个将环境成本纳入经济决策的制度框架，从而推动经济发展方式的绿色转型。例如，广东自贸试验区南沙片区设立的粤港澳大湾区绿色金融联盟，不仅探索了绿色金融产品创新，还致力于构建跨境绿色金融合作机制。这种尝试不仅有助于提高环境治理效率，还可能为国际绿色金融标准的制定提供中国方案。

在劳工标准方面，自贸试验区正在探索建立更加灵活的劳动力市场机制。从人力资本理论的角度来看，这种机制创新有助于促进人力资本的高效配置和积累。例如，浙江自贸试验区推出的"港湾计划"，通过为高层次人才提供更加便利的工作许可和居留政策，实质上是在构建一个有利于人力资本积累和创新的制度环境。这种做法不仅有助于吸引国际人才，还可能为我国参与全球人才竞争提供制度优势。

然而，如何在灵活性与稳定性之间寻求平衡，如何保护劳动者权益，特别是在新业态、新模式下如何构建适应性强的劳动关系，仍是需要深入探讨的问题。此外，如何推动劳工标准的国际互认，如何在国际劳工标准制定中发挥积极作用，也是自贸试验区需要关注的重要议题。

5.9.4　知识产权保护的创新实践

知识产权保护是国际贸易新规则中的核心议题，自由贸易试验区在这一领域的实践体现了从单纯保护向保护与运用并重的转变。这种转变不仅反映了我国创新驱动发展战略的深入实施，也体现了对知识产权在国际贸易中日益重要地位的准确把握。

在知识产权保护制度方面，自贸试验区正在探索建立知识产权快速维权机制。从法律经济学的角度来看，这种机制的建立有助于降低知识产权保护的执行成本，提高保护效率。例如，上海自贸试验区设立的知识产权法庭，通过专业化审理和快速处理，有效提高了知识产权案件的审理效率。然而，如何在快速维权和程序正义之间寻求平衡，如何处理跨境知识产权纠纷，特别是在数字经济背景下如何应对新型知识产权挑战，仍是需要深入研究的问题。

在知识产权运用方面，自贸试验区正在推动知识产权证券化、知识产权保险等创新金融产品的发展。从金融创新理论的角度来看，这些创新产品实质上是一种将知识产权这一无形资产转化为可交易金融产品的尝试，有助于盘活知识产权资产，促进创新成果的市场化应用。例如，深圳前海自贸片区推出的知识产权证券化产品，不仅为科技创新企业提供了新的融资渠道，还为知识产权价值评估提供了市场化机制。然而，如何科学评估知识产权价值，如何防范知识产权金融化带来的风险，仍需要进一步的理论研究和实践探索。

在知识产权国际合作方面，自贸试验区正在积极推动与其他国家和地区的知识产权合作。从国际公共产品理论的角度来看，这种合作有助于构建一个更加有效的全球知识产权治理体系，从而促进知识的全球性传播和创新的跨境协作。例如，海南自贸港正在探索建立国际知识产权交易所，旨在打造全球知识产权交易中心。这种尝试不仅有助于提升我国在全球知识产权价值链中的地位，还可能为国际知识产权规则的制定提供中国方案。

5.10　促进我国自由贸易试验区高速发展的重点问题

5.10.1　制定符合国情的优惠政策

自由贸易试验区的政策设计需深度契合我国要素禀赋结构与社会主义市场经济体制特征，依据新结构经济学理论框架，构建"市场机制主导—政府规制补充"的动态适配体系。在产业政策制定过程中，需系统性协调制度创新与市场效率的辩证关系，通过差异化政策工具实现资源配置帕累托改进。

差异化税收激励应遵循"基础普惠＋精准加计"的双层架构，针对人工智能、清洁能源等战略性新兴产业实施企业所得税分级减免政策，并将研发投入强度、产业链本地化率等核心指标嵌入税收优惠触发机制。海关监管制度改革需建立"产业特性一监管强度"的动态映射模型，在生物医药、集成电路等关键技术领域推行负面清单管理模式，通过智能申报系统实现非敏感物资"零延时通关"，该模式可使通关时效大大提升，物流成本明显降低。政策生命周期管理需引入量化评估机制，构建包含制度成本、经济收益与社会效应的三维评价体系，通过动态迭代消除政策刚性依赖并降低制度僵化风险。

5.10.2　不断提升金融服务功能

自由贸易试验区作为我国金融改革开放的压力测试区，其金融服务功能的提升对于构建开放型经济新体制具有关键作用。基于金融深化理论和金融地理学视角，自贸试验区应重点推进离岸金融、跨境融资和数字货币三大领域的创新突破，形成与实体经济需求相匹配的现代金融服务体系。

首先，要创新发展离岸金融业务。离岸金融市场建设是自贸试验区金融开放的核心内容。根据"监管沙盒"理论，可在试验区实施"本外币一体化"的离岸账户体系（OSA），允许区内企业开展跨境资金池、跨境资产转让等创新业务。上海自贸区实践表明，通过建立 FT 账户分账核算系统，企业跨境融资效率提升约 40%，资金周转周期缩短 25%。建议进一步扩大离岸账户功能，试点合格境内有限合伙人（QDLP）和合格境外有限合伙人（QFLP）双向投资机制，构建人民币国际化的重要支点。同时，应参考新加坡亚洲美元市场经验，建立离岸债券发行平台，吸引跨国企业发行"熊猫债"，2022 年，此类债券发行规模已突破5000 亿元。

其次，要进行跨境融资便利化改革。应对外债进行宏观审慎管理，将企业跨境融资风险加权余额上限由净资产的 2 倍提高至 3 倍，对高新技术企业实行白名单制豁免管理。深圳前海试点显示，此项政策可使企业融资成本降低 1.5-2 个百分点。针对跨境资产转让，应建立不良资产、信贷资产等跨境转让平台，2023年粤港澳大湾区已实现首笔人民币贸易融资资产跨境转让。针对跨境股权投资，可以试点合格境外普通合伙人（QGP）制度，放宽外资 PE/VC 投资限制。

再次，创新应用数字货币。数字货币的试验推广对支付结算体系现代化具有革命性意义。建议采取"三步走"策略。在零售层面扩大数字人民币在跨境零售支付中的应用，目前已在自贸试验区实现港澳居民数字钱包开户。在批发层面应构建多边央行数字货币桥，节省时间成本。在监管科技领域，采取应用区块链技术建立跨境资金流动监测系统，实现交易信息的实时穿透式监管。

最后，金融服务功能提升需要完善的制度保障。应建立"栅栏原则"下的风险隔离机制，将创新业务限定在试验区内。还应完善金融消费者权益保护制度，同时构建与国际接轨的金融纠纷仲裁机制。

5.10.3　强化金融创新风险防控机制

自贸试验区金融创新背景下的系统性风险防控框架建构，需以监管适应性效率理论为理论基点，基于金融体系脆弱性演化规律与跨境风险传染机制，构建多维度、分层级的综合防控体系。遵循双峰监管理论中行为监管与审慎监管的协同逻辑，结合宏观审慎政策的逆周期调节功能，系统整合风险预警、压力测试与跨境监测三大核心模块，形成有机联动的风险防控架构。

风险预警系统应通过微观审慎监管、宏观审慎调控与创新业务监测的系统整合实现功能优化。微观层面构建基于《巴塞尔协议》核心指标的动态监测机制，宏观层面建立跨境资本流动强度指数及货币危机预警阈值，创新业务层面开发数字资产波动率与跨境支付异常交易双重监测模型，通过多维指标体系的科学配置提升风险识别效能。

前瞻性压力测试体系需突破传统情景模拟的局限性，构建覆盖汇率极端波动、国际流动性紧缩及地缘政治冲击的多维压力场景。运用动态随机一般均衡模型模拟跨境风险传导路径，结合逆周期资本缓冲调节机制，通过风险敞口与宏观经济变量的动态关联建立弹性触发标准，强化系统性风险的主动防控能力。

跨境资金监测网络建设应遵循技术赋能与制度创新融合路径，构建全周期、智能化的监管体系。运用分布式账本技术实现资金流动溯源追踪，依托展业原则建立跨境交易分类监管框架，通过智能监管平台整合跨部门协同机制。制度层面需完善监管法规体系，建立包含定期评估机制与人才储备计划的保障系统，重点培育具备复合知识结构的监管专业队伍。

5.10.4　以港航业为枢纽带动区域发展

自由贸易试验区作为国家对外开放的战略平台，其港航业发展通过要素集聚与空间重构效应，对区域经济产生结构性带动作用。基于新经济地理学理论框架，港口作为空间经济组织的核心枢纽，通过物流网络优化、产业链延伸与制度创新三重传导机制，实现区域资源的高效配置。

在基础设施维度，需构建现代化集疏运体系，重点推进多式联运模式创新与智慧港口建设。通过发展水水中转与海铁联运提升运输网络效能，运用区块链技术构建全流程可视化物流平台，实现货物运输的智能化管控。同步推动港口作业流程数字化改造，有效提升通关效率与船舶周转速度。在产业布局层面，深化港产城融合发展战略，围绕港口功能延伸布局高端装备制造、保税维修等临港产业集群，形成"前港—中区—后城"的梯度发展格局。同时完善船舶登记、航运保险等高端服务体系，通过制度创新吸引国际航运要素集聚。

区域协同发展需创新空间联动机制，建立基于产业梯度转移的"核心—辐射"传导体系。通过要素市场化改革推动航运人才资质互认与碳排放交易市场建设，促进区域资源流动与绿色转型。政策保障方面，深化口岸监管模式创新，扩大通关便利化改革覆盖面，实施差异化财税支持政策，重点强化对港航基础设施与航运服务主体的制度供给。该体系通过物流网络升级、产业空间重构与制度创新协同，形成港航业与区域经济深度融合的发展范式，为自贸试验区发挥辐射带动功能提供实践参照。

5.10.5　促进区内服务贸易协调发展

自由贸易试验区作为国家服务贸易制度创新的重要载体，其服务业协调发展对构建高水平开放型经济体系具有战略价值。基于比较优势理论与渐进式开放原则，需重点推进医疗、教育等核心领域的系统性制度创新，形成可推广的开放模式。

在重点领域制度创新方面，医疗服务业需分阶段推进开放进程。通过放宽外资准入限制与建立特许药械审批绿色通道，提升国际医疗服务供给能力。同步构建跨境医疗保险结算体系与医疗资质互认机制，促进要素跨境流动。教育领域实施梯度开放策略，通过设立国际教育合作平台创新办学模式，推动职业教育机构跨境合作与师资资质互认。重点建设跨境学分互认体系，探索"中文＋职业技能"海外办学路径，增强教育服务贸易竞争力。

制度配套体系需构建"三位一体"支撑框架。监管层面建立包容审慎的"沙盒监管"机制，对新兴业态设置观察评估期；要素流动层面完善跨境服务贸易负面清单制度，实施备案管理改革；统计监测层面构建数字服务贸易数据采集系统，实现全流程动态追踪。协同推进服务贸易增加值核算体系创新，强化制度供给的系统性。

风险防控维度需建立多维安全保障机制。实施服务业开放安全审查制度，对敏感领域实行准入限制与运营监管双轨制。完善文化保护条款与服务质量评价体系，强化外资机构运营合规性审查。构建涵盖事前评估、事中监测与事后追溯的全周期监管链条，确保开放进程中的风险可控。该体系通过制度创新与风险防控的动态平衡，为自贸试验区服务贸易协调发展提供系统性解决方案。

自由贸易试验区作为我国服务贸易开放的压力测试区，其服务业协调发展对构建现代化经济体系具有战略意义。基于比较优势理论和渐进式开放原则，自贸试验区应重点推进医疗、教育等关键服务领域的制度创新，形成可复制推广的开放新模式。

第六章

"一带一路"促进自贸区
贸易便利化的机理

自贸区贸易便利化发展目标

"一带一路"倡议与中国自贸区的战略性互促

"一带一路"共建夯实了中国自贸区贸易便利化的发展基础

"一带一路"推动自贸区协同创新促进贸易便利化

"一带一路"远景目标为自贸区贸易便利化发展提出了新要求

"一带一路"背景下国际贸易新规则对自贸区贸易便利化的影响

　　"一带一路" 倡议作为一项具有开创性的国际合作理念与实践模式，其核心目标在于构建开放、包容、普惠、均衡的区域合作架构。这一宏伟愿景不仅为沿线各国间的贸易与投资活动注入了强劲动力，促进区域内经济的深度融合与协同发展，更在全球层面推动区域板块间的东西向互联互通，实现亚欧大陆的深度交融与共同繁荣。同时，"一带一路" 倡议深刻契合了发展中国家与新兴经济体对重塑国际经贸规则的迫切需求，为全球化的健康发展开辟了新路径，汇聚了新动能。它不仅促进了跨越太平洋与大西洋的财富流动，更为构建一个更加开放、自由、包容的全球贸易新秩序以及新型全球治理体系贡献了中国智慧与中国方案，展现了创新性的国际合作力量。中国在中、东、西部分别设立自由贸易试验区，为 "一带一路" 共建国家提供了中国国内段更高水平的贸易投资自由发展的空间。在 "一带一路" 倡议得到广泛认同的情况下，反过来也促进了中国自由贸易试验区更好地服务于沿线往来客商，不断进行制度创新、基础设施改造及管理能力升级，提升了试验区的贸易便利化发展水平。"一带一路" 倡议中的基础设施 "硬联通"、规则标准 "软联通"、国家人民 "心联通" 等三方面在自贸试验区的建设中被积极践行，并引领自贸区的发展行稳致远。

6.1　自贸区贸易便利化发展目标

　　贸易便利化的含义经历了一个发展变化的过程，从初期仅强调货物国际贸易所需的流程和手续的便利化（联合国贸易和发展会议，1968），逐渐扩展为包含进出口全过程中一切促使货物流动更加便捷的措施（经合组织，2003）。随着世界和区域经济一体化的推进，各国通过协议等形式对关税和非关税壁垒进行了全面或区域范围内的限制，与此同时，"贸易的非效率"——这种 "隐形" 的市场准入壁垒日益受到各国、产业界及学界的关注。经合组织的研究指出，烦琐的清关程序产生的交易成本约占到总交易成本的 2%-15%。除此之外，与政策的不透明和不可预测、贸易环境不公平不宽松等相关的 "贸易非效率"，也能造成企业生产成本上升和国家间商品要素流通不畅，产业发展受阻，阻碍了国家间贸易规模及投资规模的增长，一定程度上损害了国民福利。于是从增进各国贸易便利的角度出发，自由贸易区应运而生。广义的自由贸易区定义为 "一国的部分领土内运入任何货物，被认为在关境以外，免于实施惯常的海关监管制度，准许商品豁免关税自由进出的特定区域"。

　　世界范围内广泛存在着的自由贸易园区是出于贸易的需要而发展起来的以贸

易功能为基本依托的特殊经济区域，随着全球化的演进日益成为国际贸易的重要平台。中国自贸区发展由最初港口衍生的自由港（1940 年以前），发展到以出口加工为主的特殊经济区（20 世纪 40—70 年代），再到如今的全球综合化金融服务贸易地区，逐步涉及出口加工、国际金融、创新研发、商业零售等功能，在空间形态上逐渐融入城市，呈现综合化、多元化发展趋势，并呈现 4 大变化特点：第一，由货物贸易为主向货物贸易与服务贸易并重转变；第二，由贸易功能为主向贸易功能与投资功能并重转变；第三，由在岸业务为主向在岸业务与离岸业务并重转变；第四，由区域物流中心向全球供应链枢纽发展。

中国自由贸易试验区的设立是在我国特有的经济社会发展背景下国家开放的试点性尝试，也是中国持续推进改革开放的新平台。一方面，我国受到逆全球化、全球贸易体系新重构的影响，亟须主动推进开放、布局供应链和价值链高端环节以增强全球经济主动权；另一方面，中国自贸试验区的设立也是响应内部发展需求，全面深化制度改革进程中的关键一步。经过 12 年建设，目前中国大陆 31 个省级行政区中已有 22 个被批准建立自由贸易试验区，分布北至黑龙江南至海南，东至江浙沪西至新疆，从沿海到内陆，跨东中西区域，分布于全国各地。

划定设立海关特殊监管区域是对外开放和自由贸易的重要政策工具。在自由贸易试验区设立之前，我国海关特殊监管区域包括保税区、保税物流区、出口加工区、跨境工业区、保税港区和综合保税区六类，分别重点发展商贸物流、加工制造和专用口岸功能，其中除综保区和保税港区享有部分"境内关外"政策外，其余区域均为关内区域，需受到海关监管。2013 年以来设立的自贸试验区，是在我国海关特殊监管区域过往管理经验的基础上，对标自由贸易港，以"境内关外"的形式，推进更深层次的自由便利。作为经济转型升级和对外高水平开放的改革深水区，中国自贸区更加着眼于进一步探索金融业、服务贸易、公共服务和数字经济等方面的开放方式和制度机制，围绕资金、技术和市场等领域，进一步推动我国国际贸易实现要素资源双向流通方向的转变。

在 7 个批次共 22 个自贸区设立的过程中，各个批次的设立背景和意义不尽相同，总体来看，自贸区设立遵循了"试点试验—逐渐铺开"的步骤；同时，从各个批次设立的目的来看，从早期的国家战略地区开放先试，到重要制造业省份推动出口加工建设，再到一系列口岸型省份开放，和近期北京、湖南、安徽主导科技创新和服务贸易的陆向腹地开放，各批次自贸区发展目标遵循了"试验—出口加工—对外贸易—服务贸易"的递进上升趋势。

6.2 "一带一路"倡议与中国自贸区的战略性互促

"一带一路"倡议承继汉唐时期东西方商贸交流的辉煌传统，开创了当代大国经济文化合作的新纪元。2013年9月7日，国家主席习近平首次提出共建"丝绸之路经济带"的宏伟倡议，为古老丝绸之路注入时代新内涵。历经持续完善与拓展，该倡议始终倡导通过优质产能共享、经贸合作深化等方式，将政治互信、地缘优势、经济互补转化为务实合作动能，以和平共赢理念构建区域命运共同体。

中国自贸区依托区域经济基础、地缘区位优势及历史文化积淀，成为国家对外开放战略的前沿阵地与"一带一路"核心枢纽。自贸区与"一带一路"形成纲举目张的协同关系，通过制度创新与功能整合形成对外开放合力。

制度创新层面，文化产业与经贸管理制度创新是自贸区服务"一带一路"的关键突破口。此类创新可有效破除国际贸易制度壁垒，促进国际要素自由流动，推动"一带一路"共建国家文化互鉴与经济协作，实现两大战略的软件对接。在硬件建设方面，依托"一带一路"交通要道布局自贸区，能够充分发挥其自由贸易特性，强化两大战略的地理连通性。各地自贸区通过制度创新与区位优势叠加，可显著提升货物运输、物流中转、客运集散效率，降低跨境贸易的时间、人力、物力成本，加速"一带一路"自由贸易网络构建。这印证了自贸区服务支撑"一带一路"倡议的功能定位（李猛，2017）。

从自由贸易试验区总体方案分析，自贸区主要从贸易便利化、金融合作、投资合作、人文交流与科技合作五大维度深化与"一带一路"共建国家的经贸往来。贸易便利化涵盖海关协作、检验检疫互认、标准计量对接、贸易供应链安全保障、物流枢纽建设、多式联运发展、中欧班列运营、高标准便利化措施实施及自贸协定服务范围拓展等内容。金融合作涉及支持"一带一路"共建国家金融机构以人民币投资设立机构、金融市场互联互通、重大项目融资服务等。投资合作包括吸引外资参与区域建设、企业境外运营总部设立、国际产能合作等。人文交流与科技合作则聚焦高校联合培养、科技创新平台共建、技术转移转化、文化展示交易平台建设等领域（表6-1）。

中国自贸区加强与"一带一路"共建国家联系的途径　　　　　　　　　　表6-1

自贸区	贸易便利化	金融合作	投资合作	人文交流	科技合作
上海	√	√	√	√	
广东	√	√	√	√	√

续表

自贸区	贸易便利化	金融合作	投资合作	人文交流	科技合作
天津	√	√	√	√	√
福建	√	√	√	√	
辽宁	√	√	√	√	√
浙江	√	√	√	√	
河南	√	√	√		
湖北	√	√	√	√	√
重庆	√	√	√	√	
四川	√	√	√	√	√
陕西	√	√	√	√	
海南	√	√	√	√	
江苏	√	√	√		
河北	√	√	√		
黑龙江	√	√	√		
广西	√	√	√		
山东	√	√	√		
云南	√	√	√		√
北京	√	√	√	√	
安徽		√	√		√
湖南	√	√			√
新疆	√	√	√	√	√

资料来源：作者根据中华人民共和国中央人民政府网各自由贸易试验区总体方案整理

6.2.1 "一带一路"倡议的开放重点

"一带一路"倡议是新时代中央领导集体基于全球经济格局深度变革与国际经贸环境不确定性加剧的宏观背景，统筹国内外发展全局作出的重大决策，其作为中国深化全方位对外开放的核心战略架构，致力于构建新型区域经济合作体系，增强我国在周边地缘经济中的辐射效能，创新区域安全合作模式，形成以我国为主导的国际经济协作新范式。

第一，该倡议着力优化区域开放格局。在巩固东部沿海地区开放优势的基础上，重点推进向西开放战略布局，通过加强内陆沿边地区开放平台建设，实现东中西三大经济板块开放型经济的协同发展与梯度衔接。

第二，该倡议侧重拓展新兴市场合作维度。在深化与发达经济体经贸往来的同时，创新性推进国内优势产能与资本输出的有机结合，重点深化与沿线新兴经济体特别是周边国家的产业投资合作。通过构建覆盖东南亚、南亚、中东、非洲、中亚及中东欧等新兴市场的合作网络，为企业构建全球化运营体系、培育国际竞争新优势创造战略空间，有效缓解对传统发达市场的高度依赖，系统性提升我国在全球价值链中的位势。

第三，该倡议强调多维通道协同建设。在维护海洋权益与海上运输通道安全的基础上，重点打造亚欧陆路经济走廊，着力推进跨境基础设施互联互通体系建设，构建安全高效的陆路运输通道，形成陆海统筹、东西双向互济的立体化经贸网络与地缘经济新架构。

第四，该倡议秉持新型国际合作理念。在坚持和平发展道路的前提下，践行"亲诚惠容"外交原则与共商共建共享机制，通过发展战略对接与产能合作需求匹配，深化与共建国家战略互信，拓展共同利益交会领域，探索最大限度的发展共识，构建开放包容的区域发展共同体。

第五，该倡议加速推进制度型开放进程。在坚定维护多边贸易体系核心地位的同时，创新构建"准入前国民待遇"与"负面清单"相结合的新型投资管理体系，重点推进与沿线经济体投资协定谈判，加快自贸区网络布局。通过构建以周边国家为支点、沿线经济体为主轴、辐射全球的高标准自贸区框架体系，形成以"一带一路"合作机制为战略依托的全球经贸合作新格局。

从政策改革的实施路径分析，中国在推进高标准国际经贸规则对接过程中需审慎评估制度适配性与社会承受度。高标准自贸协定谈判及制度型开放须遵循渐进式改革逻辑，构建风险防控机制与开放时序的动态调节框架，确保改革进程的可控性与稳定性。特定区域开展的制度创新试点，作为政策容错机制与适应性评估的重要载体，为系统性改革提供实践验证基础。中国自由贸易试验区的核心功能定位体现为制度型开放的集成试验平台，其通过实施"先行先试"政策开展规制改革压力测试，重点探索与国际高标准经贸规则衔接的操作路径。这种"试验田"模式不仅构建了风险隔离机制，更形成了可复制推广的经验样本库，为全面深化制度型开放提供实践支撑与决策依据。

作为"制度创新试验田"的中国自由贸易试验区建设已取得显著成效，主要体现在四大制度体系的创新突破：一是建立以负面清单为核心的外商投资管理体系；二是构建贸易便利化导向的现代监管制度；三是推进资本项目可兑换和金融开放等金融领域改革；四是形成以"放管服"改革为特征的事中事后监管机制。这些制度创新成果为深化"一带一路"合作提供了重要支撑。

自贸试验区通过制度创新平台功能，有效促进了与"一带一路"共建国家在文化、经贸、规制等领域的深度对接，为消除"一带一路"建设中的文化差异、贸易障碍和制度壁垒提供了实践路径。特别是自贸区网络与"一带一路"交通枢纽的协同布局，形成了战略对接的空间载体和制度接口。

从战略协同视角看，自贸试验区与"一带一路"倡议呈现双向赋能关系：一方面，自贸区通过制度创新和地缘优势成为战略对接的关键节点，其服务支撑功能构成"一带一路"建设的重要驱动力；另一方面，"一带一路"为自贸区内企业拓展国际市场空间，并通过战略串联推动自贸区由单点突破向网络化发展转型，最终形成"点—线—面"联动的战略集群效应。这种"一体两翼"的战略互动格局，既促进了自贸试验区体系的完善，也深化了"一带一路"建设的制度内涵。

6.2.2 自贸区在"一带一路"中的战略定位

"一带一路"倡议代表着中国扩大对外开放的战略安排，寄托着中国多层次、宽领域的区域合作愿景。从地理区位来讲，22 个自贸区 11 个所在省（市区）靠海，11 个所在省（市区）处于内陆；处于东部地区的有 10 个，中部地区 4 个，西部地区 6 个，东北地区 2 个（表 6-2）。在各地自贸区共建"一带一路"的总体布局中，内陆自贸区和沿海自贸区的服务重点各有侧重，内陆自贸试验区主要对接"一带"即丝绸之路经济带，而沿海自贸试验区对接的主要是"一路"即海上丝绸之路，还有一些省份处于"一带一路"交汇之处。

中国自贸试验区设立时间和分布 表 6-2

年份	省份
2013.9	上海
2015.4	广东、天津、福建
2017.3	辽宁、浙江、河南、湖北、重庆、四川、陕西
2018.9	海南
2019.8	江苏、河北、黑龙江、广西、山东、云南
2020.9	北京、安徽、湖南
2023.10	新疆

资料来源：作者整理

由于沿海省（市区）经济开放度远高于中西部地区，对于制度改革的接受程度和执行能力较强，不同地区需要有所区别的政策安排。在地理区位的基础上，各地自贸区面临各自不同的有效对象，可建立各有侧重的贸易关系，各有其优势产业及领域，各自贸区的战略定位有很大区别。

　　除了提供不同的开放路径之外，"一带一路"还赋予内陆地区开放的新机遇，使内陆地区自贸区的设立和发展成为可能。过去讲开放经济，似乎成为沿海地区的标配。但是，"一带一路"倡议却打破了人们的刻板印象。大力推进沿边、内陆开放，"一带一路"正在改变我国开放地理的空间结构，使开放型经济在内陆地区遍地开花。例如，西部的四川、重庆和陕西的自贸试验区不断拓展向西开放，辽宁自贸试验区针对日韩等东北亚国家开放，云南和广西的自贸试验区则在原有的良好基础上面向东盟国家开放（表6-3）。

中国各自贸区在共建"一带一路"中的战略定位　　　表6-3

自贸区	战略定位
上海	国际金融中心和具有全球影响力的科技创新中心，主动服务"一带一路"建设和长江经济带发展
广东	依托港澳、服务内地、面向世界，将自贸试验区建设成为粤港澳深度合作示范区、21世纪海上丝绸之路重要枢纽和全国新一轮改革开放先行地
天津	中蒙俄经济走廊重要节点作用和海上合作战略支点
福建	立足改革先行、对台合作与开放前沿优势，打造国际化营商环境试验田、两岸经济融合示范区及21世纪海上丝绸之路开放新高地
辽宁	全面融入中蒙俄经济走廊建设，巩固对日、对韩合作
浙江	建设成为东部地区重要海上开放门户示范区、国际大宗商品贸易自由化先导区和具有国际影响力的资源配置基地
河南	服务于"一带一路"建设的现代综合交通枢纽
湖北	推进中欧班列（武汉）发展，支持设立中欧班列华中拆拼箱中心
重庆	推进"一带一路"和长江经济带联动发展
四川	构建与"一带一路"沿线相关国家和长江经济带空、铁、公、水联运的综合物流服务体系
陕西	立足于推进"一带一路"建设和西部大开发
海南	我国面向太平洋和印度洋的重要对外开放门户
江苏	"一带一路"交汇点
河北	建设国际商贸物流重要枢纽、新型工业化基地、全球创新高地和开放发展先行区
黑龙江	对俄罗斯及东北亚区域合作的中心枢纽
广西	西部地区联通"一带一路"的大能力铁路货运通道，支持中国—东盟博览会服务区域从中国—东盟向"一带一路"共建国家（地区）延伸
山东	加快推进新旧发展动能接续转换、发展海洋经济，形成对外开放新高地
云南	"一带一路"和长江经济带互联互通的重要通道，建设连接南亚东南亚大通道的重要节点
北京	鼓励北京、天津、河北自贸试验区抱团参与"一带一路"建设
安徽	推进"一带一路"建设和长江经济带发展中的重要节点
湖南	内陆地区高端现代服务业中心、中非经贸深度合作先行区和中部地区崛起增长极
新疆	服务于"一带一路"建设，推动区域经济合作和贸易便利化，助力构建亚欧黄金通道和我国向西开放的桥头堡

资料来源：作者根据中华人民共和国中央人民政府网各自由贸易试验区总体方案整理

6.3 "一带一路"共建夯实了中国自贸区贸易便利化的发展基础

习近平总书记在第三次"一带一路"建设座谈会上着重指出，我国在推进高质量发展和构建新发展格局的过程中，始终将共建"一带一路"作为重要战略举措。在实施过程中，我们秉持共商共建共享的基本原则，重点推进基础设施的"硬联通"，强化规则标准的"软联通"，并致力于实现与共建国家人民的"心联通"。这些努力共同推动了"一带一路"建设的高质量发展，取得了显著且实在的成果。随着"一带一路"倡议在各个国家获得广泛认同与积极参与，其"三位一体联通"模式的建设成就为中国自贸区贸易便利化水平的提升奠定了坚实基础。

6.3.1 "硬联通"提供必要的基础设施

基础设施的互联互通作为"一带一路"建设的核心优先方向，是推动各个国家合作的关键所在。该倡议聚焦基础设施建设，不仅为全球基建领域带来了新的发展契机，还显著增强了各个国家的互联互通水平。基础设施作为经济增长的基石，其完善程度对于经济发展至关重要，而当前全球范围内的基础设施建设需求依然庞大。据G20框架下的全球基础设施中心（GIH）发布的《全球基础设施建设展望》报告显示，自2016年至2040年，全球基础设施投资需求预计将攀升至94万亿美元，年均增长约3.7万亿美元。在"一带一路"倡议的引领下，各国携手合作，致力于构建涵盖航运、航空、铁路、公路、管道以及空间综合信息网络等多维度的复合型基础设施网络。这一网络的逐步完善，极大地提升了区域国家间商品、资金、信息、技术等要素的流通效率，有效降低了商贸成本，为各国间的互联互通与互利共赢注入了强劲动力。

在我国中西部地区深化对外开放进程中，"一带一路"倡议框架下的基础设施建设显著推动了贸易便利化进程。自改革开放以来，中国逐步构建起沿海地区深度融入国际价值链、内陆地区稳固支撑国内价值链的分工格局。然而，中西部内陆地区因地理位置限制（不临海、不靠边），在发展商贸流通方面长期面临天然劣势，导致其对外开放水平相对滞后，一度成为国家开放战略中的"末梢"。在此背景下，中欧班列作为中国向西开放战略的核心载体，成为破解丝路贸易瓶颈的关键实践。该班列依托"一带一路"倡议下不断完善的铁路基础设施网络，以标准化集装箱为载体，构建起横跨亚欧大陆的跨境铁路联运通道。其常态化运营不仅实现了中国与"一带一路"共建国家间的货物高效流通，更通过优化物流路径、降低运输成本、提升通关效率等机制，重塑了中西部地区的国际贸易格局，推动其从开放"末梢"向开放"前沿"的战略转型。

自 2011 年 3 月首趟中欧班列从重庆发出开往德国杜伊斯堡开始，中欧班列已走过十多年。截至 2024 年 2 月底，中欧班列开行累计突破 8.5 万列，合计货值超过 3000 亿美元，通达欧洲 25 个国家的 219 个城市，物流配送网络覆盖亚欧大陆全境，运输货品达 5 万余种（图 6-1）①。

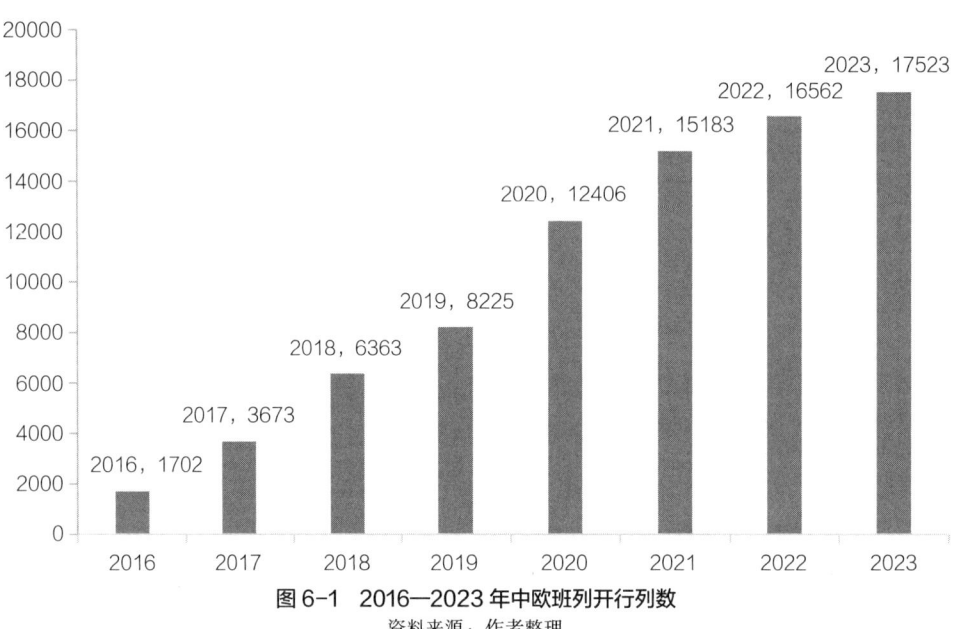

图 6-1 2016—2023 年中欧班列开行列数
资料来源：作者整理

连接欧亚的物流通道有三大类，分别是海路运输、空路运输和陆路运输。中欧班列因具备运距短、速度快、安全性高的特点和受自然环境影响小、绿色环保的优势，构筑起中国与欧亚地区间效率高、成本低、服务优的陆路贸易通道，打造了共建国家互利共赢的桥梁纽带，谱写了亚欧陆路运输新篇章。

近年来，中欧班列不论从开行线路数量、班列数量还是从辐射面来看，发展都十分迅猛。尤其在疫情期间，中欧班列较好地弥补了因海运和空运受阻而导致的国际货运运力不足。2020 年和 2021 年，中欧班列累计开行均在 1 万列以上。铁路部门立足于运输需求和货源支撑，积极服务各地政府和企业，不断拓展中欧班列的服务范围，基础设施的优化不断转化为贸易量的实在提升。2023 年中欧

---

① 截至 2023 年底中欧班列累计开行超 8.2 万列 [EB/OL]. 中国经济网，http: //m.ce.cn/ttt/202402/01/t20240201_38889276.shtml，2024-01-10.

班列"中通道"货运量突破 300 万吨，达到 335 万吨，同比增长 30.29%；货值 513 亿元人民币，同比增长 37.39%。①

中国各自贸区则进一步通过制度革新、技术研发提高贸易便利化发展水平。如四川、重庆和陕西自贸试验区与铁路、海关等部门协力创新，促进中欧班列安全顺利通达，完善跨境陆路贸易规则。如设立"线上订仓平台"，打造一站式物流方案，提高班列运行效率；将"一柜一单"改为"舱单归并"，为企业节约了90% 的报关成本；利用"北斗在途监测系统"进行大数据分析，实时掌握货物运送情况，极大提升了班列运行效率和精准度；开发了中欧班列"延误险"，赋予国际铁路运单物权凭证功能等，为外贸企业降本增效和提供优质的全程物流服务。

"一带一路"对基础设施的完善打通了物流通道，成为发展贸易、促进开放的基础性支撑。自贸试验区进一步打通简化了货物跨境流动的"绿色通道"，提升了边境口岸的过货能力，确保了我国和"一带一路"合作伙伴产业链、供应链平稳运行。

在"一带一路"倡议推进过程中，基础设施"硬联通"通过科学规划与常态化运营，能够深度激发沿线区域经济潜能，推动"过路经济"向"落地经济"转型，催生产业链重构与区域产业协同的可持续发展新范式。自贸试验区制度创新释放了基础设施投资运营的溢出效应，企业自发捕捉市场机遇的活力显著增强。以"长安号"中欧班列为例，2020 年其货源结构呈现全国化特征——超过 50% 的出口货物来自 20 余个省份，70% 以上的进口货物经西安中转至全国市场，这一现象印证了物流枢纽的产业集聚效应。西安国际港务区已形成显著的产业集聚效应，成功吸引包括京东全球购、沃尔玛国际供应链、沃尔沃及奥迪整车进口等跨国项目入驻。该区域已汇聚外贸企业 360 余家、物流企业 300 余家，承接东南沿海产业转移成效显著，累计引进电子商务企业突破1200 家②。这一发展态势印证了国际物流通道的转型升级：以中欧班列为代表的现代物流体系正从单纯的运输通道向综合性的经济走廊演进，推动"一带一路"框架下的丝绸之路实现从传统商贸通道向产业集聚带的质变。这种转变不仅提升了物流效率，更促进了沿线区域的产业协同和城市发展，体现了"一带一路"倡议在促进区域经济一体化方面的深层价值。

---

① 2023 年中欧班列"中通道"货运量突破 300 万吨，同比增长 30.29%[EB/OL]. 中欧班列网，https://www.crexpress.cn/#/home，2024-01-08.

② 借中欧班列融入世界经济贸易体系——西安提升外贸大通道优势 [EB/OL]. 西安日报，https://baijiahao.baidu.com/s?id=16960998206647317683&wfr=spider&for=pc，2021-04-04.

6.3.2 "软联通"提出制度创新要求

在"一带一路"倡议及"五通模式"框架内，"政策相通"作为贸易、设施与金融三大联通领域的基石，对于推动贸易投资便利化、达成互利共赢目标具有不可或缺的作用。2022年1月17日，国家主席习近平在世界经济论坛视频会议上发表演讲，强调中国将持续深化高水平对外开放，稳步推进规则、管理、标准等制度层面的开放，确保外资企业享受国民待遇，并致力于推动"一带一路"倡议的高质量发展。

自贸试验区作为制度创新的试验场，在"一带一路"建设中占据关键地位，肩负着引领对外开放的重任，需构建高标准的国际贸易规则体系，涵盖负面清单、投资备案管理、单一窗口、一口受理、证照分离等制度。上海自贸区自设立之初，即肩负着探索国际贸易规则、对接国际高标准经贸规则的重任，旨在打造面向全球的开放平台。历经十二年七次扩容，我国已构建起由22个自贸试验区组成的网络体系。各试验区勇于探索、先行先试，统筹发展与安全，不断拓展开放深度与广度，取得了显著成就。截至2024年1月18日，自贸试验区已累计在国家层面推出349项制度创新成果[①]，充分彰显了其在改革开放中的"试验田"作用。

2024年1月1日起施行的《外商投资准入特别管理措施（负面清单）（2024年版）》和《自由贸易试验区外商投资准入特别管理措施（负面清单）（2021年版）》已将清单长度分别缩减至29条、27条。如图6-2所示，2015年至2024年，我国七次修订全国和自贸试验区负面清单，外资准入特别管理措施分别由93项、122项减至29项、27项，缩减比例超过68%和77%（图6-2）[②]。

除却外商投资准入负面清单、"单一窗口"服务机制以及"证照分离"改革等投资贸易便利化核心举措外，各地自贸试验区还积极探索并实施了"海关通关一体化"等监管机制创新，以及投资管理领域的"四个一"全流程制度变革。这些经过实践验证的制度优化举措，遵循了市场经济发展规律，显著促进了贸易便利化进程，具备在全国范围内复制推广的现实可行性与应用价值。

---

① 47项自贸试验区制度创新最新成果发布[EB/OL]. 中国政府网，https://www.gov.cn/lianbo/bumen/202401/content_6926916.htm.2024-01-18.

② 《外商投资准入特别管理措施（负面清单）（2021年版）》2021年第47号令[EB/OL]. 中国政府网，http://www.gov.cn/zhengce/zhengceku/2021-12-28/content_5664886.htm, 2021-12-28.

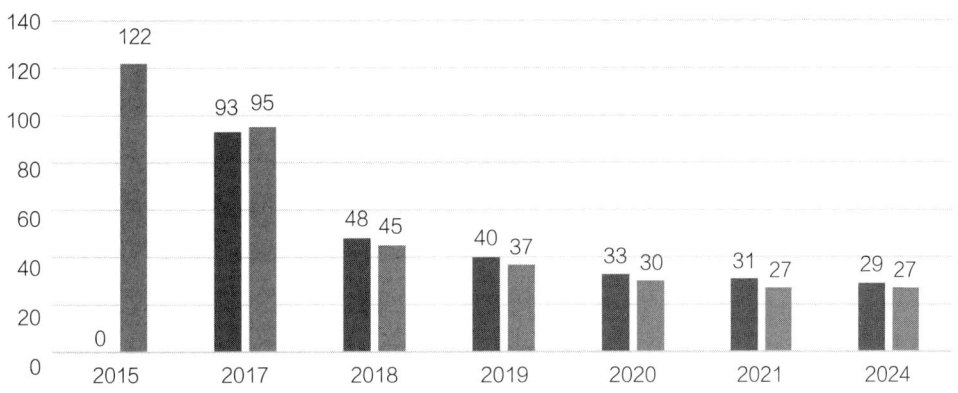

图6-2　负面清单长度变化

资料来源：作者根据中国政府网各年度发布的特别管理（负面清单）整理

数据说明：2015 年全国统一的外商投资负面清单制度尚未实施

6.3.3　"心联通"提供互信基础

"国之交在于民相亲，民相亲在于心相通。"民心相通，这一理念强调通过共建国家民众之间的广泛交流与深度合作，逐步增进相互间的信任与理解，构建起一种集体性的身份认同，进而为人类命运共同体的建设奠定坚实的社会基础。在此过程中，我们倡导以文明间的对话与交流来消弭隔阂，以文明的相互学习与借鉴来化解冲突，以文明的和谐共存来超越任何形式的优越感，从而推动各国人民之间达到更深层次的相互尊重、相互理解与相互信任。

自 2008 年金融危机以来，世界经济复苏低迷，疫情在全球范围内的流行又使世界经济进入深度衰退，世界分工和全球价值链受到影响，各国政府支持经济全球化的信心不断动摇，以贸易保护主义为代表的逆全球化趋势加强，民粹主义、孤立主义、保护主义交织，世界经济的不稳定、不确定性显著增强。世界正处于百年未有之大变局，各国面临着开放还是封闭的压力与抉择。

面对这样的抉择，中国始终坚持包容普惠、互利共赢的人间正道，坚持站在历史前进的正确的一边。一方面以自身经济的长期稳定增长为世界经济注入巨大的确定性，另一方面将对外开放的大门继续敞开，向更多合作伙伴提供发展红利、分享发展机遇。"一带一路"正是在贸易保护主义抬头的当下，中国始终坚持的一条同舟共济、权责共担的分享之路。

"一带一路"所至，惠民工程必相随。2013—2020 年，中国对"一带一路"共建国家累计直接投资达 1360 亿美元，诸如水、电、路、网等领域的民生建设项目显著地改善了当地民众的生活配套设施，是一条造福民众的"富裕路""幸福路"①。安哥拉卡宾达供水项目由中国铁建国际集团承建，项目完工后，将为卡宾达市区和兰德纳市区约 11 万户居民提供洁净的饮用水，惠及当地 60 万人口②，改变了人们跋涉打水、依靠水车供水的不便，显著地提升了该区域公共饮水卫生质量；自 2013 年起，国投中成集团以同行业最快速度，先后在埃塞俄比亚承建了肯色、OMO-kuraz2 和 OMO-kuraz3 三座现代化大型糖厂，让白糖生产能力不足、长期依靠进口的埃塞俄比亚人民实现了"每天吃勺糖"的美好愿望。真诚的帮助，实在的福祉足以打破任何文化偏见，人们对共建"一带一路"倡议有了更多的参与感、获得感和认同感。

近年来，"一带一路"为中国同各个国家的科教合作与人文交流注入新活力，高层互访、专家学者交流、国际会议、学术交流、联合研究、互译图书、互派留学生、签证便利化等进一步推进。各国人民、企业、非政府组织、社会团体等的经贸往来、旅游文化、医疗卫生交流日益频繁。文化的交流互鉴可以突破我们与"一带一路"沿线不同民族、不同宗教信仰之间的文化差异，促进相互认同、相互信任，以更小的交易成本、更低的谈判难度达成经贸合作，提高了贸易的效率。

6.4 "一带一路"推动自贸区协同创新促进贸易便利化

"一带一路"倡议的核心在于通过"走出去"战略开拓国际市场新空间，驱动中国经济实现转型升级与再平衡，同时依托构建高效的交通网络，深化国家间的经济合作，致力于构建以"一带一路"为依托的自由贸易区网络体系。中国自贸试验区作为新时代改革开放的前沿阵地，肩负着消除贸易壁垒、推动贸易自由化、提升贸易便利化的重要使命，与"一带一路"倡议在促进对外经贸合作、扩大对外开放、强化国际交流等方面具有高度的功能契合性。"一带一路"自由贸易区网络的推进，离不开沿线关键贸易枢纽作为地域节点与战略支点的支撑。中国自贸试验区大多位于"一带一路"国内线段的关键节点，拥有显著的区位优势、频繁的经贸往来、广阔的经济腹地以及灵活便利的市场管理机制，这些条件使其

---

① 推动共建"一带一路"高质量发展 [EB/OL]. 商务部，http://fec.mofcom.gov.cn/article/fwydyl/zgzx/202201/20220103240271.shtml, 2022-01-28.
② 搭起民心桥助力"一带一路"行稳致远 [EB/OL]. 国家发展和改革委员会，https://www.ndrc.gov.cn/wsdwhfz/202112/t20211216_1308089.html, 2021-12-28.

成为连接"一带一路"自由贸易区网络的理想战略切入点。通过中国自贸试验区这一桥梁，能够更有效地发挥"一带一路"倡议在要素集聚、经济辐射及区域联动方面的作用。

6.4.1 创新成果共享机制提升贸易便利化水平

"一带一路"自由贸易区网络建设要求加快推进国内自贸试验区的协同化与一体化发展，通过完善基础设施和制度体系，为共建国家提供合作信心与示范效应。2023 年，国务院自贸区工作部际联席会议办公室联合相关部门及地方政府，遴选出第七批具有创新性、实操性、成效显著且风险可控的改革经验，并向全国或特定区域进行推广。从分布领域来看，这批制度创新成果包括投资贸易便利化、政府管理创新、金融开放创新、产业高质量发展以及知识产权保护。值得注意的是，24 项成果中有 22 项面向全国推广，2 项限定于特定区域实施。2023 年的创新成果在覆盖范围上呈现出更广的领域特征 [1]。

考虑到各地在开放基础、开放意识、开放能力方面存在的较大差异，国家设立自贸试验区具有分批次、循序渐进的特征，后设立的自贸试验区可以学习借鉴先行自贸试验区的经验教训，并因地制宜开展多样化的创新探索。各地自贸试验区将自己推出的多轮改革方案、创新的最新进展和成功案例通过制度创新图谱等形式展示出来，在互相学习交流中共赢发展。

截至 2023 年，在全国范围内成功复制推广的 302 项自贸试验区创新经验中，有 89 项聚焦于贸易便利化领域 [2]。具体而言，国际贸易"单一窗口"已全面推行，同时，概要申报与完整申报相结合的两步申报通关新模式、仓储货物按状态分类监管机制，以及针对飞机、船舶等大型设备融资租赁的物流实际需求海关异地委托监管政策等海关新举措也得到了广泛应用。此外，智慧海关建设稳步推进，各自贸区口岸的通关时间显著缩短，通关效率显著提升。同时，保税燃油加注、起运港退税、内外贸同船运输等一系列贸易便利化措施也相继落地实施。

自贸试验区试点经验不仅相互借鉴，还将辐射周边地区对外开放，推广至全国多地，为我国更多地区实现更高水平和更深层次的改革开放积累了宝贵的经验。

---

[1] 国务院关于做好自由贸易试验区第七批改革试点经验复制推广工作的通知 [EB/OL]. 中华人民共和国中央人民政府，https://www.gov.cn/zhengce/content/202307/content_6890912.htm，2023-06-24.

[2] 国务院新闻办发布会介绍自贸试验区建设十周年有关情况 [EB/OL]. 中华人民共和国中央人民政府，https://www.gov.cn/lianbo/fabu/202309/content_6906858.htm，2023-09-28.

6.4.2 区域协同发展优化贸易便利化效能

中国自由贸易试验区经过六轮扩容，逐步形成了梯度推进、循序渐进的演进格局，这一发展路径体现了对"一带一路"倡议的实践探索与战略深化。作为首个试点，上海自贸区以贸易投资自由化、便利化和金融国际化为重点，着力发展转口贸易、离岸业务和服务贸易，为后续自贸区建设提供了可复制的制度创新样本。第二批自贸区（天津、福建、广东）充分发挥沿海区位优势，在开放前沿阵地开展差异化探索。第三批自贸区（辽宁、浙江、河南、湖北、重庆、四川、陕西）则呈现"多点布局"特征，重点破解内陆开放难题，打造内陆型开放新高地。相比前两批，第三批自贸区的发展模式更趋成熟，区域特色更为突出。后续设立的海南、山东、江苏等自贸区，立足自身战略定位，对内推动科技创新和动能转换，对外构建沿边沿海开放新格局。第六批自贸区（北京、湖南、安徽）的设立实现了京津冀和长三角区域全覆盖，并与中部崛起等国家战略形成政策叠加效应。值得关注的是，新疆自贸区作为西北沿边首个试验区，重点服务"一带一路"核心区建设，致力于打造亚欧陆路通道和向西开放门户。随着自贸试验区数量增加，各地特色化改革不断涌现，但若缺乏系统协同，可能导致制度创新碎片化，影响整体改革效果。

在国家层面针对"一带一路"倡议实施顶层设计与协调机制，能够有效避免各地自由贸易试验区的无序扩张和恶性竞争，推动改革举措的系统集成与协同推进，实现差异化发展与共赢目标。通过这一机制，各地创新举措得以相互补充、协同增效，共同推动互补性发展与共赢目标的实现，从而提升改革创新的整体效能。习近平明确指出，需强化统筹协调机制，坚持党的集中统一领导，确保"一带一路"领导小组在重大规划、政策、项目、问题及年度重点工作等方面的协调与把关作用。地方层面需精准定位自身在共建"一带一路"中的角色与贡献，避免同质化竞争与资源浪费。同时，应积极营造良好的舆论环境，深入解读共建"一带一路"的理念、原则与实施路径，通过多维度传播共同讲好"一带一路"故事。各地方、各部门及各单位需明确自身定位，充分激发积极性与创造性，加强横向协作与上下联动，确保各项政策举措落地生根，高效完成既定任务。在此框架下，国家层面的统筹规划能够有效整合资源，避免地方层面的重复建设和无序竞争，推动区域间形成互补性发展格局。通过制度性创新与政策协同，各地在"一带一路"框架下的实践能够实现优势互补，形成整体效能的提升。同时，强化党的领导与统筹协调机制，能够确保政策执行的连贯性与一致性，为"一带一路"倡议的高质量推进提供制度保障。

6.5 "一带一路"远景目标为自贸区贸易便利化发展提出了新要求

"一带一路"是长期内我国对外开放的总体安排,尽管经历经济危机和疫情冲击,我国仍旧不断增强对外开放水平,促进对外贸易高质量发展。不论是"一带一路"自由贸易区网络,还是建设中国特色社会主义自贸港,都对我国开放前沿——自贸试验区提出了更高层次的要求。

6.5.1 融入"一带一路"自由贸易区网络

2015 年 5 月,国务院出台《关于加快实施自由贸易区战略的若干意见》,标志着我国自由贸易区建设进入新阶段。该战略着重推动与周边国家及"一带一路"沿线经济体建立自由贸易区,致力于构建面向全球的自贸区网络。这一布局既有利于深化与"一带一路"共建国家的经贸合作、促进共同发展,也对我国完善开放型经济新体制、增强全球经济治理参与度具有战略意义。

在推进"一带一路"自贸区网络建设过程中,主要面临三方面挑战:一是现有自贸协定多聚焦传统领域,新议题覆盖不足,且协定文本差异化明显,增加了协调难度;二是区域内自贸协定呈现嵌套型、辐条型等复杂形态,形成典型的"意大利面碗效应",导致规则碎片化;三是各国在法律制度、发展水平、文化传统等方面存在显著差异,制约了区域一体化进程。

为应对这些挑战,我国自贸试验区需要发挥以下作用:第一,针对"一带一路"共建国家发展差异,采取渐进式合作策略。自贸试验区应立足自身优势,通过经贸合作、人文交流等多渠道探索合作模式,为构建"一带一路"自贸区网络提供实践支撑,并在特定领域寻求谈判突破。第二,将自贸试验区打造为对接国际高标准经贸规则的重要平台。这既是推动贸易投资自由化、便利化的关键举措,也是我国实现从规则接受者到规则引领者转变的重要路径。为此需要深化贸易便利化改革,提升制度型开放水平;加强国际规则研究,明确制度创新方向;扩大压力测试范围,为参与全球经贸规则制定积累实践经验。

6.5.2 建设自由贸易港

自由贸易试验区探索建设自由贸易港,是贯彻落实党的十九大关于"推动形成全面开放新格局"战略部署的重要举措,也是服务"一带一路"建设和深化对外开放的关键环节。汪洋（2017）指出，自由港作为特殊经济功能区具有三个核心特征：一是实行"境内关外"的特殊监管制度，二是实现货物、资金和人员的自由流动，三是对绝大多数商品实施零关税政策。这种制度安排使其成为当今世界开放程度最高的经济区域形态。

自由贸易港可视作自由贸易区的 2.0 版本，升级之处首先是开放程度，体现在免受海关一般监管的区域更大，以及获得"自由"的范围更广。相对自由的环境以创新的监管模式为保障，以与时俱进的开放理念为支撑，允许试行更高水平的国际经贸规则。除此之外，自贸港与自贸区的不同之处体现在：第一，自由贸易试验区扎根于腹地市场，重在进行经验复制和推广，提升区域的开放水平；而自由贸易港占据全国开放前沿，强调融入国际市场，参与更广泛的国际竞争。第二，自贸港涉及自贸区未面临的一系列金融、税收问题，力图实现金融开放和要素流动。

2017 年，时任国务院副总理汪洋对于自贸港的定位是"开放层次更高、营商环境更优、辐射作用更强的开放新高地"，结合香港、迪拜和新加坡等世界著名的自由贸易港的发展经验，我们可以得出自贸港建设的区位选择应该着重考虑的几个因素：（1）交通通达程度。对内而言，衡量自贸区区域内的交通设施完备程度；对外而言，考察自贸区所处的地理位置是否位于国际物流节点和国内交通枢纽，是否能以较小的运输成本吸引货物流经和船舶停靠。（2）经济发展水平。其一是产业支撑，即区域内和周边城市的经济活跃度，有否足够多运营良好的经济实体作为各种资源和要素的后备力量；其二是经济外向度，以贸易量、贸易依存度等指标衡量自贸区对外开放水平。（3）营商环境。一是市场环境，即企业能否在自贸区内自由进出、公平竞争、创新发展，获得融资、法律、会计等服务；二是政务环境，考察政府廉洁程度，以及是否形成良好的政商关系以降低企业的制度性交易成本；三是法律政策环境，考察政策透明度和落实程度，立法完善和司法公正程度；四是人文环境，本区域内是否形成了较强的市场意识、信用意识、服务意识、开放意识。

目前，上海、陕西、浙江、四川、福建、广东等自贸试验区已经着手启动或酝酿探索自由贸易港建设方案。就区位优势而言，珠三角、长三角、环渤海、粤港澳及沿海发达地区最具优势，其次是沿长江、黄河及东西向主要交通线上腹地广阔、经济发达的节点城市以及沿边城市和陆空交通枢纽城市。

自由贸易港建设作为自贸试验区制度创新的重要突破方向，需通过系统性改革突破制度瓶颈，实现与国际高标准经贸规则的深度对接。以海南自贸港为例，其创新实践主要体现在三个层面：一是构建"一线放开、二线管住"的特殊监管体系，二是实施以"零关税 + 负面清单"为核心的投资贸易自由化政策，三是推行"准入即准营"的服务贸易便利化模式。这些制度创新有效提升了贸易便利化水平。为进一步推进自贸港建设，建议重点从以下方面着力：首先，优化政府治理体系，强化海关、税务等部门的协同效能；其次，破除要素流动的制度性壁垒，构建国际化营商环境；最后，推动开放模式从商品要素流动型向规则制度型转变，通过高水平开放倒逼深层次改革。这一系列举措将有助于形成更具国际竞争力的开放型经济新体制。

6.6 "一带一路"背景下国际贸易新规则对自贸区贸易便利化的影响

"一带一路"倡议作为中国提出的重大国际合作理念，不仅重塑了全球经济地理格局，也对国际贸易规则产生了深远影响。这一倡议旨在通过政策沟通、设施联通、贸易畅通、资金融通和民心相通，构建一个开放、包容、互利共赢的国际合作平台。在此背景下，国际贸易新规则对自贸区贸易便利化的影响呈现出新的特征和趋势，这些变化正在深刻影响着全球贸易格局和区域经济合作模式。

6.6.1 多边贸易体制变革与"一带一路"倡议的协同效应

"一带一路"倡议与多边贸易体制变革之间存在着深刻的互动关系，这种互动对自贸区贸易便利化产生了多层次的影响。"一带一路"倡议强调的互联互通、开放包容等理念，与多边贸易体制追求的贸易自由化和便利化目标高度契合，为多边贸易规则的重构提供了新的思路和动力。这种协同效应不仅体现在理念层面，更反映在具体的政策制定和实施过程中。

在规则制定主体的多元化方面，"一带一路"倡议为发展中国家和新兴经济体参与国际贸易规则制定提供了重要平台。这种多元化趋势使得自贸区在贸易便利化规则制定过程中拥有了更大的话语权。传统上，国际贸易规则主要由发达国家主导制定，但"一带一路"倡议改变了这一局面，为更多国家提供了参与机会。自贸区可以借助"一带一路"框架下的多边合作机制，如亚洲基础设施投资银行、丝路基金等，将其在贸易便利化方面的创新实践和经验转化为国际规则，从而推动形成更加包容、平衡的全球贸易治理体系。这不仅有利于提高规则的普适性和可执行性，也能更好地反映不同发展阶段国家的利益诉求。

贸易议题的扩展也与"一带一路"倡议的全方位合作理念相呼应。"一带一路"倡议不仅关注传统的贸易和投资便利化，还涵盖了基础设施互联互通、产业合作、金融合作等广泛领域。这种全方位合作理念推动了贸易便利化概念的拓展，要求自贸试验区在制定贸易便利化政策时采取更加综合和系统的方法，将贸易便利化与产业发展、基础设施建设等领域有机结合。例如，在交通基础设施建设中考虑贸易便利化需求，或在产业政策制定时兼顾贸易便利化目标。这种综合性的政策制定方法有助于实现贸易便利化的整体效益最大化，并增强各项政策的协同效应。

此外，"一带一路"倡议还推动了贸易便利化措施的创新。通过共建国家之间的经验交流和最佳实践分享，自贸试验区可以借鉴和吸收其他国家在贸易便利化领域的创新做法，如智能口岸建设、跨境电子商务综合试验区等。这些创新不仅能够提高贸易效率，还能促进自贸试验区之间的良性竞争，推动贸易便利化水平的整体提升。

6.6.2 "一带一路"背景下数字贸易规则的演进及其影响

数字贸易规则的兴起是"一带一路"背景下国际贸易规则变革的重要方面。"一带一路"倡议中的"数字丝绸之路"构想为数字贸易规则的发展提供了新的动力和方向。在这一背景下，数字贸易规则对自贸区贸易便利化的影响呈现出鲜明的"一带一路"特色。

"数字丝绸之路"的推进加速了自贸区贸易便利化措施的数字化转型。这种转型不仅体现在技术层面，更深刻地体现在贸易便利化的理念和模式上。自贸区需要构建符合"数字丝绸之路"要求的数字化贸易便利化体系，包括建设跨境电子商务综合试验区、发展智能物流系统、推广区块链技术在贸易金融中的应用等。这些举措不仅能提高贸易效率，还能实现"一带一路"共建国家和地区之间贸易的无缝连接。

具体而言，跨境电子商务综合试验区的建设为自贸区提供了探索数字贸易新模式的平台。通过整合线上交易、支付、物流等环节，试验区能够大幅降低跨境贸易成本，提高贸易便利化水平。同时，智能物流系统的发展，如智能仓储、自动化分拣、无人配送等技术的应用，能够显著提高物流效率，降低运营成本。区块链技术在贸易金融中的应用则可以提高交易的透明度和安全性，降低信用风险，从而促进贸易融资的便利化。

在数据流动规则方面，"一带一路"倡议为构建跨境数据流动的新秩序提供了重要平台。自贸区需要在"一带一路"框架下，探索建立既能促进数据自由流动，又能保障数据安全的治理机制。这可能涉及跨境数据流动的标准制定、数据主权的平衡以及数字信任体系的构建等复杂问题。

在数据标准制定方面，自贸试验区可重点推进以下创新实践：其一，推动建立国际通用的数据标准化体系，实现跨境数据互联互通；其二，构建兼顾安全与开放的数据治理框架，实施数据分级分类管理，在保障国家数据主权和隐私安全的前提下促进数据要素有序流动；其三，创新数字信任机制，通过建立跨境数据流动认证体系、数据交易平台等制度安排提升国际数据合作的可信度。

此外，"一带一路"数字贸易规则制定还涉及数字服务市场准入、数字知识产权保护等前沿领域。自贸试验区应主动参与相关国际规则磋商，推动构建包容普惠的数字贸易治理体系。这一方面有助于培育自贸试验区数字产业竞争优势，另一方面也能为完善全球数字经贸治理提供中国方案。

6.6.3 贸易保护主义下"一带一路"对自贸区贸易便利化的推动作用

在全球贸易保护主义抬头的背景下，"一带一路"倡议作为促进贸易自由化和便利化的重要力量，对自贸区贸易便利化的发展起到了关键的推动作用。"一带一路"倡议通过推动区域经济合作，为自贸区应对贸易保护主义挑战提供了新的思路和途径。

"一带一路"倡议强调的互利共赢理念，为自贸区在贸易保护主义背景下深化贸易便利化合作提供了重要动力。自贸区可以借助"一带一路"框架，加强与共建国家在贸易便利化领域的合作，如推动海关程序简化、实现监管互认、建立信息共享机制等。这种区域性的贸易便利化合作不仅能够降低区域内贸易成本，还能增强区域经济的整体竞争力，从而更好地应对全球贸易环境的变化。

例如，在海关程序简化方面，自贸区可以推动建立"一带一路"共建国家海关信息互换、监管互认、执法互助的合作机制。通过信息共享和风险管理，实现高风险货物重点监管、低风险货物快速通关，从而提高通关效率。在监管互认方面，可以探索建立统一的商品分类、原产地认定标准，推动检验检疫结果互认，减少重复检查，降低贸易成本。在信息共享机制方面，可以建立"一带一路"贸易便利化信息平台，实现口岸通关、物流运输、贸易金融等信息的实时共享，为企业提供全方位的贸易便利化服务。

此外，"一带一路"倡议下的基础设施互联互通建设，为自贸试验区提升贸易便利化水平提供了重要支撑。通过改善交通、能源、通信等基础设施，自贸试验区可以显著降低物流成本，提高贸易效率，从而在一定程度上抵消贸易保护主义带来的负面影响。

具体而言，在交通基础设施方面，"一带一路"倡议推动了跨境铁路、公路、海运、航空等多种运输方式的互联互通。这不仅缩短了货物运输时间，也为自贸试验区开辟了新的贸易通道。例如，中欧班列的开通大大缩短了中国与欧洲之间的货物运输时间，为自贸试验区企业开拓欧洲市场提供了便利。在能源基础设施方面，跨境电网、油气管道的建设为自贸试验区的能源贸易提供了便利条件。在通信基础设施方面，5G网络、海底光缆等的建设为自贸试验区发展数字贸易、跨境电子商务等新兴贸易形式创造了条件。

这些基础设施的改善不仅直接降低了贸易成本，还通过提高贸易效率和降低交易风险，间接增强了自贸试验区的贸易竞争力。在贸易保护主义抬头的背景下，这种竞争力的提升对于维持和扩大自贸试验区的贸易规模尤为重要。

6.6.4 "一带一路"背景下自贸试验区立法推进的新特征及其影响

在"一带一路"倡议的推动下，自贸试验区立法工作呈现出新的特征，这对贸易便利化产生了深远影响。"一带一路"倡议强调的规则衔接和标准互认，为自贸试验区立法工作提供了新的方向和内容。

在法律框架完善方面，"一带一路"背景下的自贸试验区立法更加注重与国际规则的衔接和协调。这要求自贸试验区在制定贸易便利化相关法规时，不仅要考虑本国实际，还要充分考虑"一带一路"共建国家的法律制度，以及国际通行规则。这种立法理念的转变有助于提高自贸试验区贸易便利化措施的国际兼容性和认可度。

例如，在制定海关管理法规时，自贸试验区可以参考世界海关组织的相关标准，如《经修订的京都公约》中关于海关程序简化和协调的规定。在制定电子商务法规时，可以借鉴联合国国际贸易法委员会（UNCITRAL）的《电子商务示范法》。这种与国际规则的衔接不仅能够提高自贸试验区法律制度的国际化水平，还能为"一带一路"共建国家提供可借鉴的法律范本。

法律实施的规范化在"一带一路"背景下也呈现出新的特征。自贸试验区需要建立更加透明、公平的法律实施机制，以增强"一带一路"共建国家对中国营商环境的信心。这可能涉及建立多语言法律咨询服务、设立国际商事争端解决机构等措施。具体而言，多语言法律咨询服务可以帮助"一带一路"共建国家的企业更好地理解和遵守自贸试验区的法律法规。这不仅包括提供法律文本的多语言翻译，还应包括专业的法律解释和咨询服务。例如，可以设立"一带一路"法律服务中心，为共建国家企业提供全方位的法律支持。

在国际商事争端解决方面，自贸试验区可以探索建立符合"一带一路"特点的争端解决机制。这可能包括设立专门的国际商事法庭，或者建立多元化的争端解决机制，如调解、仲裁和诉讼相结合的"一站式"争端解决平台。这种机制不仅要保证公正高效，还要充分考虑到"一带一路"共建国家的法律文化和习惯，以增强其接受度和执行力。

此外，自贸试验区还可以在"一带一路"框架下推动建立法律执行合作机制。例如，可以与"一带一路"共建国家签订司法协助协议，在法律文书送达、证据调取、判决承认与执行等方面开展合作，以提高法律实施的效率和效果。

第七章
贸易便利化国际建设经验与借鉴

新加坡自由贸易区相关经验
阿联酋迪拜自由港相关经验
韩国促进贸易便利化相关经验
美国贸易便利化改革思路
日本的贸易便利化建设
发达国家贸易便利化的差异化路径

在全球价值链深度重构与多边贸易体系变革的背景下，贸易便利化已成为提升国际贸易竞争力的核心议题。发达国家通过"单一窗口"系统与智能边境管理技术实现贸易成本压缩，发展中国家依托区域贸易网络构建跨境无纸化平台，新兴经济体借力数字技术重塑贸易流程，这些多元化探索为全球贸易治理提供了差异化范本。通过系统研究国际贸易便利化的差异化实践，能够精准识别制度创新与技术赋能的耦合机制，为破解贸易壁垒、优化监管效能提供跨区域解决方案。特别是对正处于制度型开放关键期的中国而言，这种经验借鉴有助于构建具有中国特色的贸易便利化制度矩阵，既实现与国际高标准经贸规则有序对接，又能通过集成创新培育对外贸易竞争新优势。

7.1　新加坡自由贸易区相关经验

新加坡自贸区设在马六甲海峡的最南边，是印度洋与太平洋之间的唯一通道。新加坡是全球第五大城市[①]，2019年全球营商环境指数排名第六[②]，行政治理能力第一，商业活力第六，能取得如此大的成就与新加坡的相关制度改革密切相关。总体来看，主要表现为四个方面：

第一，对外资的开放程度较高。首先，新加坡与多个成员国签署了免税和双边自由贸易区协议，投资及贸易的优惠措施既能保障海外投资者的合法权益，又能让新加坡的出口商和投资者在海外享有更多的优惠，从而使新加坡与其他贸易合作伙伴的贸易量持续增长。其次，新加坡的投资登记程序简便、门槛低、审批成本低、注册资金少，三个工作日就能办好企业登记，除在新闻、电台及财务方面有一定的限定之外，没有任何股份比例限制，吸引了大批跨国公司入驻。

第二，建立高效的关税制度。新加坡建立了高效的通关系统，所有的报关程序10秒内可以办理完毕，10分钟内可以得到批准。1989年，新加坡海关搭建起一套高效便捷的贸易管理系统。借助这一创新性平台，35个政府部门实现了信息共享与业务协同，构建起"一站式"通关模式，办理一系列的交易手续，实现了高效的审批、检疫和通关。在商品报关和审核阶段，通过 TradeNet 将有关规定植入系统中，通过该软件可以实现对报关的审核。

① 全球城市实验室（Global City Lab）. 2021年全球城市500强[EB/OL]. https://www.globalcitylab.com.
② 科尼尔全球商业政策委员会（GBPC）. 2019年全球城市营商环境指数[EB/OL]. https://www.atkearney.com.

在自由贸易港的运营体系下，贸易商与供应商借助 TradeXchange 网络信息平台，实现了信息的高效交互。该平台不仅打破了双方沟通的时空壁垒，让资讯传递更为便捷，极大地降低了沟通成本；同时，通过系统内置的交易管理模块，可对自由贸易港内发生的各类交易活动开展全面且细致的监管。

第三，建立面向外贸的低税率结构。新加坡秉持自由港与开放经济理念，在其关税政策体系下，除酒类、烟草、石油、汽车等特定商品外，对其余货物普遍施行零关税政策。此外，新成立的公司还可以免除印花税和资本收益等附加税费，而对于那些刚刚起步、充满生机的小型公司来说，还可以享受到减税的优惠。与此同时，对从事海外贸易的公司实行 5%–10% 的税收减免，对外商投资公司实行 17% 的税率，而对前 30 万的税收则实行部分减免。

第四，健全各项商业管理法制。新加坡自贸区的发展有赖于国家对港口的市场进行有效的预防与管理。例如，《自由贸易区法案》与《自由贸易区管理条例》作为具有最高法律效力的地方性立法规范，为港口运营管理构建了完备的制度框架，其权威性与统一性为区域经济发展提供了坚实的法治保障。与此同时，《证券交易法》《公司法》等基础性法律与《自由贸易区法案》形成协同立法效应，通过规范资本运作、企业治理等核心领域，共同构筑起新加坡自由贸易区制度创新与市场发展的法律支撑体系，对区域开放型经济体制的完善发挥着关键性制度供给作用。

新加坡推动贸易便利化的关键举措，聚焦简化与统一国际贸易流程。为确保这一目标的实现，配套实施了系列保障措施：提高透明度、简化程序、加强国际合作、加强信息化和智能化等。新加坡是世界上最具开放性和最具竞争力的地区，同时也是第一个将电子网络体系引入贸易自由化的国家，在硬件设施与软件系统的建设方面处于领先位置。

7.1.1　新加坡自由贸易区的六项重要实践

1. 设立网上商务许可证制度

新加坡主要建立了两套在线政务服务系统，即电子报表和信息更新系统以及在线商业执照系统。新加坡财务部为企业注册中心建立的企业注册"一卡通"综合服务平台，为企业注册、注销、缴费等 350 多项业务实现企业注册流程的全面电子化与无纸化操作，可将企业注册登记时间大幅压缩至仅需 15 分钟，同时注册登记的相关费用也显著降低，缩减至约 5.5 新加坡元。目前，它主要是通过增设财务信息数据库服务，提升咨询分析质量，扩大政府的一站式服务和协作范围。

网上商务牌照制度（Online Business Licensing Service，OBLS）是由新加坡政府建立的一套综合服务体系，该制度目前已将 40 个政府部门和单位的业务进行了集成[①]。

2. 加强国际商贸流通管理体系建设

新加坡利用资讯技术，构建了一个高度一体化的国际交易管制体系，这个体系包括一个贸易网和一个商业合作项目[②]。TradeNet 是新加坡唯一的进口和出口企业的网上报关系统，它把新加坡的所有经营企业都连接起来，只需要一张表格，一次报关就可以完成。90% 的报关程序可以在 10-15 分钟内完成，提交的单证数量降至 1 份，海关工作的人降至 1 人，每项成本下降至 3 新加坡元，为交易者节约了大约十亿美元的成本。商务通项目是一个崭新的国内贸易和物流资讯平台，拥有国际贸易网络相关平台的进出口贸易报关操作权限及资讯获取授权，可接入包括贸易网、海港服务网、货运社区网络、裕廊海港网络以及港务网在内的多个专业网络系统，进而实现商业单证在不同平台间的顺畅互通；还与美国、加拿大、澳大利亚等海外网络相连，完成电子舱单、电子清关等业务，加快了国际商品的流通速度。全球电子商务交易平台（GeTS）是由新加坡于 2016 年启动的电子交易平台，它将各个国家的海关制度联系起来[③]；当前，该体系已与全球 20 余个国家和地区建立协同合作机制，致力于构建跨境贸易便利化框架，通过标准化数据接口与互认机制实现"单一申报、多国通认"的监管模式。

3. 建设提高物流效能的后勤与报关服务体系

新加坡建立了一个有效的港口物流及报关服务体系，包括港口和码头运营体系。新加坡港口物流体系中的"单一窗口"公共信息平台（如 Portnet 系统）作为国家级的数字化贸易枢纽，通过标准化数据接口与协议，实现了海事、海关、检验检疫等政府监管部门与船舶运营商、货运代理、集装箱堆场、陆路运输企业等市场主体间的信息互联互通，从而使从预订服务到出具清单的完整电子商务交易得以实现。港口操作体系 CITOS 是对港口的整体操作进行监控和管理的一种

---

① DBpedia. About: Online Business Licensing System[EB/OL]. https: //dbpedia.org/page/Online_Business_Licensing_System.

② 孔令兰萱 . 新加坡海关监管机制及其评价指标研究 [C]// 干春晖 . 新视野下海关监管机制创新研究 . 上海：上海人民出版社，2016: 202-222.

③ 新加坡 GeTS 携手中国企业 助力区域贸易发展 [EB/OL]. 中华人民共和国商务部，http: //sg.mofcom.gov.cn/article/dtxx/201812/20181202820635.shtml，2018-12-27.

方法。两套体系在港口之间的无缝衔接，使新加坡的国际海运物流中心能够有效地运行。

4. 完善公司资信制度

新加坡已有完善的信贷资料资讯体系，为金融行业的专业人士提供信贷评级产品，为社会创造良好的信用生态。一是由国家领导。新加坡成立了数据中心理事会，以监控数据的管理和数据品质为中心，其中包括市民数据中心、土地数据中心和机构数据中心，用户只要一次提交或修改个人资料，就可以在各部门之间进行数据的交流与整合，从而达到单一接入、无缝衔接的目的。二是以市场为导向的经营模式。新加坡财政部门是对社会信用信息服务的主体，而信用评价是通过信用记录部门进行的。其中，信用记录机构 DP 信息组是针对新加坡的中小公司进行信贷评估的，它从新加坡财务部获取了一份公司年度报告，并将该公司的六项指标抽取出来，构建了 3 个基本级别和 18 个具体级别。与穆迪、标普等国际著名的评鉴机构相比，DP 资信评估成本约为其五分之一，因评估周期短、成本低，已成为新加坡衡量公司资信风险的重要指标。

5. 推进总部支持项目

新加坡拥有超过 26,000 个跨国公司，三分之一的全球 500 强企业都在这里建立了亚洲的办事处。这在很大程度上归功于新加坡实施了一套以较少的税收为核心的政府支持措施。新加坡的国际商业发展署推行了一项税务激励方案，目的在于将新加坡和世界各地的采办及销售基地扩大到其他地区。这一方案具有三个主要特征：一是具体的应用目标。从事商品采购、分销和运输等行业信誉卓著的跨国公司，其经营范围应遍布世界各地，并具有优良的经营绩效，且将新加坡作为该地区的贸易中心，从事有关的商务和辅助职能。二是具体的业务模式。公司的业务范围包括离岸贸易、中转贸易和再出口贸易等。交易方式有进行特许商品的境外贸易以及 GTP 公司之间的特许商品的贸易。三是采取层次分明的奖励措施。对在新加坡进行国际贸易活动的具有较高成长能力的中等规模的公司，可以在三年内享受税收减免，并鼓励其在新加坡开展全球性、区域性的贸易活动。若企业获得全球贸易商计划（GTP）资质认证，新加坡政府将依据其年度经营数据实施梯度化税收优惠政策。具体评估指标涵盖企业年度营业收入总额、离岸贸易结算规模以及本地商务运营支出等核心参数，通过构建多维评价体系对企业经济贡献度进行动态量化分析。针对符合绿色和绿色发展需求的公司，实行新的支持方案，将其碳信贷列入 GTP 协议的交易清单，并对其在 10 年内给予特殊的税收优惠。

6. 构建自贸区经营服务体系

截至 2024 年末，新加坡拥有 10 个自贸区，主要为航空和海洋运输提供服务，并在推动国际贸易方面发挥着巨大的作用。具体服务体系包括：

（1）实行"境内关外"经营方式。新加坡自贸区的经营职能比较单一，以国际物流为主。为了加快通关速度，对该区域实行严格的管理（例如，在区域内不允许储存任何国家的商品），而"一线入境"的程序十分便利，货物进入区域后，可以凭中转提单进行报关，而海关对货物的储存、陈列、分级、组装、挑选、分装及简易的重新处理等活动并不干涉。

（2）建立高效便捷的海关制度。一是利用港口网、贸易网、码头作业等建立的国际海运中心的信息平台，使其能够在整个过程中实现无纸运行。二是海关、检疫部门 24 小时工作，有效地解决了国际贸易的时差问题，提高了货运的运输速度。三是对散货进出口实行 72 小时的免费仓储，对等候再运或中转的货物实行 28 日的仓储，并在区域内任意运输。四是区域聚集了大量的运输、仓储、配送等各方面的专业物流企业，从卸货到出港只需要一个小时。

（3）健全的政策及法律体系。例如，从 1978 年开始，就彻底废除了对汇兑的控制，并确立了一个多边的清算制度。出台了促进高水平技术人员聚集和流动的优惠措施，为促进高水平技术人员的成长和发展奠定了基础。《自由贸易区法》的出台，对园区的发展定位和运营管理进行了清晰的规范，保证了园区的协调、规范和高效运行。

7.1.2　新加坡"国际贸易单一窗口"的建立与演进

新加坡是一个超微型的国家，它的行政级别很小，机构结构也很单一，而且它的跨界交流也比较便宜。新加坡是全球率先开发并应用国际贸易"单一窗口"的国家，在该领域始终引领国际潮流。这一成果的取得，离不开新加坡政府的积极推动。1989 年，新加坡贸易网（TradeNet）正式上线运营，作为全球首个国家级、具备单一属性的国际交易平台，彻底革新了贸易信息的交互模式。借助 TradeNet，众多政府部门与私人机构能够通过电子形式实现贸易信息的实时共享与交换。在进出口业务流程中，企业只需在单一平台提交标准化的申报信息，系统便会自动将信息同步传输至各相关方，替代了以往烦琐的多部门分头申报模式。这不仅大幅简化了业务处理流程，极大地缩短了贸易业务办理时间，减少了纸质文件传递带来的成本与延误风险，还显著降低了企业的制度性交易成本，提升了贸易运营的整体效率。

新加坡以新加坡贸易局为主要组成部分，开发和建设了全国性的贸易和后勤IT 平台——TradeXchange，使新加坡内外的商品流动速度得到了极大的提高。在 TradeXchange 平台上，注册企业能与全球的企业和企业管理体系相连接，同时注册企业可以通过 TradeXchange 系统，直接访问新加坡贸易局、港口网络、货运社区网络、Marinet 等附加业务。另外，新加坡已经建立了一个"网上贸易平台"，即"一站式"贸易物流资讯生态体系，它可以实现与新加坡内外价值链的利益相关者之间的数字互联。当前，新加坡贸易局与 NTP 平台共存，交易者通过新加坡贸易局的前端解决方案将该请求通过新加坡贸易局的前端处理程序发送到新加坡贸易局，新加坡贸易局通过该平台将核准后的请求发送到交易者的NTP 平台上；新加坡的外贸单边窗最大特色在于它的公、私两方面的协作，新加坡贸易局和 TradeXchange 的发展与维护都是民营公司劲升逻辑负责，民营公司专注于技术方面的工作，而政府则是专注于推动相关的事务。新加坡也一直在向世界各地的其他国家和区域推广先进的理念、经验和技术。到 2020 年，新加坡在世界各地建立了超过 50 个联结站，使其跨越国界的贸易更加便捷。[①]

7.2　阿联酋迪拜自由港相关经验

阿拉伯联合酋长国（阿联酋）堪称中东地区乃至全球范围内经济活力最为充沛的国家之一。迪拜作为阿联酋乃至整个海湾地区在贸易、航运、金融、物流以及科技领域的核心枢纽，近年来吸引了全球目光的聚焦。在迪拜推进经济多元化发展的战略布局里，一项具有开创性意义的关键举措为迪拜的经济转型注入了强大动力，那便是设立自由贸易区。当人们从迪拜国际机场出发，驾车驶入谢赫扎伊德大道并一路向南前行，沿途会依次经过迪拜机场自贸区、迪拜多种商品交易中心、迪拜国际金融中心、媒体城、互联网城等一系列自贸区，最终抵达拥有全球最大人工港的杰贝阿里自贸区。在这些自贸区当中，杰贝阿里自由区和迪拜国际经济中心堪称最具代表性的典范。

阿联酋法律体系深受埃及法传统影响，其法制架构基本沿袭大陆法系特征，并通过成文法令形式予以规范化呈现。根据《阿联酋联邦宪法》确立的立法分权机制，联邦政府立法权限划分为联邦专属立法与地方授权立法两大类别。在联邦立法层面，主要聚焦于具有全域效力的基础性法律领域，涵盖民事法律关系、商

---

① 陈仕清. 新加坡自贸区离岸贸易税收政策的实践经验及启示 [J]. 对外经贸实务，2021（8）：26-29.

事交易规范、民事诉讼程序、公司法人治理、知识产权保护、出入境管理、银行业监管、劳动雇佣关系等核心法律部门，通过系统性立法构建起全国统一适用的法律框架。阿联酋也有一些酋长国级别的立法，这些立法通常处理较多的实务问题，或着重于加强对上位法的支持。以迪拜为例，作为阿联酋的组成实体，其在联邦制框架下享有特定自治权，尤其在处理地方事务时具备独立立法空间。具体而言，迪拜的立法权限涵盖制定地方性法规、部门规章等规范性文件，其法律渊源呈现多元化特征。

7.2.1 迪拜自由港的法治道路

1. 联邦一级的法定职权在全国一级

阿联酋 2004 年修订的《宪法》第 121 条指出："阿联酋联邦具有独立的立法权力，可以建立一个财政自由区域，并在区域内确定适用的司法豁免率。"阿联酋联邦颁布《2004 年第 8 号联邦法律》（即《金融自由区法》），该立法授权各酋长国在联邦层级设立具备特殊法律地位的财政自由区。根据该法案，各酋长国得以构建独立于联邦常规法律体系的金融自由区，而在金融自由区中，虽然没有联邦一级的民事和商业法，但是在刑事和打击洗钱问题上仍然受到联邦的法律约束。根据阿联酋《2004 年第 35 号法令》，建立了联邦自由金融区（DIFC）。

2. 迪拜地区法律制度的创新

在得到阿联酋联邦法律的批准之后，迪拜开始着手制定当地的法规以发展自由港的金融业务。迪拜颁布的《2004 年第 9 号法律》正式确立了迪拜国际金融中心（DIFC）的合法地位，该法律对 DIFC 在财务及管理层面的独立性予以明确界定，不仅确认了迪拜国际金融中心的设立，还着重强调其在金融与行政管理方面所享有的独立自主性。依据该法律，迪拜国际金融中心管理机构得以创设，这一管理机构涵盖了 DIFC 的监督部门，具体包括迪拜国际金融中心管理局（DFCA）、迪拜金融服务局（DFSA）以及争端解决机构（DRA）。该法律对这些机构的权力和责任均作出了清晰、细致的划分与界定。另外，迪拜当地政府还制定了一些特殊的法规，以适应阿联酋的法规和迪拜当地的法规，达到与世界接轨的目的。

3. 享有制定具体操作规程的权力

迪拜自由区所适用的法规体系，本质上是迪拜地区行政机关为强化对自由区的有效管控而精心制定的一系列相关条例。这些条例内容丰富且全面，涵盖了自由区运营管理的诸多关键领域。具体而言，其涉及区域内经营主体所应具备的资质条件、不同经营行为所需的许可证类型、区内场地的租赁规则、场地建设与运营的规范要求、区内产品的质量监管标准、交通管理措施、健康与安全保障规定、环境保护要求以及相关责任界定等各个方面。这些条例旨在实施阿联酋的联邦法规和迪拜的相关法规。

7.2.2　迪拜的自由区法律特征

1. 授权地方制定具有国家权力的法规

迪拜作为阿联酋的组成酋长国，其立法权限架构与国内行政分级管理体系存在结构性差异，但同样遵循中央与地方分权制衡原则。在联邦制框架下，迪拜在特定领域享有地方性立法权，其法律渊源包含联邦法律、酋长国法令及自由区特殊法规三重维度。就自由区治理而言，涉及金融、国际贸易、跨境投资、税收征管等关键领域的事务，均通过联邦专项立法（如《金融自由区法》）确立法律框架，此类立法既明确联邦政府的战略主导地位，又通过授权条款赋予自由区管理机构在招商引资、市场监管、政策创新等方面的执行裁量权。

2. 立法注重与国际惯例的衔接

与阿联酋现行的《联邦通用法律》相比，其在全球范围内的贸易与投资具有明显的优势。在水平上，相对于其他国家的同类立法而言，该制度还存在着"后发优势"。尤其是关于迪拜自由贸易区的立法借鉴，是一个很有价值的问题。比如，在争议解决途径的多元化选择方面，迪拜国际金融中心（DIFC）内部国际商业仲裁所适用的标准法律体系，对《联合国国际贸易法委员会国际商事仲裁示范法》（以下简称《联合国国际商事仲裁示范法》）进行了本土化转化，同时引入了伦敦国际仲裁院（LCIA）的仲裁规则与实践经验。就法律制度而言，DIFC 建立了一个单独的法庭，并且在法庭内部执行了若干英国法律法规等。

3. 迪拜的自由贸易港有着更多的优惠

在杰贝阿里自由区设立的外资企业可享有多重政策优惠与运营便利：其一，在进口环节，企业可免征关税及相关税费引进机器设备、生产零部件及运营必需品，以降低初始投资成本；其二，在资本流动方面，企业享有完全利润汇出自由，可不受限制地将全部经营收益以外币形式汇往境外母公司或指定账户；其三，在税收制度上，区内企业可享受为期 50 年的企业所得税豁免，且企业员工亦免征个人所得税；其四，在人力资源保障方面，自由区依托所在区域丰富的人口资源，可充分满足外资企业对外籍专业技术人才的招聘需求；其五，在基础设施配套上，区内配备国际领先的通信网络与能源供应系统，企业可获取稳定可靠的电力保障，且能源成本显著低于区域平均水平。

7.3　韩国促进贸易便利化相关经验

7.3.1　加入 WTO 后韩国的贸易便利化进程

自 1947 年《关税与贸易总协定》生效后，协议架构就包含了贸易促进方面的内容，经过八轮谈判，最终由世界贸易组织取代了协定，为世界经济开启了贸易便利化的协议基础。韩国于 1967 年 3 月成为《关贸总协定》的缔约国，30 年间，韩国缔造了"韩国模式"和"汉江奇迹"。1995 年 1 月 1 日，韩国正式加入世界贸易组织。在世贸组织的新加坡第一次部长大会上，世贸组织的工作便利化问题被纳入了世贸组织的工作日程，之后又在 2001 年的《多哈宣言》和 2004 年的《7 月议案》中被提及，到 2013 年 12 月巴厘部长会议在《巴黎议定书》中终于签署了《贸易便利化协定》。韩国于 2015 年通过了世界贸易组织《贸易便利化协定》，该协议扩展了对有资质的经济运营商之间的互相承认的协议，并对跨境贸易和网购商品的消费者实行最便利的通关程序。关于关税的估价，制定了一项法律，使其能够共同应用单方面的预估价和事先的关税评估，以及遵守各种复杂的原产地规则。

韩国在协议制订进程中主动提议，在修改欧洲关税贸易总协定第五条、第八条和第十条时，分别给出了不同的意见。韩国关于欧洲关税贸易总协定第五条的提案，其内容包括：简化通关手续，对敏感项目和必须转送的物品实施不歧视原则的例外，采用国际统一标准；降低和简化过境收费中仅对可疑物品进行特别过境操作和担保进出口所必需的正规手续，并对信誉良好的出口商实施免税。韩国就欧洲关税贸易总协定第八条的提案包括：一是在风险管理模型方面，进行有效的风险控制；二是建议各成员规范和明确通关流程，减少造成的延迟，并逐渐建立一个公认的标准处理时限；三是提倡利用风险管理等技术，区分进口和出口货物，对资质较好的进口商实行更加灵活的通关方式，以增加通关效率；四是推行单一窗口，简化通关流程。韩国针对欧洲关税贸易总协定第十条的提案内容包括：

一是将事先裁定的系统纳入《贸易促进协定》条款之中，让进口商可以事先了解有关报关的关税情况；第二，设立一个国家顾问机构，负责处理有关的海关手续和有关的资料；第三，建立磋商机制，给参加贸易便利化的各方发表看法的平台，听取各方意见，力争实施更加合理的贸易便利化推进措施。韩国还就《促进贸易协定》其他问题发表了建设性评论，下面是韩国或与其他成员国一道提交的有关特别与差别对待和技术协助以及能力建设的建议（表 7-1）。

韩国协定建议清单   表 7-1

序号	名称及内容	建议国（地区）
W/7Corr.1	阐明关贸总协定第十条：信息公布、可获得重要措施的优先通知	韩国
W/18	关贸总协定第八条：消除行政壁垒	韩国
W/34	关贸总协定第五条的修改：减少运输方面的困难和差别运输	韩国
W/49	关于关贸总协定第八条的阐明与改善的风险管理	韩国，中国
W/85	国标的应用	韩国，智利，挪威，瑞士
W/92	关于商业可获得信息的承诺	韩国，瑞士，中国香港
W/94	有关费用和出口的建议	韩国，欧盟，瑞士，中国台湾
W/98	关于提前到达处理的提案	韩国，欧盟，日本，新西兰，巴基斯坦，蒙古，瑞士，中国，中国台湾
W/99	关于风险的提案	韩国，日本，蒙古，新西兰，新加坡，瑞士，中国台湾
W/100	有关"一站式窗口"和"单据递交"的提案	韩国，日本，欧盟，智利，蒙古，新加坡
W/101	关于通关时间的提案	韩国，日本，欧盟，中国台湾，蒙古
W/102	关于优先公开和咨询的提案	韩国，哥斯达黎加，欧盟，日本，瑞士，新西兰，新加坡
W/107	规费	韩国，欧盟，瑞士
W/112	关于商业可获得信息的承诺	韩国，中国香港，瑞士
W/115	关于优先公开和咨询的提案	韩国，中国台湾，日本，蒙古，瑞士
W/117	关于提前到达处理的提案	韩国，日本，蒙古，瑞士，中国香港
W/134	关于快速清关的提案	韩国，中国
W/138	关于"一站式"窗口的提案	韩国

资料来源：根据世界贸易组织档案资料库整理

7.3.2 APEC 下韩国促进贸易的举措

自从亚太经合组织建立后，它的一个重要目的就是提供一个开放、自由和便利的贸易环境。根据《亚太经合组织贸易便利化行动计划》的官方定义，贸易便利化是指通过简化与规范关税征收程序及其他跨境管理环节，系统性减少跨境货物运输中的非必要延误与额外成本。该进程聚焦于优化进出口企业在边境环节需履行的各类行政程序，旨在实现跨境贸易流程的效率最大化与经济成本最小化。亚太经合组织专项研究证实，贸易便利化改革对区域贸易规模及贸易成本具有显著正向效应。具体而言，若当前在港口运营效率、海关监管环境、数字贸易基础设施及政策协调性等方面处于平均水准以下的成员经济体，能够将相关指标差距缩减50%，则预计可推动亚太经合组织区域内贸易总额增长2540亿美元，增幅达21%[1]。利用经合发展组织编制的贸易便利化指数进行的其他分析显示，贸易文件简化和协调、贸易程序简化、贸易相关资料的提供以及采用自动程序可以降低低收入国家贸易成本14.5%、中等收入国家15.5%、中上等收入国家13.2%。[2]贸易便利化可以极大地提高地区的经济和贸易能力，能够极大地提高地区的贸易竞争力。

在2002年至2010年期间，韩国深度参与了亚太经济合作组织（APEC）框架下的两项《贸易便利化行动计划》，其核心工作围绕四大关键领域展开：海关通关程序优化、贸易标准体系整合、跨境商业流程衔接以及电子商务基础设施建设。此外，韩国还系统性推进了多项配套性商业促进举措，包括完善国内法规框架以提升政策透明度、构建商业伦理规范体系强化市场诚信机制，以及建立多层次贸易安全保障体系以防范跨境交易风险；这一计划的目的是在《贸易便利化行动计划》第一、二阶段期间将亚太经济合作伙伴区域的贸易交易成本降低5%。基于《贸易便利化行动措施清单》的实施框架，韩国通过数字化转型显著提升了贸易服务效能，具体表现为：全面推行报关流程无纸化与自动化处理系统，实现跨境贸易单证电子化提交与智能审核；深度参与食品标签、电子电器产品等领域的国际标准协调工作，推动国内标准与国际认证体系接轨；积极响应APEC商务旅行卡计划，通过扩大免签国家覆盖范围优化跨境商务人员流动机制；严格遵循《电子商务数据安全传输框架协议》，构建跨境数字贸易合规保障体系。在区域合作层面，亚太经济合作组织（APEC）基于贸易便利化推进成果，启动实施《供应链韧性强化框架行动计划》，该战略行动聚焦破解制约区域贸易效率的五大核心瓶颈：（1）边界管制缺乏，海关通关和手续不健全；（2）交通基础结构和服务质

① Wilson，John S.，Catherine L. MannandTsunehiroOtsuki. 2003. "Trade Facilitation and Economic Development: A New Approach to Quantifying the Impact." [J].World BankEconomic Review 17.

② Moise，Evdokia，andSilviaSorescu. 2013. Trade Facilitation Indicators: The Potential Impact of Trade Facilitation on Developing Countries 5 Trade[J]. OECD Trade Policy Papers，no.144.

量不高；（3）不靠谱的后勤保障，物流费用高；（4）缺乏有效的监管和良好实践；（5）不健全的电子商业政策和监管基础结构。韩国在亚太经合组织促进的贸易便利化努力下，在单一窗口、经营证明系统和电子流程方面都有了长足进展。韩国从 2017 年就制定了一套全新的方案，将其全国性的软件 uTradeHub 用于开放式的革新和跨国电子商业。如今，韩国在亚太经合组织中已是一个比较完善的、具有较高的贸易自由化程度的经济体。

7.3.3 自由贸易区下韩国的贸易便利化

自 2013 年起，在全球实施的绝大部分自由贸易协定中，简化贸易条款已是不可或缺的内容。在已签署的多数自由贸易协定（FTA）中，通常包含七类核心贸易便利化条款，具体涵盖：海关程序与协作机制、政策透明度建设、费用及规费标准化、现代海关技术应用、技术合作与能力培育、法律协调及第三方监管框架。其中，海关程序与协作机制的具体实践方向包括：简化通关操作流程、构建统一申报平台（单一窗口）、深化海关间联合监管等协作模式；透明度条款则聚焦于通关流程信息主动公开、法律法规修订及时告知等机制建设；现代海关技术条款着重推动风险动态评估体系、全流程数字化改造、预归类预审价等制度创新。此外，协定文本还涉及费用规费可预测性保障、跨境执法互助机制、第三方认证结果互认等配套性制度安排，共同构成多维度贸易便利化规则体系。

自由贸易区内的贸易便利化已逐渐成为降低非关税壁垒、降低通关程序、推动外贸发展的一项重大举措。韩国是亚洲加入自由贸易协定最迟的一个经济体，直到 1997 年之前韩国都没有加入。自 1997 年亚洲金融危机后，鉴于经济对出口的高度依赖，韩国政府于 1998 年将自由贸易协定（FTA）谈判确立为国家战略，并系统性推进实施。截至当前，韩国已缔结 16 项 FTA，另有 7 项处于谈判阶段，4 项处于可行性研究阶段。其 FTA 网络覆盖的缔约方情况如下：

已正式签署并生效的：智利、新加坡、欧洲自由贸易联盟（EFTA）、东南亚国家联盟（ASEAN）、印度、欧洲联盟（EU）、秘鲁、美国、土耳其、哥伦比亚、澳大利亚、加拿大、越南、新西兰、中国、中美洲共同市场（巴拿马于 2021 年 3 月完成加入程序）；已达成实质性共识的：印度尼西亚、柬埔寨、菲律宾、以色列；正在协商推进的：中日韩 FTA（聚焦中日双边）、厄瓜多尔、俄罗斯、马来西亚、乌兹别克斯坦、欧亚经济联盟、南方共同市场（MERCOSUR）。

韩国签署的自由贸易协定中包含了相关的贸易便利化条款，如海关手续与合作，现代海关技术在韩国签订的自由贸易协定中都体现出来，这两个方面都是韩国最重视的一步。韩国签订自由贸易协定协议所涵盖的贸易自由化项目比较广泛，表明韩国在自由贸易协定框架下的贸易更加便捷，而且更加完善。但与韩国签订的自由贸易协定并未包括合约国由于自由贸易协定而变更的法规以及第三方监管条款，可见与韩国签订的自由贸易协定条款具有高度的自由性（表7-2）。

韩国贸易便利化条款中主要涉及的内容   表7-2

	海关手续与合作	透明度	费用及规费	现代海关技术	技术合作与能力建设	立法	第三方监督
韩国—土耳其	√	√		√	√		
韩国—澳大利亚	√	√		√			
韩国—加拿大	√	√	√	√	√		
韩国—新西兰	√	√	√	√	√		
韩国—中国	√			√			

资料来源：根据世界贸易组织数据库整理

7.3.4　韩国为简化贸易流程而采取的举措

1. 将AEO系统转变为国内系统的法律

在海关国际化的大趋势下，韩国积极响应《全球贸易安全与便利化标准框架》，该框架隶属于《国际贸易安全及便利化》体系。韩国将框架中诸如企业守法、供应链安全，以及海关与商界合作等贸易促进举措，融入本国法律体系。具体落实在《关税法》第255条第2款、《关税法实施命令》第259条第2款和第3款，以及《综合认证优秀公司确认及管理工作相关通告》等法律法规中。2009年4月，韩国成功搭建起与之适配的国内管理系统。根据韩国海关官方网站信息，韩国海关推出的AEO系统，通过对企业进行全面评估，涵盖法规遵循度、内部控制体系有效性、财务健康状况以及安全监管水平四个维度。对于符合标准的企业，韩国海关为其开辟便捷的通关路径，在简化手续、缩短查验时间等方面提供便利，极大地提升了企业贸易效率。韩国海关对公司实施打分制度，规定遵守程度在70分以下的公司将被排除在外，而满足规定的法规遵守程度在80分以内的公司，则分为A、AA和AAA三种级别，并根据不同级别的公司提供相应的贸易便利和优待。

韩国AEO系统的应用范围为9种，其中包括出口商、进口商、海关、海关监管机构、船运公司、空运公司以及货代等。韩国已经建立了运营机构的认证理事会和行业组织，以使得 AEO 体系的实施更加顺畅。在信息交互与合规运营层面，获得认证的企业需主动向海关提交年度自查报告，翔实披露公司在业务开展过程中的合法合规状况，以及对 AEO 标准的执行情况，通过信息的透明化与规范化，进一步提升企业在海关监管体系中的可信度。AEO 业主认证的有效期一般设定为 3 年，旨在对企业实施阶段性、动态化的评估管理。在认证期满的第 3年，海关将开展全面复查工作，通过比对认证标准，严格评估企业的持续合规性与运营能力。复查结果将直接决定企业能否继续保有 AEO 认证资格，这一机制有效推动企业持续改进管理水平，巩固贸易供应链的安全性与便利性。

韩国根据不同的 AEO 体系，制定了 AEO 互认机制，以便使自己的公司在世界范围内占有优势，并根据 AEO 的规定，实行 AEO MRAs。现在，韩国的海关已经和美国、欧盟、日本、中国等主要的商业合作伙伴签订了 MRA，这使韩国企业快速进行商品互换，既安全又可靠，又节约了许多不必要的成本；同时，通过韩国 AEO 认证的企业，可以在保持和招揽顾客的过程中保持优势，增强韩国企业的竞争能力；也可以防止因境外海关审核而导致技术、设施和业务资料泄漏的风险。

除 AEO 制度外，韩国海关还实施多项贸易便利化举措，致力于优化跨境贸易流程，推动贸易高质量发展。

1996 年 7 月，韩国海关引入"通关后稽核"机制，构建起一套多维度、差异化的稽核体系，涵盖个案稽核、依计划稽核、综合稽核与依信用检视四种模式。韩国海关首先引进的是案例核实，然后是 90 日之内，利用电子风险管理体系筛选入境案件，以纸质单证为依据。2000 年，韩国海关引入一项针对企业税收监管的审查机制，对存在高避税、逃税风险或倾向的企业，以及特定的进口交易模式和活动展开审查。在审查过程中，韩国海关采用综合核实方法，借助自评法推进核查工作。2001 年，韩国海关推行"进口自评量"系统。在该系统下，进口商需对自身缴纳关税的准确性进行自查，确认税款金额是否恰当，同时检查通关过程是否符合法定程序，各项手续是否完备，并将自我评价报告递交给海关。到目前为止，韩国海关完成了"通关后审核"系统，它相信，"后审核"系统是一种简化的贸易政策，不会在 IT 基础建设和人员方面投入太多。海关稽查，既可降低海关报关所耗费的时间和物资的积压，又可为跨国经营企业创造有利的贸易条件，降低其逃税、避税等问题。韩国的海关监管体系呈现出稽查机制双轨并行的特征，其稽查系统与通关后稽查系统作为互补性制度安排共同运作。它不但可以使报关的通关时间更为确定，还可以加速货物的流通，使进口放行的速度大幅提高，从而缩短报关的时限。

由于资源匮乏，韩国是一个典型的以外向为主的经济体，保税工厂制最初被韩国认为是一种完备的退关机制，后来越来越受到自由贸易协定的青睐。它是一种只准许纯国外商品作为原材料进行制造加工和进出口的税收优惠。因其保税工厂允许企业在保税状态下开展制造、加工活动，产品加工完成后直接出口，这一模式成功规避了关税、附加税的缴纳，同时简化了烦琐的报税、报关流程。因此，保税工厂不仅是一项极具价值的贸易便利化举措，更是提升产品国际竞争力的有效路径。以船舶制造业为例，船舶制造需要进口大量原料，若采用常规贸易模式，对海量进口原料进行关税征收与报关操作，流程极为复杂；把国外的原料引进到一个没有经过海关的保税工厂，将其装配在一起，再通过船舶的形式进入海关就能简化通关手续。

2. 设立单一的国际贸易窗口

在响应经修订的《京都公约》及联合国等国际组织倡议的背景下，韩国自2003年起系统性推进"单一窗口"制度建设，该计划是东北亚运输中转航线的七大主要工作。

KCS在设立单窗制度前进行了战略性的规划，并在此基础上确定了相关的法律法规，最后给出了实施"一窗"的政策和具体的行动方案，最后得出结论，各相关部门的信息协作是实现"一窗"的关键，而强大的政策支撑和财政预算力则是实现"一窗"的主要保证。

韩国"一窗"制度的设立大致分为三个步骤，即韩国通过跨部门协同机制构建了多维联动的贸易便利化数字治理体系。由海关总署、出入境管理局、海洋水产部及航空管理局联合组建的专项工作组，依托统一数字平台实现海陆空运输数据集成管理。该平台整合五大核心子系统——韩国贸易门户网、韩国物流服务网、韩国网上报关系统、韩国市场信息集成搜索网、韩国财务服务网，这些系统使贸易商能够将纸质文件数字化，同时提供全部的报文，系统会将这些资料分发到各个部门，然后向贸易公司发送相关的答复。

韩国"单一窗口"系统自2003年起通过构建跨部门协同治理网络，逐步实现了监管链条的数字化整合。2006年该系统逐步拓展至16个核心监管主体，涵盖动植物检疫（韩国植物检疫总局、渔业产品质检总局）、公共卫生（卫生检疫总局）、医疗器械（医用设备行业协会）、口腔医疗（口腔行业协会）、医药流通（医药行业协会）、宠物健康（宠物健康协会）等专业领域，并纳入环保商品检测研究院、玩具行业合作协会、检验研究院等8家海关关联检验机构。这种"监管主体全接入、业务流程全贯通"的模式，使跨部门数据共享率提升至89%，通关单证审核时间缩短 41%。2008 年，单一窗口体系进一步改善，系统质量进一步提高，客户服务持续优化。迄今为止，韩国境内 26 家与贸易需求核实相关的国家机关均经由 KCS 的互联网入口连接。

利用单一的视窗，可以让使用者在任何时间、任何地点都能够免费访问该网站。海关人员可以随时上网，随时提交电子海关申报表。在大部分情况下，报关表可以立即送达，而无需纸张，不仅可以提升工作速度，而且可以减少对中小企业征收的关税和港务费 [①]。

3. 建立电子贸易的报关系统

韩国的电子商务已经走过了三个阶段。在 2004 年前，企业需要第三方平台来展示和推广产品，而产品的交付则由企业自行完成。韩国海关于 2004 年 11 月到 2005 年 11 推出"电子货物简易报关系统"，填写完整的报关单后，即可办理报关手续。2015 年 11 月至 2017 年期间，韩国口岸实施"电子贸易通关系统"改革，构建起跨境电商数字化治理框架，一方面使跨境电商通关更加便捷，程序更加规范；另一方面，对于退回的货物不征收任何关税。以此为依据，积极推出"电子贸易出口识别系统"，以建立韩国的跨境电商信誉，提升海外消费者对韩国商品的信心。

韩国海关还设立了一个快件报关制度，以支援跨境电商，通常将具有私人性质的商品列入其范畴，并予以迅速的报关。其业务范畴具体包括：纸质文案、产品样品、居民旅行购买的自用物品、企业赠送的礼品、跨国网络购买的商品等。邮政公司无须报关员办理的货物若价格在 150 美元以内，则满足韩国口岸规定的快件进口货物，在口岸办理进口货物的进口注册手续，而且无须缴纳任何关税和附加税。如果货物超出 150 美元，将按照正常的海关程序，按照贸易的进口额征税。韩国政府和韩国海关推行便利化的通关制度，促进了电子商务的发展，使韩国的中小型企业更加活跃地从事外贸业务，同时也为韩国的外贸业务提供了便利。

韩国促进和改进 AEO 系统，以达到快速通关、降低查验率、建立韩国合作伙伴等通关条件。截至 2018 年 6 月，韩国已拥有 832 个"认证经营者"，其中包括进口、出口商、海关、保税运输业、货运代理、空运承运人、仓库经营者、地面运营者等。韩国海关创新性地为"验证运营商"配置专属的"客户经理"，搭建起一套定制化的服务模式，为其提供与交易有关的咨询服务，加强内部控制，增强遵纪性，并激励"知情守法"（Informed Compliance）。总的来说，对于财

① 王伟 . 建立韩国对外贸易"一扇窗"及其意义 [J]. 现代经济学，2017（15）：106-109.

务清算能力、安全管理水平、内部控制能力（5 年评价期限，守法分值 80 或更高）的"合格人员"，可以享受以下方面：（1）豁免关税和外汇交易检查；（2）利用 ERP 进行进出口报关和电子报关；（3）在选择检查时，加快检查速度或在检查时选择享有优先检查的权利；（4）每月汇缴、减轻处罚或处理税款；（5）延长许可期限，减少定期核查、保税运输的综合报关；（6）通过快捷的通关方式，为旅客办理 VIP 服务。

截至 2021 年 9 月，韩国海关与 20 个国家进行了 AEO 的相互承认，包括美国、加拿大、日本、中国和澳大利亚，这些国家的 AEO，使"验证运营商"的等值优惠范围得到了有效的扩展，从而使国际贸易更加便捷。

7.4　美国贸易便利化改革思路

美国拥有相对全面、科学和监管的国家体系立法，安全、高效和方便的清关流程以及先进、全面和安全的体制结构。20 世纪 90 年代，"低效贸易"作为一种障碍发挥了越来越大的作用，贸易便利化已成为主要发达国家和一些新兴工业化国家愿景的组成部分。金融危机后，随着世界贸易增长大幅放缓和贸易保护主义抬头，"危机期间深化贸易便利化改革的全面推进"已成为各国之间的经济共识。奥巴马政府开启了新一轮贸易便利化改革，以促进出口增长拉动经济复苏、增加就业，同时进一步巩固和维护美国世界经济和贸易的霸主地位。2009-2016 年间，奥巴马政府明确制定了新一轮贸易便利化改革的总体目标与实施框架，将改革聚焦于六大核心领域：出口促进机制优化、贸易融资体系完善、出口通关流程简化、货运基础设施升级、信息基础设施构建以及制度环境改善。各相关部门据此制定了详尽的改革举措并推进实施，标志着改革进入实质性深化阶段[①]。其中出口促进、出口通关以及货物基础设施改革更具有代表性。

7.4.1　出口促进便利化改革

美国政府推动的出口便利化改革聚焦于优化中小企业出口支持体系，其政策框架包含三个核心维度：强化跨部门协作机制、精准化企业服务措施以及提升数

---

① 曹子瑛 . 美国贸易便利化改革研究（2008—2016）[M]. 北京：社会科学文献出版社，2017.

字化平台效能。增进公司对出口协助的认识与可用性，改善出口便利的质量与效能，最大限度地减少了公司取得政府协助与取得贸易资讯的成本。

1. 增强相关部门协调性

外贸活动牵扯到很多政府部门，制定和实施贸易政策，除了政府内部各个部门的合作之外，还包括联邦政府与各州地方政府、政府部门与贸易公司的紧密合作，美国政府采取了一些行动来加强各部门协调。

首先，在联邦贸易协调机制改革方面，美国通过 13534 号行政令（2010）构建了多层级的政策执行架构。为强化政策研究能力，专门设立了 7 个专项工作组，其职能覆盖从贸易数据挖掘到中小企业需求分析等专业领域（U.S. Department of Commerce，2011）。这种"金字塔式"治理体系实现了政策制定、执行与评估的有机衔接。

其次，深化联邦政府与地方政府的协同合作机制。为提升国际企业群体对美国官方出口促进项目的认知水平，美国贸易发展署（USTDA）于 2011 年启动"贸易在地化战略"，此项举措旨在将美国地方城镇纳入其出口促进项目的辐射网络，通过构建多层次服务节点，强化企业对 USTDA 出口服务产品的理解深度与应用能力，最终形成覆盖全美的地方化出口支持体系。

在政企协同机制建设方面，联邦政府构建了多元化的公私合作（PPP）体系。该体系通过小企业管理局（SBA）与小型商业发展中心（SBDC）的联合培训计划、进出口银行的区域性出口促进项目、贸易发展署的本地化服务网络这三类核心项目实现政策落地。

2. 提供更具针对性的出口协助

为回应企业对精准化国际市场资讯与定制化出口支持的需求，美国政府围绕出口产业、目标市场、经营主体及支持项目构建了多维服务体系。

首先，实施产业精准服务战略，针对企业亟须的产业级深度市场信息，在既有的 120 余个驻外使领馆商务机构经济分析团队基础上，商务部、贸易发展署等机构组建 22 个产业专项专家组，通过行业技术趋势追踪、供应链图谱绘制、竞争态势建模等深度研究，为企业提供包含目标市场准入标准、技术合规要求、渠道伙伴匹配等实操性商业情报。

其次，提高出口市场针对性。美国政府实施了差异化出口促进计划，形成亚洲营商计划、非洲商业伙伴方案、望向南美计划三个关键性区域倡议。这些计划通过驻外商务机构与本土行业协会的协作，显著提升了区域市场渗透率。

最后，提高出口主体针对性。针对中小企业群体，政府采取了分类扶持政策，重点覆盖六类特殊企业主体：农村企业、少数族裔企业、犹太后裔企业、退役军人企业、女性创业企业及初创企业。以 2014 年《美国农村制造出口和投资倡议》为例，该计划创新性地设立农业出口专项小组，通过定制化信息服务使农村企业出口咨询量增长 53%。

3. 电子政务平台便捷化

在数字经济背景下，电子政务平台已成为政企互动的重要载体，承担着需求识别、信息传递和服务供给的关键职能。奥巴马政府期间（2009—2017），通过系列政策文件系统推进政府数字化转型，包括《透明与开放政府备忘录》（2009）、《开放政府指令》（2009）等基础性文件。2012 年颁布的《构建 21 世纪电子政府》标志着改革进入新阶段。白宫科技政策办公室报告显示，该战略实施后企业获取政府贸易服务的平均时间缩短了 62%（OSTP，2013）。实现信息价值最大化的关键路径在于共享，这既涉及政府各部门间的信息交互，也涵盖政府与企业间的资源流通。

第一，建立信息共享平台。2012 年，美国联邦政府设立电子服务创新中心，同时组建移动战略工作组和网络改革工作组。这两个跨部门工作小组旨在全方位推动政务信息化建设。一方面，它们统一各政府部门网站建设的技术规范，通过搭建标准化数据接口，保障部门间数据的高效传输与交换；另一方面，对各部门网站进行系统性评估，针对性地优化网站功能与界面布局。此外，积极开展移动应用开发工作，打造适配移动设备的政务服务应用程序，满足用户的移动办公与信息获取需求。在数据开放进程中，美国政府推动信息资源从传统文档格式向机器可读的开放数据格式（APIs）转型。此举极大降低了私营企业接入和利用政府数据的难度，激发了私营企业在政务服务应用开发领域的活力。

第二，精简电子政府服务。为破解行政流程迷宫困境，联邦政府构建了一体化数字服务平台体系，通过整合分散于各职能部门的业务系统，打造跨部门协同的综合性在线服务枢纽，其中最重要的贸易门户网站包括 Data.gov、Regulation.gov、Business USA.gov、Export.gov 等。

第三，革新数字化服务工具体系。为提升在线服务效能，国际贸易管理机构持续推进技术创新，构建智能化贸易服务生态。2010 年，国际贸易署（ITA）建成自由贸易协定信息中枢，集成关税税率数据库、商品分类系统、贸易流向分析平台三大核心模块；2011 年 4 月上线的关税计算智能系统（FTA Tariff

Navigator），通过自然语言处理技术实现关键词与 HS 编码双模检索，支持企业一键获取协定项下商品关税阶梯、原产地规则及降税时间表等 12 项关键参数。为破解企业获取政府研究报告的信息壁垒，商务部于 2015 年启动报告数字化改造工程，将传统 PDF 文档转化为结构化数据模块，在 Export.gov 平台构建动态知识图谱，使企业关键信息检索时间大幅提升，数据获取效率提升数倍。

第四，构建数据开放生态体系。2011 年奥巴马政府启动"开放数据战略"，要求联邦机构建立标准化数据披露机制，向市场主体提供高时效性的宏观经济指标与国际贸易统计信息。在此框架下，人口普查局（Census）、国际贸易署（ITA）等机构制定专项数据开放路线图，形成多维度数据服务矩阵。经济分析局（BEA）创新推出交互式数据检索平台（Interactive Data Hub），将历年贸易统计报告转化为可机读格式，支持企业通过 API 接口实现数据自动化抓取，使数据清洗时间大幅缩短；同时，Census 缩短了贸易数据发布时间。

美国政府拓展了多元化参与渠道。除传统电子政务手段外，商务部及其下属机构实施了双向沟通强化措施。在各官方网站增设互动反馈模块，同时建立信息推送服务系统。这种"订阅 + 反馈"的复合型沟通模式，既保障了政策信息的定向送达，又确保了企业诉求的有效收集，形成了政企之间的良性互动循环。

7.4.2　出口通关便利化改革

为优化出口监管体系，美国政府实施了系统性的贸易便利化改革。该改革聚焦的关键领域主要包括以下五个方面。

1. 改革出口管制体系，降低企业合规成本

美国出口管制体系改革始于 2010 年《出口管制改革倡议》的颁布，该倡议由国家安全委员会（NSC）与国家经济委员会（NEC）联合开展全面评估后提出。评估报告显示，原有体系存在管制重叠、标准模糊等系统性缺陷（White House，2010）。基于评估结论，政府实施了三个维度的结构性改革。

首先，在管制架构方面，通过整合军品与商业两用物项清单，建立了统一的分类标准。新体系采用"三级管控"机制（基于最终用户、用途及目的地风险等级）。

其次，信息系统实现重大升级。以国防部 USXport 系统为核心，整合国务院、商务部等部门的审批功能，构建了集中化的一站式许可管理平台。

最后，程序简化取得显著成效。2011 年推出的《战略贸易许可例外规定》为 44 个盟国设立了快速通道，豁免了约 28% 的常规许可需求。2013 年进一步取消低敏感商品年度注册要求后，使得企业合规成本下降。

2. 建设"单一窗口"，精简边境程序

通关无纸化与一体化是精简边境程序，降低单证成本，提高行政效率的有效途径。在推进贸易便利化进程中，"单一窗口"（Single Window）机制作为核心基础设施率先建立。该系统的演进可分为三个阶段：初期建设始于克林顿政府时期，依据 1993 年《海关现代化法案》启动了报关自动化工程；至 2008 年，已形成由自动化出口系统（AES）、自动化商业环境（ACE）和国际贸易数据系统（ITDS）构成的基础框架（U.S. CBP, 2008）。深化发展阶段以 2008 年为节点，海关部门实施了无纸化通关试点，并于 2013 年通过"PGA 消息集"项目实现监管数据的跨部门整合，使纸质单据使用率大幅下降。制度固化阶段以 2014 年 13659 号行政令为标志，该法令明确规定在 2016 年底前完成"单一窗口"系统的全面部署。

在推进边境管理协同化方面，美国采取了制度化的改革路径。2014 年颁布的第 13659 号行政令设立了边境跨部门行政委员会（BIEC），该机构具有三个显著特征：组织结构上实行"1+3"模式，即由国土安全部（DHS）统筹，下设风险管理、程序协调和外部参与三个专门委员会；成员构成涵盖农业部、商务部等 12 个核心贸易管理部门；职能定位聚焦于三大任务——制定无纸化通关战略、协调跨部门权责关系、监督"单一窗口"实施进程。

3. 改善边境基础设施，提高边检效率

美国海关在金融危机后加大了边境基础设施投资，加强了最新科学技术在优化边检设备和提升边检人力资源配置中的应用。

第一，硬件设施升级。金融危机后，海关显著增加了口岸现代化改造投入。2010—2015 年间累计投入大量资本用于更新检验设备，重点提升陆路口岸的车辆查验效率。

第二，人力资源优化。面对 331 个口岸的管理压力，海关于 2011 年创新引入"工作量—职员动态配比模型"。该模型通过实时监测 15 个关键绩效指标（包括通关流量峰值、案件处理时长等），实现 6 万名关员的科学调度。实施后，人员使用效率提升 31%，岗位匹配度改善 27 个百分点。

4. 加强边境风险管理，缩短通关时间

小布什执政期间，美国海关创设了一套以风险管理为核心的海关监管制度，涵盖海关—商界合作伙伴关系（C-TPAT）、24 小时预报规则以及集装箱安全倡议（CSI）。这些制度旨在通过提前获取货物信息、加强海关与商界合作，实现对进出口货物风险的有效管控。全球金融危机爆发后，国际贸易环境发生深刻变化。奥巴马政府基于新的经济形势，针对海关监管制度展开贸易便利化改革。

第一，为显著提升风险评估的精确性，美国海关于 2009 年 1 月在发货人需申报的 10 项信息基础上，增设两项新规。其一，发货人需提供"集装箱中所宣称的货物信息"；其二，如实汇报"发货人装货、理货和点货"环节的相关情况。与此同时，美国海关对承运人提出新要求，规定承运人需在装船货物离开最后一个外国港口 48 小时内，或货物抵达美国港口前 48 小时，向海关提交"船运装载位置"与"集装箱状况信息"。此外，2011 年，美国海关开发出自动靶向系统。该系统嵌入大量的计算规则，并构建法规权重集，借助先进的算法，将货物舱单数据、进口报关信息与美国法律标准进行精准比对。系统能够依据比对结果，自动筛选出需仔细查验或可优先放行的货物对象，有效助力海关提高查验效率，合理配置监管资源。

第二，美国海关着眼于提升本国与伙伴国在贸易监管过程中的参与度，着力优化通关便利体系。2010 年，美国海关依托海关—商界合作伙伴关系，专门面向加拿大和墨西哥边境陆运承运人，推出自由与安全贸易计划（FAST），旨在为特定陆运贸易提供加速通关服务。FAST 计划对供应链企业提出严格的准入要求，供应链上的所有企业均需事先在"海关—商界合作伙伴关系"项目中获得认证，才有资格享受 FAST 计划的快速通关便利。一旦企业成功获得认证，无论是从加拿大还是墨西哥入境，均可使用专门设立的特殊通关通道，极大缩短通关时间。此外，当货物接受查验时，若同一批次货物中仅有一件需检查，其余货物可直接通关，企业无需承担整批货物的仓储费用，降低贸易成本。在查验排队环节，FAST 计划认证成员优先于非成员进行查验，且不考虑等待时长，进一步提升了通关效率。

5. 加强国际海关合作，降低制度壁垒

奥巴马执政阶段，美国政府积极推动与贸易伙伴在通关领域的深度合作，通过协调通关制度、简化手续流程，助力构建高效的全球通关体系。与此同时，针对发展中国家在通关环节面临的困境，美国采取系列举措，帮助这些国家改善通关现状。

首先，推动发展中国家海关能力建设。自 2012 年起，在美国国务院、国际发展部与国防部的资金援助下，美国海关设计并开展一系列中短期技术培训项目。培训内容围绕提升通关程序效率、增强缉毒缉私执法力度、强化海关职业道德规范等核心议题展开。部分项目特意安排在美国指定港口进行实地教学，通过现场观摩和实操演练，让发展中国家学员亲身体验先进科技在海关管理中的应用，以及多部门协同管理带来的显著成效，进而有效提升其边境执法能力与海关管理水平。

其次，依托贸易协定统一通关规范。在《跨太平洋战略经济伙伴关系协定》等多边贸易协定的谈判过程中，美国海关充分认识到快运业务对中小企业发展的关键作用，积极倡导为中小企业提供加急海关程序。通过将这一理念纳入贸易协定，推动各参与国在通关程序上实现标准化与协调化，降低中小企业参与国际贸易的制度性成本，促进区域内贸易的高效流通。

最后，拓展 AEO 制度国际互认网络。2014 年，美国海关基于"海关一商界合作伙伴关系"计划，与以色列签订 AEO 互认协议。依据该协议，两国 C-TPAT 和 AEO 认证企业在跨境贸易中可享受查验次数减少、认证流程提速的优惠政策。此后，美国持续推进 AEO 互认工作，陆续与新西兰、加拿大、日本、韩国、约旦、欧盟以及中国台湾等多个国家和地区达成互认安排，进一步促进全球供应链的安全稳定与高效运行，提升美国在全球贸易治理中的影响力。

7.4.3　货运基础设施便利化改革

货运基础设施的品质，在搭建美国国内市场与全球市场沟通桥梁、驱动美国供应链效能与出口竞争力提升方面，发挥着不可替代的支撑作用。

1. 制定统一货运政策，增强多式联运连接性

2012 年 7 月 6 日，《新运输法案》（MAP-21）正式生效。该法案要求美国联邦运输部（DOT）拟定国家货运政策与国家货运战略计划，同时激励各州运输部门编制州货运计划。其核心目标在于，将联邦政府、地方政府以及大都会交通组织等货运领域利益相关者的发展规划，整合至统一的战略架构之下，推动各方协同开展货运基础设施建设与服务优化。

2015 年 12 月 4 日，《修复美国地面运输法案》（FAST Act）开始施行。该法案确立"打造安全、高效且可靠的货运体系"的改革方向，着重突出"强化多式联运衔接性、提升货运运作效率"的重要价值。依据 FAST Act 要求，相关部

门需制定国家多式运输政策，并规划国家高速公路货运计划，从政策和规划层面为货运行业的升级转型提供指引，进一步推动美国货运体系朝着现代化、一体化方向迈进。

2. 加大政府基建投资，为基建资金提供长期保障

美国的物流基础结构落后，发展缓慢，这很大程度上是由于其对本国的货运基础建设的投入长期不足。2009年2月，美国出台《复兴与再投资法案》（ARRA），将运输基础设施现代化列为联邦政府投资的核心方向。依据该法案，联邦政府展开大规模资金分配：向联邦航空管理局（FAA）注资13亿美元，用于机场基础设施的维护翻新以及航空控制系统的升级；为联邦货运交通管理局（FTA）拨款7.5亿美元，助力公共交通设施的优化；划拨80亿美元给联邦铁路管理局（FRA），专项用于新建高速铁路和城际铁路；向联邦海事管理局（MARAD）提供1亿美元，支持船厂设施改善与技术研发；为联邦高速公路管理局（FHWA）安排275亿美元，推动高速公路项目的改造，并设立15亿美元，由运输部灵活调配用于基建项目。

2012年7月6日，《新运输法案》正式生效。该法案旨在为各州及地方交通部门在道路、桥梁及公共交通设施建设方面提供为期两年的稳定资金保障，推动地方运输基础设施的持续发展。2014年10月1日，《美国成长法案》（Grow America Act）经审议通过。该法案秉持"创造机遇、修复更新、高效运作、重建美国基础设施"的理念，在4年时间内，授权总计3020亿美元的资金投入。其中，1990亿美元用于国家高速公路和道路安全系统的升级改造；720亿美元用于缓解交通拥堵，减少通勤和物流运输延误；100亿美元用于促进多式联运发展，强化港口与其他运输方式的衔接，大幅提升货运效率，有力推动美国对外贸易的繁荣发展。

3. 改进货运设施质量，提升货运系统效率

为有效提升货运设施品质，全方位增强货运系统运行效能，美国政府推行了一系列行之有效的改革举措，涵盖扩大基础设施承载规模、构建数据整合与交互机制，以及深化智能技术在货运场景的实际应用等多个维度。

第一，扩大基础设施承载规模。2011年，加利福尼亚州奥克兰码头对奥克兰军事基地开展重建工作，并将改造后的军事基地纳入港口运营体系。这一举措极大拓展了码头的货物容纳空间，显著提升了码头的货物处理能力，成功缓解港口货运压力，进一步稳固了其在全球物流网络中的关键地位。

第二，构建数据整合与交互机制。自 20 世纪 80 年代起，美国联邦运输部开发高速公路绩效监测系统。该系统凭借长期稳定运行，持续采集美国境内高速公路的运行数据，涵盖道路通行状况、路面质量等信息，为交通决策提供了关键数据支撑。2012 年，联邦物流和物流管理局推出货运绩效测评系统，借助超 60 万辆配备 GPS 设备的卡车，实时收集高速公路的拥堵信息，助力货运路线的科学规划。2015 年，智能绕路计划（ITSJPO）正式落地实施。该计划借助多元无线技术，实现货运车辆间路况信息的实时共享，帮助司机提前规划最优路线，规避拥堵路段，大幅提升货运配送效率。

第三，深化智能技术在货运场景的实际应用。美国智能交通系统（ITS）作为全球率先启动研发且发展最为成熟的陆运综合管理系统，有机整合信息技术、数据通信技术、电子控制技术以及计算机处理技术，将其全面应用于地面运输管理的各个环节。通过实时收集和分析交通数据，实现对交通流量的精准调控，有效降低交通拥堵和延误发生频率。同时，该系统的广泛应用显著提升了交通安全水平，大幅增强道路通行能力，引领美国货运行业朝着智能化、高效化方向迈进。

7.5　日本的贸易便利化建设

日本通过世贸组织、世界银行和亚太经合组织的贸易便利化、联邦货运交通管理局等方式，来提高本国的贸易自由化程度。日本的内部交易简化改革主要表现在边界管理，开发了许多新的举措，其中包含了 AEO 制度、海关风险管理、提前审单制，以及日本的 NACCS 自动化体系。

7.5.1　建立完善的贸易简化机构和执行制度

日本的贸易便利化进程以海关为核心驱动力，通过跨部门协同机制实现高效运作。历经一个半世纪的制度演进与技术革新，日本海关已发展为全球贸易管理领域的标杆机构。日本海关现在肩负着三项任务：一是合理地征税，保证税制的公开、公正；二是维护国家的治安和稳定；三是促进经济的便利化，简化海关手续，以方便日本的进出口，以实现贸易的便利。这就要求日本的海关在保持进口和出口流程稳定性的前提下，推动行业的良性发展，降低报关流程所需的程序和单据，使办理的流程更加顺畅、更加透明。因此，海关必须不断地更新和完善通关程序和系统，为通关人员提供最好的交易条件，从而提升贸易效率。

1. 财务省的协调合作

日本海关隶属财务省管理，职能与国际通行海关职责具有一定共性。在宏观经济管理领域，财务省统筹规划国家预算，开展税收管理和财政投融资活动，维持国际货币体系稳定。同时，主导对外贸易监管和海关管理工作，这些职能由1999年《财务省设置法》予以规范。依据该法第三条，财务省肩负保障国家财政健康运行的重任，通过实施公正、合理的课税政策，规范关税征管流程。第四条详细列举了财务省执行的67项职能，其中第24-27项与海关业务直接相关：第24项明确海关负责征收关税、吨税以及特种吨税，为国家财政提供稳定的税收来源；第25项要求海关对涉关货物、船舶、飞机及旅客实施监管，维护口岸正常秩序；第26项确立海关特殊监管区域和保税区制度，推动对外贸易的便利化与规范化；第27项规定海关对报关行业和进出口报关人员进行监督管理，提升报关业务的专业性与合规性。这些规定构建起日本海关业务的制度框架，保障海关职能的有效履行。

财务省总署负责海关工作，其主要职责是制订与关贸相关的税收法规。关税处作为日本海关系统的核心管理机构，职能定位与中国海关总署存在一定相似性，但其隶属财务省管辖。在组织架构上，关税处下设6个分支机构：总务科、管理科、税务科、监控科、业务科以及调查科。另外，在总课程里还有一个办公室，负责出入境和港务局资讯处理公司的业务，并对有关的数据资料进行调研、计划和调整。行政班主要承担海关人员培训、考核等工作。海关处的主要工作职责是调查、规划和起草有关的海关制度，此外，它还设有国际机构和调查委员会的顾问办公室。在世界贸易组织和区域经济合作中，关税和贸易便利化等相关的国际协议的策划和建议是由政府顾问办公室来处理。国际贸易顾问办公室专注于开展针对外国关税政策、全球贸易形势以及贸易便利化举措的调研工作，同时积极参与涉及世界海关事务的各类业务，为贸易政策的制定与优化提供专业支撑。调查组则围绕贸易简化工作展开，不仅与国外海关机构保持密切联系，推进国际海关间的信息交流与合作，还对进口货物的价格、运输费用和保险费等关键要素进行实时检查，并及时发布相关信息，为贸易主体提供准确、及时的信息服务，助力国际贸易的高效开展。

2. 海关的建制

日本海关自上而下分为：由财务省关税局统筹的总部层面、由八个地方海关及冲绳海关组成的区域管理层面，以及由各海关分署和检查站构成的基层执行层面。日本财务省直接管辖八家海关，分别为函馆海关、东京海关、横滨海关、名古屋海关、大阪海关、神户海关、门司海关以及长崎海关。在日本海关管理体系架构中，财务省地方办事处处于第一层级。虽说在业务运营和专业技术指导方面，由财务省总部关税处进行统筹管理，但财务省地方办事处与关税处行政级别相同，它们共同服务于日本海关管理目标。海关机关内设有直属的海关业务辖区，同时也是一个直接办理通关事务的港口。每个海关各设 4 个部门，其中 3 个是与贸易促进有关的，只有 1 个是由总务处负责的。监督管理部门主要承担对船舶、航空器及出入境旅客的监管职责，负责执行进出口货物的查验工作，并统筹海关监管区域的准入许可与日常监督管理。业务操作部门则专注于进出口货物的审核放行、价值评估、商品归类鉴定等专业事务，同时开展国际邮递物品的查验征税工作。本部门主要承担本地区的货物查验工作，并对所管辖区域的情报信息进行整理和统计。日本的海关部门是其重要的职责部门，通常位于各大港口及机场。在海关分支机构不能覆盖的地方，设立规模相对较低的直属分局，承担周边口岸的工作。

3. 中央关税分析所和海关研究所的设立

1963 年建立的中央关税分析所，是日本海关技术分析的一个功能机构，受直属海关、海关关税局和国际海关机构的委托，进行数据统计。中央关税分析所具备卓越的技术实力与专业分析能力，可借助尖端分析仪器开展精准检测。高精密度的成分分析能得到更精确、更具权威性的结论，从而促进商品的海关手续简化。

日本海关研究所于 1953 年正式成立，作为财务省下属的专业培训机构，主要面向财务省相关人员及海关工作者，开展海关管理方向的专项培训。其训练包括：澄清海关职责，提高海关人员职业道德，并具有办理海关工作所需的相关知识和技巧。

7.5.2　健全法制保证促进贸易的顺利进行

第二次世界大战结束后，日本经济发展逐步驶入"快车道"，其中出口产业的崛起尤为令人瞩目。尽管日本在战争中遭受重创，但通过承接美军特需订单，积累了大量资本与技术，为后续经济腾飞奠定了基础。伴随日本贸易规模的急剧扩张，传统海关管理体系的弊端逐渐显现，难以满足复杂多变的贸易需求。为扭转这一局面，提升海关管理效能，日本对《关税法》进行了全面且深入的革新。1960 年，日本正式出台《关税暂定措施法》，为应对贸易中的突发状况和临时性问题提供了法律依据。紧接着在 1961 年，日本对《关税定率法》和《关税暂定措施法》开展大幅度修订，将《布鲁塞尔关税商品归类目录》引入海关税则体系，确立其作为海关税则的重要国际准则地位。这种商品的分类系统就是《协调制度公约》的先驱，它在以后被广泛采用。此后，日本《通关业法》全面废除了海关人员的管理，并对海关人员的资质进行了规范，实行了海关人员的资质管理，使海关人员能够与海关申报、海关工作协调一致。

日本的关税立法一向把税制公正作为其基本准则，以促进贸易的便利。进出口商品，尤其是进口商品，在报关时不仅要缴纳关税，而且要进行各种各样的报关、查验，与本国商品的流动比较，具有很大的劣势。所以，日本海关必须重视的一个重要问题是如何提高通关的效率，减少对许多不重要的商品的报关。

《关税法》是日本一项重要的立法，它包括 11 个章节和 1 个附录，总共 140 条。日本每年都要在议会的法律过程中进行修订，以满足海关简化的需求。在第一章的第 1 条，对与进口有关的海关程序作了详细的说明。第 2 条，清晰界定了适用对象，囊括进出口货物、外国货物、国内货物，以及涉及进出口环节的附加税。在运输工具与口岸方面，对外国商业船机、沿海通航船，以及开放港口、海关空港作出规范。第 3 条围绕船舶与航空器的通关作业展开，对其进出手续与货物装卸流程进行详细阐述。在进出港环节，不仅规范常规的进出港手续，还针对符合特定条件的情形，制定了进出港简易手续与特殊船舶进出港简易手续。同时，对货物装卸实操以及外国货物临时卸货上陆作出细致要求。第 6 条着重于海关管理规定，从进出口许可的资质审核、进出口申报时间的严格限定，到申报文件提交与检验程序的规范，以及进出口原产地证书的管理等，全方位构建起海关管理的制度框架。《关税法》的出台，使海关的各项制度和程序更加的透明、公开，成为促进进出口自由贸易的重要标志。

日本于 1967 年颁布了《通关业法》。该法是在进口关税相关法规基础上衍生出的补充性法规，在日本海关法规体系中占据着重要地位，是其主要组成内容之一，其目的在于应对由于进口贸易数量增加给海关造成的工作负荷过重而无法承担的问题。

在日本的《宪法》中，日本的《公约》等国际法准则可以作为其法定来源，但是，《公约》的效力却不能超过日本《宪法》。这种法律原则在日本的关税法中起着重要作用。这是由于日本于 1955 年加入关贸总协定之后，其《关税法》便一直在受《关贸总协定》的影响。另外，日本还把世界海关组织制度的有关条款融入日本的法制系统中，从而使大量的海关法规得以修订。日本与多个国家签订的《自由贸易协定》《经济合作协定》及《海关合作协定》，均映射出贸易合作与海关协同领域的诸多成果与问题。《关于货物凭 ATA 报关单证暂时进口的公约》

（简称《ATA 公约》），作为推动全球贸易便利化的重要国际公约，允许各缔约方对特定商品，如商品样品、职业用品及摩托车等，无需提供海关担保，便可豁免进口环节的相关税费与常规手续，极大地促进了临时进出口业务的开展。

1973 年，日本特意制定并签署了《关于实施 ATA 公约的关税法等特例的法律》。依据《ATA 公约》以及日本相关的海关事务条例，倘若外国用于参加日本境内展览会、博览会的参展物品，或是外国携至日本的演出道具等物品入境日本后，后续需再从日本运输出境，且物品所属国家也是该公约的缔约方，那么便能够凭借事先获取的 ATA 单证（即临时允许进口的文件），实现简便、迅速的通关，并且可免除进口关税。1971 年，日本批准通过了《集装箱关务公约》和《TIR 公约》，同时还出台了本国的《集装箱法》。这些法规明确规定，针对上述两个公约所涉及的报关条款，以及部分符合条件的日本商品，可予以免税待遇。日本作为一个较早迈入汽车时代的国家，先制定了《关于实施自动汽车暂准进口关务公约的关税法特例的法律》，随后在 1964 年加入了《自动汽车暂准进口关务公约》。法案要求日本的海关对其他国家签发的车辆报关文件予以批准，这份文件一年内有效。凡携带机动车报关证件入境日本的车辆及其附件，无须申报报关手续，不需缴纳海关税，海关手续便利。

7.5.3　加强口岸通关监管的体制和对策

日本在最近几年的贸易简化中，重点是边界管制。由于全球贸易的发展，国家（区域）的海关每日都要处理很多的通关工作，既能处理复杂的海关程序又能避免不必要的麻烦。

针对武器偷运、毒品和其他危险物质偷运等困难，日本已建立了一套已经验证的经营企业制度（AEO 系统）、海关风险管理、提前审单制度以及自动化体系（NACCS）。

1. 运营商系统（AEO 系统）

日本海关将 AEO 系统视为推动国际贸易发展的关键制度性工具。AEO 计划由全球海关机构联合倡导，该计划的核心目标在于搭建兼具安全性与便捷性的国际贸易环境。AEO 项目的终极目的在于使各国（区域）之间的 AEO 身份互认。日本 AEO 体系是指根据特定的安全条件，对从事国际商业活动的公司进行评估，符合规定并符合要求的公司将会得到更多的优惠。由于通关流程的精简，可以减少通关的时间，减少通关、审批、管理等方面的开支，减少交易成本，提高公司的国际竞争能力。

日本 AEO 制度围绕进出口业务与保税管理，搭建起一套系统性规范。在进口与出口申报方面，分别设立特例进口申报、特例出口申报制度，前者助力进口商实现高效纳税申报与快速入关，后者则允许出口商于货物存放地直接申报。在保税管理环节，通过特定保税确认制度、特定保税制度，简化保税场所的审批与管理流程。同时，借助认定通关业者制度，提升报关从业者的业务操作规范性与效率。日本 AEO 制度于 2006—2007 年率先在出口商群体中试点推行，随后，凭借该制度在提升贸易效率、保障贸易安全方面的显著成效，逐步推广至仓储、通关、运输等关联企业。至 2009 年，制造业企业也被纳入该体系。从国际层面来看，日本通过广泛的国际交流、积极的政策宣传，使 AEO 制度在全球范围内得到高度认可，其成熟的制度设计与深入的执行力度，在国际 AEO 体系建设中占据领先地位。

2. 特殊的进口报关系统

自 2007 年 4 月起实行的特殊进口报关系统，为进出口公司和进口者带来了方便。根据相关法规，进口商品入关时，确实需要按顺序完成一系列流程。首先，进口商应向商品所在区域的海关提交进口及关税纳税申报，海关会对进口商品进行检查，以确定商品的性质、价值、数量等是否与申报相符，同时核实应缴纳的关税和消费税金额。进口商需在检查完成后，按照规定交纳必需的关税和消费税。只有在这些步骤完成之后，进口商才能申请进口许可证。在进行了有关的货物检查和缴付税款后，海关主管部门才允许进口。而如果符合法规要求的进口商，则在其产品的安全性管理符合要求时，就可以利用此系统提出通关要求，此项要求是进口商在过去三年内无违反《关税法》的行为，且未通过申请豁免程序处理过违规进口事项。

特殊设计的报关系统凭借其先进的技术架构与优化的流程设置，显著精简了传统报关所涉及的繁杂程序。主要理由如下：一是具有特殊进口报关资质的进口商可以在报关之前就进行货物买卖，并且可以在货物到达日本之前办理进口报关，从而取得进口许可证；二是减少了报关所需要的货物数目；三是取消了对进口货物的查验；四是在贸易结束后，可以办理报关，而且大多数时候也可以免去报关的程序。特殊的进口报关系统可以加快进口货物的处理和征收，而且因为拥有特殊的进口申报权的企业往往信誉良好，通过海关查验的概率会更大，所以进口商可以更准确地作出决定，从而更好地处理自己的货物。这一体系有利于促进进口，因此为进口者节省了经营时间。

此外，为防止因实施该系统导致关税流失，日本曾规定，在采用特殊进口申报制度时，企业必须获得海关担保。但在 2008 年之后，日本对其海关担保体系进行了调整，仅在特定情形下才要求企业提供担保：其一，若一家公司在 12 个月内，因报关单所涉及的货物数量或价值未达规定标准而被处以罚款；其二，企业在一年时间内，存在报关申报超过规定时限的情况；三是无法偿还债务或自身资金比例不高的公司。指定的保证数额是按上年度每个月份进口货物按此系统缴纳最高税率的月份计算的，保证期限一般为 12 个月。

3. 出口报关系统

自 2006 年 3 月正式实行的特殊出口报关系统，可以方便外贸公司和出口者。根据日本《关税法》规定，要进口的商品在进口之前，必须将产品运至保税区域。而符合法规要求的出口商，在达到了产品的安全管理要求后，可以申请利用本系统进行报关。当货物进行出口时，海关主管会为其提供特殊的出口报关条件，然后出口商可以向负责储存货物或货物经过的口岸以及空港的当地海关主管提出出口报关，符合条件的出口商通过相应流程取得出口许可证后，可直接免除出口货物进入保税领域这一环节。上述出口申报制度所赋予达标出口商的优惠政策，核心在于允许其在完成出口申报时，略去将出口商品从存放场所转运至保税地区的步骤。该系统可以减少对出口货物进行的多重检查，从而使货物在运送中更方便，而且可以通过减少运送数量来减少货物的运费和运送时间，从而有助于公司把握机会，增加日本产品在世界上的竞争能力。尤其是通过与合作伙伴国家之间的 AEO 的互相认证，使具体的出口报关制能够更好地发挥其作用。

4. 关税确认体系

自 2007 年 10 月正式实行的特殊保税确认体系，能够为在保税口岸开展进出口业务的物流公司带来便利。日本的保税区分为五类：第一类是海关监督下的私营公司，它可以储存进出口的商品以及通过日本的第三方的货物，为进出口的企业提供了便利。如果符合法律要求的物流公司可以在符合安全管理要求的情况下，申请利用该制度来获取保税场所。第二类是保税仓库。根据上述法律，在获得海关主管的特殊保护权限后，可以在不缴纳任何手续的情况下，向海关主管提出设立一个特殊的保税仓库，此类保税仓库的设立意义重大，在优化流程与降低成本方面成效显著。从程序层面来看，它极大地精简了申请保税场所所需履行的手续数量，有效避免了烦琐的程序环节，提升了办事效率。就费用角度而言，成功节省了申请该区域所产生的审批费用，为进出口企业切实减轻了负担。其他三类分别是保税工厂、保税展示场和综合保税区。

5. 海关从业人员体系

2008 年 4 月起，日本实行"认定通关业者"制度，符合条件的报关企业可以提出申请，申请者需满足海关安全管理标准、采用电子报关方式，通过认证后可享受通关便利。认证有效期三年，其间需遵守《关税法》等法规，无违规记录。在日本，通关从业者应进出口贸易商委托，全程负责与进出口活动相关的报关及关税申报业务。日本推行的认定通关业者制度，极大简化了海关作业流程，显著提升了货物报关效率。获得该制度资质认证的报关主体，在报关申报环节享有诸多优势。当受进口企业委托办理进口货物报关手续时，这类报关者可借助专门的代理进口报关系统，快速完成各项申报流程。并且，办理退税业务不受时间限制，在货物完成交易后，即可着手申请办理，极大地便利了企业资金周转。这些措施不仅充分发挥了专业报关员的业务优势，还有效简化了业务流程。通过减少贸易环节中的阻碍，它们有力地推动了贸易便利化水平的提升。

6. 货物运输系统

该系统于 2008 年 4 月获批。经批准的报关公司须在海关保税区经营三年，不违背《关税法》。对于特殊的货物运输，也有必要采用电子信息处理制度。特殊的货物运输系统还可以简化货物的报关，降低货物的进口和出口费用，提高货物的流通速度。特殊的货物运输系统具有三个优点。首先，摒弃繁复且单一的审批模式，能有效精简报关环节，降低报关业务量。这不仅显著减少了行政资源的消耗，降低行政成本，同时极大地压缩了报关耗时，削减时间成本，助力通关流程的高效运转。其次，在货物的运输中，由指定的海关人员在指定的海关机构办理货物的通关手续后，通过将货物从特定仓储地点运输至规定口岸，可大幅压缩货物周转耗时，显著提升物流运输效率。借助预设的物流路径与调配机制，运输全程的时间损耗实现了系统性降低，为贸易活动的高效开展提供了有力支撑。最后，特殊货物运输公司由于其便捷的通关条件，可以帮助其发展更多的顾客，而那些没有通过特殊手续的商人，则可以借助其服务，方便他们的进出口。

7. 确认生产商系统

从 2009 年 7 月起，生产商系统正式启动。将日本 AEO 的适用范围扩展至制造业，进而促进了本国的贸易简化。"生产厂家"是指向主管部门申请认证的制造商，经审核通过才能获得资格。如果公司最近 3 年内没有触犯《关税法》，当出口企业准备开展特定制造货物的出口申报业务时，需按照规定流程，准确制作货物申报书，并整理与该出口申报相关的其他材料，一同完成申报提交工作。与此同时，为强化对申报商品装船前的管控，确保出口申报流程的规范性与有序性，出口企业可向其属地海关，即企业管辖所在地海关提交资格认定申请。海关在受理后，将依据既定法规和标准，对申报资料和企业资质进行严格审核，以决定是否赋予企业相应申报资格。确认生产者所制造的产品为特殊产品，并在其出口报关期间，其出口报关单可以在货物到达海关之前，无须通过中间人。而在出口和其他贸易方面，如出口和其他行业的有关公司，则可以利用 AEO 系统为其贸易的商品提供便利。因此，推行生产商系统将会对日本 AEO 的推行产生巨大的促进作用，从而对日本的贸易便利化发展起到重要的推动作用（表 7-3、表 7-4）。

日本 AEO 制度概述　　　　　　　　　　　　　　　　　　　　表 7-3

实施时间	实施对象	制度名称	AEO 运营商	贸易便利化相关措施概要
2006.3	出口商	特例出口申报制度	特例出口商	出口货物无须进入保税区，就地提出申报，获得出口许可
2007.4	进口商	特例进口申报制度	特例进口商	货物到达前即可进行申报及获得许可；进口申报与纳税申报分离，可以先进行交易后完成纳税申报
2007.10	仓储商	特例保税资格制度	特例保税承认者	可以申请设置保税仓储区，免除申请仓储区许可的审批费
2008.4	报关员	认定通关业者制度	获认定的报关员	纳税申报前即可进行货物交易；在特定保税运输商承担运输时，认证报关员可对保税区外的出口货物进行出口申报并获准放行
2008.4	运输商	特定保税运输制度	特定保税运输商	不需要单独审批保税运输；认证的报关员申报后，特定运输商即可将保税区外待出口货物运至港口
2009.7	制造商	认定制造者制度	获认定的制造商	由认定的制造商生产的货物可在货物到达保税区前进行出口申报

资料来源：作者根据日本海关官网信息整理

日本与其他地区的 AEO 互认协定　　　　　　　　　　　　　　表 7-4

时间	国家 / 地区
2008.5	新西兰
2009.6	美国
2010.6	加拿大
2010.6	欧盟
2011.5	韩国

时间	国家／地区
2011.6	新加坡
2014.6	马来西亚
2016.8	中国香港
2018.10	中国
2018.11	中国台湾
2019.6	澳大利亚
2020.12	英国

资料来源：作者根据日本海关官网信息整理

注：全球已建立 90 多个 AEO 互认协议，其中 12 个与日本有关。日本是唯一与美国和欧盟同时签署并实施 AEO 互认的国家 [1]。

8. CIS 的风险控制

通常，简化和严格的海关管制被看作一对相互对立的事物，而通过对其进行风险控制则能达到两者兼而有之。日本海关积极引入风险管理理念，结合自身业务特点，运用契合海关监管工作的风险评估方法，革新海关监管模式。

日本海关对其以往的输入信息及相关信息进行全面、有序的收集和分类。

为有效防控走私风险，日本海关构建了一套风险评估系统。该系统基于多个维度进行综合评判，涵盖进口商资质信誉、货物类型特性、运输容器空间大小、货物价值金额，以及货物原产国或地区等关键要素。每个进口申报均由这个评价系统进行评价，日本海关将根据评价的结论对其进行归类，评价为高危险的商品应进行更细致的检验；对于不太可能偷运的商品，则立即给予通关许可证。另外，日本海关会持续更新资料库内的资料，以便在进行商品分析时，根据最新资讯，减少走私物品的风险，达到便利与监管双重目的。日本在 1991 年就利用 CIS 对有关进口企业进行数据采集，以改善其风险管理的有效性。这种方法不仅能处理违禁物品的偷运，而且能应用到其他的进口和检疫手续中。实施这些风险控制，有助于日本海关为正常商品的进出口创造更加便捷的贸易条件，从而有效地防止走私。

9. 商品分类、海关估价和原产地预先确定系统

海关预审裁决是指根据有关当事人的请求，根据有关部门对货物的特定情形做出的具有约束力的裁决和合理的解释。这一系统能够增加海关的透明度和可预

---

[1] 海关总署关于实施中国—日本海关"经认证的经营者"（AEO）互认的公告 [EB/OL]. 中国质量新闻网，https://www.cqn.com.cn/cj/content/2019-04-25/content_7046874.htm，2019-04-25.

测性，并减少海关的审批程序，加速海关的通关。在日本，对货物的归类、海关估价和原产地判断等技术要求较高的部分，可以充分运用该系统来达到便利的目的。在日本海关预裁决中，对进口和出口商品的分类进行预裁决是最困难的工作，也是决定海关估价和原产地判定的依据。日本海关在 1966 年实施海关报关时，海关人员很难正确地填妥进口货物的分类代码。日本海关于 1983 年参照美国的预先裁决和与工商界的合作，根据《关税法基本通达》，在此基础上推广和执行了海关预裁量身定做的过程。此后，日本根据《协调制度》中的 HS 分类准则，进一步完善和扩展了货物分类的预裁定法。关税估价是日本海关执行职能的一种表现形式，世界贸易组织《海关估值协定》规定，包括日本在内的所有成员方，都要根据买方和卖方的交易定价来进行估价，实行关税前裁决有利于加强与贸易公司之间的交流和协调，加快通关的速度。在未确定货物来源的情况下，其在日本的进口关税条件和程序的确定比较烦琐。通过关税预先裁决系统，进口商可以在货物进口前就明确原产地认定结果，从而确定适用的关税税率。

在日本海关管理体系中，海关行政裁决的申请与答复均需采用书面形式。贸易主体需按商品分类、海关估价、原产地判定等类别，翔实填写《海关预裁定申请书》。同时，应一并提交与申请海关裁决商品紧密相关的资料，诸如商品照片、交易合同文本、原材料明细清单、制造工艺流程表等，并将上述材料递送至日本海关。日本海关在正式受理预裁定申请后，须在 30 至 90 日的法定时限内，向申请主体作出书面答复。经海关预审所作出的裁定，自裁决书签发之日起，三年内持续有效。判决发布后 6 个月，日本海关将不记名地将其信息公布在海关的网页上，这样不仅保证了信息的透明性，还能保证交易者的隐私。

日本引入并实施特定通关系统后，显著革新了海关作业流程，极大地推动了贸易便利化的发展。在这一系统的支撑下，商品分类、海关估价以及原产地判定等海关关键工作环节的时效性得到大幅提升，得以提前完成。不仅如此，该系统在提升海关工作整体效能的同时，还为贸易商带来了诸多积极影响。它帮助贸易商更加精准地预判报关状态，使其据此制定更加合理、完善的商业计划。在报关实操中，该系统能够有效减少海关与企业之间因信息不对称等问题引发的大量争端，显著加速货物报关进程，进而降低企业贸易成本，全方位提升贸易便利化程度。

10. 预审程序

日本的关税预算案是一项重要的简化贸易的方法。一般情况下，当货物到达时，进口商可以提出申报，然后由海关批准实物检查。而通过提单制度，可以充分发挥其在海关手续方面的灵活程度，为进出口商品提供方便。日本海关采取这种措施，一方面是为了在有限的人力和物力条件下，使外贸的数量不断增加，另一方面也是为了适应私人公司的需求，使商品的流通速度得到提高。

鉴于通关系统的高效便捷特性，那些对通关时效极为敏感且时间成本对其经济效益具有决定性影响的货物，可以在市场竞争中实现利润最大化。具体而言，此类货物主要呈现以下特征：其一，因产品固有属性需快速通关的货物，如生鲜食品等易腐商品，其品质维持与商业价值高度依赖通关速度；其二，具有明确交付时限要求的工业制成品或消费品，需实现高效通关确保供应链时效性与可靠性；其三，受季节性销售周期驱动的应节商品，例如圣诞礼品、新年装饰品等，其市场价值直接关联于能否精准匹配销售旺季；其四，涉及多品类整合申报的复合型货单，此类货物借助系统化申报流程可显著提升通关效率；其五，因海关监管要求需执行大量查验程序的特殊货物，该系统通过数字化手段有效缩短了查验周期；其六，可在抵达目的地前完成预清关文件准备的货物，此类货物通过前置化通关流程规避了港口滞留风险；其七，需经长途海上运输的货物，其全程物流时效可通过高效通关机制得到优化保障。

同时，海关对申报材料的审核也与普通申报材料一样，要在原计划的申报时限之前进行，以充分利用其便利性。如果报价中所填项目的资料如货币或货物容积变化，则进口方应予以修正。商品的实际检验必须在预定的进口申报日期前通知进口者。如果事后告知进口方要进行实际检验且检验要求需要提高，可以更改已经发布的通告。在收到并符合有关规定的各项规定后，进口者应通知海关，并准备好在此以前提交预审单证时延期提交的材料及所需要的条款。海关将预先核准的申报文件当作一份官方申报书。经海关检验后，无须进行实际检验，即可签发进口许可证。

11. 综合货运和码头自动化

日本的进口和出口港资讯处理中心（NACCS）作为日本电子海关的核心系统，构建了一套高效的数字化资讯处理服务体系，旨在加速国际海关及税务手续的办理流程。该系统通过整合海关、运输、贸易通关、仓储、航空、海运、金融等多领域资源，形成了跨部门协同作业的一站式政务平台，不仅成为日本海关现代化建设的标志性成果，更是推动贸易便利化的关键举措。尽管电子报关模式对缺乏计算机设备及网络基础设施的中小企业构成短期适应挑战，但从长远视角分析，由于电子报关的便利，节省了文件的成本，而且由于电子报关的便利，可以加快国际运输的速度，节省劳动力成本，这将会大大提高企业的效率。

出口港资讯处理中心的前身为"航空货物通关信息处理中心"，于 1977 年10 月建立。之后，其业务逐渐扩展到了海运方面，因此，这个认证机构的名字就变成了报关资讯处理。1991 年《特殊法人等改革基本法》将海关报关资料办理机构变更为一个独立的行政机关。2008 年，相关系统运营主体更名为日本自动货物和港口合并系统有限公司。出口港资讯处理中心系统的主要功能包括：对日本各港口及机场的船舶出航信息、进出口货物相关资料（如货物内容、数量、形态等）进行注册与管理，处理货物的进出口报关业务，管理货物在保税区的仓储及存放流程，受理样品从保税区提出的申请，办理各类货物的处理许可申请手续，以及负责外国货物的保税运输等相关事宜。

出口港资讯处理中心分为空中与海洋两大部分。航空公司 1985 年仅负责成田国际机场的进出口业务，1993 年、2001 年两次升格后，业务范围扩展至全日本境内的货运业务。当前，日本在进出口空运货物的通关流程中已全面实现数字化处理。具体而言，进口环节涵盖飞机抵达后的卸货作业、进口申报、进口许可申请，以及国内交易等全流程；出口环节则包括空运货物转移至保税区域、出口申报、出口许可申请，直至货物装载上机前的所有操作。上述通关手续及相关民间业务均通过专用网络平台完成。该专用网络平台承担着日本机场绝大部分出口业务的处理工作。日本境内 12 个主要机场中，高达 99% 的出口货物的通关手续都在此平台上完成。

1991 年研制并投入使用的海洋出口港资讯处理中心是一种数码联网系统，用于办理海关的手续，其主要内容有办理从装货港到卸货港装卸的船舶的报关、接收、出口、出关等。历经 1999 年与 2008 年两次关键性升级，日本海上货运业务已实现高度覆盖，当前约 95% 的海上货运业务已完成数字化转型，并形成了由 5179 家相关企业构成的完整产业生态。相较于空运，海上货运在日本货物运输体系中占据显著优势地位，其使用频率与运输规模均远超空运。

日本口岸 EDI 的主要作用是通过电子方式，采用标准化格式，在海关、港口管理部门、船运公司、货代、报关行等相关机构之间快速、准确地传输和交换贸易单证与数据，实现了信息共享。它使通关流程中的申报、审核、查验、放行等环节自动化或半自动化，极大地提高了通关效率，缩短了货物在口岸的停留时间，降低了企业的运营成本。同时，便于各部门和企业协同工作，减少错误和重复劳动，为贸易商提供了更便捷、高效的服务，增强了日本港口在国际贸易中的竞争力。

出口港资讯处理中心通过一系列便捷的贸易服务，使进口和出口的通关流程得到了便捷的处理。一次通关，可以在线上获取各类进出口证照资料，并在线上直接办理通关手续。与手工操作相比，出口港资讯处理中心可以大大缩短报关的时间。

7.5.4　港口经营和运营效益的改善

1. 大力推进港口建设，加强港口功能

日本自 2007 年 12 月 1 日开始修改《港则法》，把原有的大阪港、神户港、尼崎西宫都并入阪神港。这是日本政府为了适应与邻国及区域间的激烈竞争，建设一个大型综合枢纽，充分利用其新的优势而采取的重要举措。合并后的阪神港设立了一个统一的港口管理部门，允许一次进出两个港口的船只。进口船舶的成本及交易成本下降，有利于海洋商品的交易。在大港实行一个港口管理局的管理体制后，不仅节约了港口管理费用，还减少了港口公司的经营费用。日本政府实行的"港埠整合"制度，将港务管理的权力完全交给了港务部门，同时大大激发了民间对港务的热情。

日本选择了年吞吐能力超过 1000 万吨和 500 万吨的主要港口及特殊港口，包括东京湾、伊势湾、大阪湾及北九州港，作为国际海路的重要基地。此外，北海道、日本中部地区、东北地区、北关东地区、骏河湾沿岸、南九州地区以及冲绳等地，亦依托其独特的区位优势和港口资源，在日本的海上交通与国际贸易中发挥着不可或缺的作用。枢纽港的各项设施与经营工作包括港口的进出、设备的内部监控、安全灯光与监控、安保管理人员、完善商品的经营、设立管制区等。日本致力于强化其核心枢纽港的综合功能，通过实施全方位管理体系，涵盖运输调度、仓储保管、流通加工、包装作业、货物装卸、信息报关以及配套文件编制等环节，显著提升港口运营效率。此类国际中枢港口不仅承担基础仓储职能，更积极拓展销售服务、增值加工及精细化库存管理等多元化业务，以精准对接客户群体的个性化需求。在技术赋能层面，日本创新运用智能运输系统（ITS），该系统深度融合信息处理、通信传输、智能控制及电子工程等前沿科技，通过实时数据交互与智能决策支持，有效优化港内外交通流量配置。ITS 技术的深度应用不仅大幅提升了港口运输效能，更显著缓解了港区拥堵现象，为构建高效畅通的现代物流体系提供了技术保障，加速了区域物流链的运转节奏。

2. 改善港口运营和管理

日本大多数的港务机构都是当地的行政当局和港务局的负责人。通过系统梳理国家、都道府县及市镇村等各层级相关单位构建的社会资本网络（社资网）资

料，可全面把握并保障日本社会资本运作的实态。为提升港口经营管理的规范化水平，地方政府与港务管理机构需从日常运营、管理方法及经营策略等多维度切入。

具体而言，港口的日常运维管理聚焦于定期检修与维护作业。值得关注的是，日本于 2010 年颁布了《社会资本维护管理基准》，为相关领域提供了标准化的操作框架。2011 年再以这一"基准"为依据，指派各个设备的管理人员。利用数据仓库对设备进行数据采集和调查，以改善设备的运行状况。在加强码头的经营方法上，日本采取了一种"防范和维护"的方法。也就是说，从长远来看，可以采取防止措施，延长港口设施的使用年限，从而减少费用。自 1999 年起，日本颁布了《关于有效利用民间资金促进公共设施完善的法律》（PFI）。该法律的核心在于借助民间资本、经营管理能力以及技术专长，参与公共设施的建设、维护、管理及运营等环节。在港口经营领域，成立码头有限公司成为推动 PFI 法实施的一项重要举措。当前，东京港、大阪港和神户港均设立了码头有限公司，并开展了广泛且深入的经营活动。各地的政府部门和港口运营商纷纷成立港口股份有限公司，通过资本化运作提高效率同时改善港口设施陈旧的状况。

3. 加速标准化和一元化的验证工作

在全球范围内，生产劳动分工和国际消费网络正在逐步成形，各厂商和消费者对商品品质的要求也越来越高。日本公司在世界范围内的商品和服务的优劣程度，将直接关系到其在世界范围内的竞争和便利程度。日本作为世界主要生产强国以及全球贸易格局中的关键参与者，构建了完备的法律框架以支撑其技术规范与质量评估体系。其中，《医药品医疗器械法》（原《医药法》）、《工业标准化法》以及针对农林业产品标准化标签制定的专项法规，构成了该法律保障体系的核心支柱。这些法规不仅为日本国内产业的技术升级与质量管控提供了制度依据，亦成为其在世界贸易组织框架下执行《技术性贸易壁垒协定》（TBT 协定）的重要基准，确保相关措施符合国际规则并促进贸易自由化进程。负责在海外开展有关国际贸易准则的协商与合作的政府部门有外务省、通商产业省（现经济产业省）、农林水产省、厚生劳动省以及运输省，这些部门在标准化资讯服务方面各有分工。其中，日本经济产业省下属的标准化管理机构主要负责提供汽车、船舶、飞机及铁路设备等相关的标准化资讯服务。药品、化妆品、医疗设备、食品添加剂、通信设备的标准资讯则由厚生劳动省等机构统筹。而日本贸易振兴机构的资讯服务部门，则侧重于提供电力设备、燃气器具等领域的标准化资讯服务。另外，日本非常重视建立开放和透明的准则。作为技术管理和技术评估过程的一部分，主管机关应将有关的规章公布出来，向全体利害关系人和大众提供表达他们观点的途径和机会。日本在标准与一致化领域展现出高度的国际合作参与度。依据亚太经合组织（APEC）发布的评估报告，日本不仅踊跃投身于 APEC 框架下通信设备一致性评定相互认证协定的构建与实施，还积极与欧盟、新加坡、泰国及菲律宾等经济体缔结了电子产品相互认证协定，以此推动区域间标准互认与技术规范的协调统一。

7.6　发达国家贸易便利化的差异化路径

在全球经济格局深刻变革的背景下，国际贸易规则体系正经历前所未有的调整与重构。主要经济体在应对这一变局中，展现出不同的策略与思路，为全球贸易治理的未来演进提供了丰富的经验与启示。本节将通过深入剖析典型国家的实践，探讨其在适应和制定国际贸易新规则方面的经验，为构建更加公平、合理、包容的国际经济秩序提供理论参考和实践指导。

7.6.1　美国主导数字贸易规则构建

作为全球最大的经济体，美国在适应和制定国际贸易新规则方面一直处于领先地位。尤其在数字贸易领域，美国的经验提供了经济大国利用自身优势塑造国际贸易规则的典型案例。

美国在数字贸易规则制定方面的经验可以从制度构建、规则输出和利益平衡三个维度进行分析。在制度构建方面，美国政府通过制定一系列政策文件，如《数字贸易议程》和《促进互联网经济全球框架》，构建了全面的数字贸易政策体系。这些政策文件不仅明确了数字贸易发展的方向和原则，还为美国参与国际数字贸易规则谈判提供了指导框架。从理论角度来看，这种做法体现了制度经济学中的路径依赖理论，即一个国家的政策选择受到其历史经验和制度传统的影响。美国作为互联网技术与数字经济的发源地，在相关领域的规则制定中，不可避免地展现出维护自身比较优势的倾向，积极构建一套有利于巩固其领先地位的规则体系。

在规则输出方面，美国通过多边、双边和区域性贸易协定，将其数字贸易理念和标准推广到全球。这种做法反映了国际关系理论中的霸权稳定论，即霸权国家通过建立和维护国际制度来实现其利益。美国凭借其在数字经济领域的领先地位，积极倡导并推动数据跨境自由流动、反对数据本地化限制等有利于本国企业的国际规则，旨在进一步强化其在全球数字经济格局中的主导权。斯蒂格利茨（Stiglitz，2018）的研究表明，美国在数字贸易规则制定进程中占据主导地位，这一态势的根源在于其在互联网技术创新与数字经济产业发展方面所积累的显著优势。

然而，美国的相关举措亦遭遇着利益协调的复杂挑战。一方面，美国需在推动数据自由流通以契合数字经济发展需求与维护国家安全之间探寻恰当的平衡点；另一方面，还需调和国内多元利益集团的差异化诉求。此类平衡困境深刻反映出全球化时代国家利益诉求与全球治理框架之间的内在张力与矛盾。美国的数字贸易政策存在"双重标准"的问题，即在追求数据自由流动的同时，又以国家安全为由限制某些国家企业的市场准入。这种做法不仅引发了国际社会的质疑，也影响了美国在全球数字贸易规则制定中的公信力。

从宏观角度来看，美国在数字贸易规则制定中的经验反映了技术创新、制度变迁和国际政治经济格局变化之间的复杂互动。作为数字技术的领先者，美国试图通过制定有利于自身的规则来巩固其竞争优势。然而，随着其他国家数字经济的快速发展和国际力量对比的变化，美国主导国际规则制定的能力正面临挑战。这种变化预示着未来全球数字贸易规则的制定可能会呈现多元化的趋势，各国在规则制定中的话语权将更加平衡。

7.6.2　欧盟创新开放保护平衡机制

在全球贸易格局急剧变化的背景下，欧盟展现出独特的制度创新能力。欧盟的贸易政策理念——"有原则的开放"，体现了其在推动贸易自由化与维护社会价值之间寻求平衡的努力。这种平衡不仅关乎欧盟内部的利益协调，更反映了其对全球贸易治理的长远思考。

欧盟的制度创新主要体现在三个层面：贸易与可持续发展的融合、数字经济的规制以及投资保护机制的改革。在贸易与可持续发展融合方面，欧盟将环境保护、劳工权益等社会议题纳入贸易协定，构建了一种新型的贸易治理模式。例如，在《欧盟—日本经济伙伴关系协定》中，双方承诺遵守《巴黎协定》，并设立了专门的贸易与可持续发展委员会。这种做法虽然在短期内可能增加贸易谈判的复杂性，但从长远来看，有助于推动全球贸易向更加可持续的方向发展。

在数字经济治理领域，欧盟通过实施《通用数据保护条例》（GDPR）确立了全球数据保护标准的标杆地位，该条例不仅重构了欧盟内部的数据治理框架，更通过"布鲁塞尔效应"机制——即借助市场规模优势形成事实上的全球标准——显著影响了国际数据保护制度的演进。这种规制输出现象体现了欧盟将市场力量转化为规范性影响力的独特能力。《通用数据保护条例》的核心原则，如数据最小化、目的限制、存储限制等，已经成为全球数据保护立法的重要参考。众多国家和地区在构建本土数据保护法律体系的过程中，均在不同程度上参考并吸纳了《通用数据保护条例》的相关条款与原则。

投资保护机制的革新，尤其是投资法院系统（ICS）的构想，彰显了欧盟在国际经济法领域的创新探索与前瞻实践。投资法院系统旨在解决传统投资者—国家争端解决机制中存在的问题，如透明度不足、裁决不一致等。投资法院系统的设计包括常设法院、上诉机制、法官遴选制度等创新元素，反映了欧盟在平衡投资者权益和国家监管权方面的努力。这一改革不仅影响了欧盟与其他国家的投资协定谈判，也为全球投资规则的改革提供了新的思路。

然而，欧盟的制度创新也面临着挑战。就内部而言，成员国之间在某些贸易政策上存在分歧，影响了欧盟在国际贸易规则制定中的效率和一致性。例如，在数字服务税的征收问题上，法国等国家的单边行动与欧盟整体立场存在差异。就外部而言，欧盟的高标准要求在与其他经济体的谈判中可能遭遇阻力。例如，在与美国的贸易谈判中，双方在农产品标准、数据流动等议题上存在较大分歧。这些挑战反映了区域一体化组织在参与全球经济治理时面临的内部协调与外部博弈的双重压力。

未来，随着数字经济的深入发展和全球价值链的重构，欧盟的制度创新能力将继续受到考验。在数字贸易发展进程中，欧盟面临着数据跨境流动效率与个人信息安全保障的双重诉求，亟需构建兼顾二者的政策框架。在可持续发展方面，欧盟提出的"碳边境调节机制"（CBAM）将对全球贸易规则产生深远影响，但也可能引发与贸易伙伴的争议。这些挑战将推动欧盟进一步完善其贸易政策，为全球贸易治理贡献更多创新性解决方案。

7.6.3　日本推进区域一体化战略

在全球经济格局深刻变革的背景下，日本作为亚洲发达经济体的代表，展现出独特的战略视野和政策智慧。日本的经验不仅体现了成熟市场经济如何应对全球化挑战，更反映了区域经济一体化的复杂动力和机制。

日本的贸易政策核心在于积极参与和推动高标准的区域贸易协定。《全面与进步跨太平洋伙伴关系协定》（CPTPP）与《区域全面经济伙伴关系协定》

（RCEP）的成功签署，彰显了日本在区域经济一体化进程中所扮演的关键角色。CPTPP 作为 21 世纪极具代表性的高标准贸易协定，其涵盖范围广泛，不仅囊括了传统贸易议题，更将数字贸易、国有企业行为规范、劳工权益保障以及环境保护等新兴领域纳入其中，为区域贸易规则的升级与完善树立了新的标杆。在美国退出《跨太平洋伙伴关系协定》（TPP）的背景下，日本积极斡旋并推动CPTPP 的最终达成。RCEP 作为全球规模最大的自由贸易协定，其签署对于亚太地区的经济合作与发展具有里程碑意义。日本通过深度参与 RCEP 的谈判与实施，不仅成功拓宽了自身产品的市场准入渠道，促进了贸易与投资的自由化和便利化，更在亚太地区经济格局中进一步巩固并提升了自身的经济影响力与话语权，为区域经济的繁荣稳定作出了积极贡献。

这种战略性参与不仅旨在提升日本在全球价值链中的地位，还意在塑造有利于日本的区域经济秩序。日本通过参与这些高标准协定，一方面为本国企业创造了更大的市场机会，另一方面也在规则制定中维护了自身利益。例如，在知识产权保护、数字贸易规则等领域，日本积极推动高标准规则的制定，这有利于日本在高新技术产业中保持竞争优势。

在产业链合作方面，日本利用其在高端制造业和先进技术领域的优势，推动区域产业链的升级和整合。通过经济产业省及行业协会推动区域产业链合作，依托其高端制造业的技术优势，促进日本与东盟国家在电子、汽车等领域的产业合作，通过技术转移、人才培训等方式，提升整个区域的产业竞争力。这种做法不仅有利于日本企业拓展海外市场，还有助于构建以日本为核心的区域生产网络。

日本还积极推动区域性的监管协调和标准互认。以《全面与进步跨太平洋伙伴关系协定》（CPTPP）为例，日本在其中积极发挥推动作用，主导构建了跨境监管协同合作机制。该机制的核心目标在于有效削减贸易领域的技术性障碍，通过强化成员国之间在监管规则、标准互认等方面的协调与配合，促进区域内贸易的顺畅流通，为区域经济的深度融合创造更有利的条件。这种做法体现了制度协调理论在国际贸易领域的应用，即通过制度趋同来降低交易成本，促进贸易和投资流动。在数字经济领域，日本提出了"基于信任的数据自由流通"（Data Free Flow with Trust，DFFT）理念，该理念旨在促进全球数据的跨境自由流动，同时确保隐私、安全及知识产权的可信赖性，进而推动建立一种全新的全球数据治理框架。这一理念在 G20 大阪峰会上得到了广泛认可，反映了日本在塑造全球数字经济规则方面的努力。

然而，日本的战略也面临着挑战。随着区域经济一体化进程的持续深化，日本政策制定者遭遇了一项亟待解决的关键性难题，即如何在推动国内市场开放以顺应全球化经济趋势的同时，有效维护本国敏感产业的稳定与发展，实现二者之间的动态平衡。例如，在农业领域，日本需要在满足国内农民诉求和履行贸易协定承诺之间寻求平衡。此外，来自中国等新兴经济体的竞争压力，也迫使日本不断调整其区域经济战略。

日本在区域经济一体化进程中的实践，深刻揭示了区域经济一体化与全球经济治理之间错综复杂的互动关系。一方面，日本积极主动地参与高标准区域贸易协定的谈判与构建，旨在凭借此类协定作为战略平台，对全球贸易规则的演进施加影响，引导其朝着契合自身经济利益与战略诉求的方向发展。另一方面，日本也在利用区域合作来应对全球经济格局变化带来的挑战。这种双向互动预示着未来全球贸易规则的制定可能呈现区域化和全球化并行的趋势。

从理论角度来看，日本的做法体现了新区域主义理论在实践中的应用，即通过区域经济一体化来应对全球化带来的挑战和机遇。同时，日本的经验也反映了全球价值链理论在贸易政策制定中的重要性，即通过参与高标准贸易协定和深化区域产业合作，提升在全球价值链中的地位。

7.6.4　新加坡探索小型经济体开放模式

新加坡作为典型的小型开放经济体，于全球贸易治理领域彰显出显著的灵活特质与创新活力。其经验不仅体现了小国在国际舞台上的生存智慧，更反映了数字经济时代贸易规则创新的前沿趋势。新加坡的实践为我们理解小国如何在全球经济治理中发挥影响力提供了宝贵的案例。

新加坡的贸易政策核心在于"枢纽战略"和"智慧国家"双轮驱动。这一方针充分利用新加坡的地理优势和技术创新能力，将其打造成区域乃至全球的贸易、金融和创新中心。"枢纽战略"强调新加坡作为东西方贸易桥梁的角色，通过提供高效的物流、金融和法律服务，吸引跨国公司在新加坡设立区域总部。"智慧国家"战略则聚焦于数字化转型，通过发展数字基础设施、培养数字人才，提升新加坡在数字经济时代的竞争力。

在数字贸易领域，新加坡率先与其他国家签署了数字经济伙伴关系协定，为全球数字贸易规则的制定提供了新的范本。数字经济伙伴关系协定涵盖了数据流动、人工智能治理、数字身份等前沿议题，反映了新加坡在数字经济规则制定中的创新思维。例如，数字经济伙伴关系协定中的"数据创新"条款，鼓励签约方促进数据驱动创新，这是全球贸易协定中首次出现的内容。新加坡通过数字经济伙伴关系协定，不仅为本国数字经济发展创造了有利条件，还在全球数字贸易规则的制定中发挥了引领作用。

新加坡金融管理局（MAS）推出的"监管沙盒"等创新监管机制，为金融科技企业搭建了测试新产品和服务的试验平台。这种做法不仅促进了金融创新，还为制定适应数字经济特点的金融监管规则积累了宝贵经验。"监管沙盒"作为一种创新性的监管机制，为金融科技公司提供了特定的测试环境。在该环境中，金融科技公司能够在受控且有限的范围内，对其创新产品或服务进行测试，而无需即刻满足所有常规监管要求。这种灵活的监管方式既鼓励了创新，又控制了风险，为全球金融监管提供了新的思路。同时，新加坡通过构建多元化的自由贸易协定网络，扩大了其经济影响力，增强了在国际贸易规则制定中的话语权。新加坡目前已与全球多个主要经济体及区域组织签署自由贸易协定（FTA），覆盖其超过60%的国际贸易伙伴，形成覆盖五大洲的自由贸易网络。这种辐射状的贸易网络不仅扩大了新加坡的经济腹地，也增强了其在国际贸易规则制定中的话语权。以新加坡为例，其作为《全面与进步跨太平洋伙伴关系协定》（CPTPP）的初始缔约方，在协定磋商与缔结阶段扮演了举足轻重的角色。

然而，新加坡的实践路径亦遭遇多重挑战。具体而言，一方面，鉴于其经济体量相对较小，新加坡在国际规则制定进程中的话语权仍受制于结构性局限；另一方面，新加坡高度依赖外部市场和资源，使其更容易受到全球经济波动的影响。这些挑战反映了小型开放经济体在参与全球经济治理时面临的结构性制约。新加坡在国际贸易新规则制定中的经验反映了全球化背景下小国的生存和发展策略。通过积极参与国际规则制定、推动制度创新，以及利用自身优势构建特色发展模式，小国可以在全球经济治理中发挥超出其经济体量的影响力。同时，新加坡的经验也表明，在数字经济时代，制度创新和技术创新的结合将成为国家参与全球经济治理的重要手段。

第八章

我国自由贸易试验区贸易便利化建设成效与评价

我国自由贸易试验区的贸易便利化建设成效

沪津闽粤自贸试验区贸易便利化创新及经验总结

贸易便利化水平测度

我国自贸试验区贸易便利化建设中的主要问题

我国自贸试验区贸易便利化的新进展

我国自由贸易试验区实施国际贸易新规则的进展与挑战

我国自由贸易试验区自批准建设以来，已经基本覆盖了东、中、西部地区，自贸试验区的贸易投资制度创新不仅提升了区内对外开放的水平，也通过制度推广应用，提升了中国其他地区的开放水平。本章围绕中国自由贸易试验区的发展实际展开深入研究，从贸易、投资、金融以及基础设施建设等多个维度，对过往的建设经验进行系统梳理与总结。研究过程中，选取我国较早设立的上海、天津、福建、广东四大自由贸易试验区作为典型案例，通过量化分析方法，对这些试验区的贸易自由化程度进行科学评估，分析建设中尚存在的障碍，并提出突破障碍的可行措施和路径。

8.1　我国自由贸易试验区的贸易便利化建设成效

2020 年 9 月 21 日，国务院发布通知，正式印发北京、湖南、安徽自由贸易试验区总体方案及浙江自由贸易试验区扩展区域方案。我国自由贸易试验区的空间布局由早前的"1+3+7+1+6"，进一步拓展为"1+3+7+1+6+3"。全新的布局，构建起"雁阵引领、东中西协同、陆海联动统筹"的建设模式，极大促进了区域间的协同发展，形成各有侧重、优势互补的开放格局。2021 年 9 月 3 日，国务院发布《关于推进自由贸易试验区贸易投资便利化改革创新的若干措施》，围绕提升投资便利化水平、开展贸易进口创新实践、推动通道开放建设等多个领域，提出共计19 项改革措施。加速生产要素的跨境流动，进一步增强了自贸试验区在全球经济合作中的吸引力与竞争力。2023 年 10 月 21 日，国务院印发《中国（新疆）自由贸易试验区总体方案》，标志着我国第 22 个自由贸易试验区正式设立。

8.1.1　简化流程激发自贸区的贸易和投资活力

自由贸易试验区在贸易便利化领域实现了双重制度创新：首先，各自由贸易试验区相继建成国际贸易"单一窗口"平台，该系统的运行使通关流程简化率达40%。其次，实施货物分类监管新模式，通过保税货物与国内货物同仓存储、集约化管理的运作机制，使企业仓储成本降低。这种"流程再造 + 监管创新"的双轨制改革，显著提升了贸易便利化水平。最后，积极培育贸易新业态和新功能，跨境电商、文化艺术保税等产业获得快速发展。在自由贸易试验区建立之前，外商投资企业进入中国市场需经历严格的多层级行政审批程序。随着自贸试验区的设立，为优化投资便利化环境，我国创新性地采用了"准入前国民待遇加负面清单"的新型管理模式。同时，管理方法也通过几年的摸索，从审批制变为备案制，2020 年确定为信息报告制，外资企业的注册流程进一步简化。2013 年首份负面清单包含 190 项限制性措施，而 2024 年最新版本已缩减至 27 项 [①]。

通过积极的制度创新，自由贸易试验区的贸易和投资便利化水平大大提升，对人才、资本、技术的吸引力不断加强。根据商务部最新统计数据（2024 年上半年），我国 22 个自由贸易试验区展现出显著的经济带动效应：在空间维度上，试验区仅占全国 0.4% 的国土面积，却创造了 20.8% 的外商直接投资（1039.6 亿元）和 19.5% 的进出口贸易额（4.1 万亿元）[②]，为稳外资、稳外贸作出了巨大贡献。

8.1.2　推动金融开放提高投融资汇兑便利化水平

各自由贸易试验区高度重视推进金融开放，探索人民币资本项目下的便利兑换、高效使用，设立境外机构人民币结算账户（NRA），开展本外币一体化试点。允许资质达标的跨国企业建立双向人民币资金池，其运作机制具有三个特征:（1）以真实贸易背景为审核前提，（2）采用集中收付与净额结算相结合的运作模式，（3）实现投融资项下的自由兑换。

自由贸易试验区在金融领域的开放创新特别强调服务实体经济的原则。为满足中小企业、制造加工企业和服务贸易企业的跨境融资需求，各自由贸易试验区建立跨境保理业务流程规范，为出口企业应收账款提供融资服务，支持企业加快资金周转。同时，推动融资租赁业务发展，利用其紧密依托实物资产的特点，降低企业融资主体资格门槛，扩大贸易规模。

8.1.3　制度创新示范效应显著

2013 至 2024 年间，我国分阶段设立的自由贸易试验区通过系统性制度创新，构建起多层次、宽领域的改革试验体系。历经多轮扩容升级，自由贸易试验区总数达 22 个，形成覆盖沿海、内陆、沿边地区的改革开放新格局。在此期间，各自由贸易试验区累计输出349项制度创新成果 [③]，其中国家层面通过七批次国务

① 张智 . 国常会再次部署稳外贸外资工作，服务贸易负面清单将进一步缩减 [EB/OL]. 华夏时报，https：//www.chinatimes.net.cn/article/138898.html，2024-08-22.
② 赵丽梅，张均斌 . 上半年 22 个自贸试验区实际使用外资超千亿元 [EB/OL]. 中国青年报，https：//s.cyol.com/articles/2024-08-02/content_yb4jg4SR.html，2024-08-02.
③ 47 项自贸试验区制度创新最新成果发布推广 [EB/OL]. 中华人民共和国商务部，http：//m.mofcom.gov.cn/article/syxwfb/202401/20240103467328.shtml，2024-01-18.

院文件推广改革试点经验 167 项，发布五批次"最佳实践案例"84 项，相关部门自主复制推广创新成果 98 项 [①]。

349 项制度创新成果涵盖了多个关键领域，如投资自由便利化、政府管理创新、金融开放创新、产业高质量发展及知识产权保护等。通过局部创新探索，自由贸易试验区将富有成效的经验加以总结后复制推广，起到了以点带面、以区域带全国的效果，推动了全国营商环境的不断优化。世界营商环境排名中，我国从 2018 年第 78 名上升到 2020 年的第 31 位 [②]。

8.1.4 服务国家重大战略布局主动融入"一带一路"建设

自由贸易试验区在建设过程中主动服务和融入京津冀协同发展、长三角一体化发展、西部大开发等重大国家战略。如北京、天津、河北自贸试验区在区域通关一体化、产业和人才承接等方面进行了诸多创新，推动京津冀协同发展；四川、重庆自贸试验区引领和带动西部地区对外开放。同时，自由贸易试验区还注重与周边区域、国内其他自贸试验区形成分工互补的格局，选择适合自身资源禀赋、有利于发挥优势的产业定位。

在共建"一带一路"过程中，各自由贸易试验区结合自身区位优势和产业优势，制定与"一带一路"倡议相符合的战略定位，并借由相关基础设施的建设，以及运用相关沿路国家的协议安排，推进与"一带一路"共建国家的贸易合作和产业合作，并取得了突出的成就。

8.2 沪津闽粤自贸试验区贸易便利化创新及经验总结

8.2.1 上海自贸试验区贸易便利化创新及经验总结

中国（上海）自由贸易试验区（简称"上海自贸区"）是我国首个国家级自由贸易试验区，其发展历程可分为两个重要阶段：2013 年 9 月 29 日，国务院正

① 中国自由贸易试验区争相创新制度"拼经济"[EB/OL]. 中国新闻网，https：//www.toutiao.com/article/7392153481508946468/?upstream_biz=doubao&source=m_redirect，2024-07-16.
② 江广平．我国营商环境在全球排名已提升至 31 位 企业开办时间压缩到平均 4 个工作日以内 [EB/OL]．新浪财经，https：//finance.sina.com.cn/stock/roll/2024-10-19/doc-incszyai1034038.shtml，2024-10-19.

式批准设立该试验区，初期规划面积 28.78 平方千米；2014 年 12 月经全国人大常委会授权，试验区面积扩展至 120.72 平方千米。从空间布局来看，该试验区整合了浦东新区七大核心功能区，包括外高桥保税区、洋山保税港区等海关特殊监管区域，以及陆家嘴金融贸易区等现代服务业集聚区。上海自由贸易试验区凭借着不断推陈出新的制度创新举措以及得天独厚的区位优势，在众多自由贸易试验区中脱颖而出。无论是进出口贸易额，还是外资入驻的数量与质量，上海自贸试验区都稳稳地居于 22 个自由贸易试验区的首位，为其他自由贸易试验区的改革创新提供了极具价值的范例，在我国对外开放的进程中持续发挥着引领示范作用。

1. 制度创新

上海自由贸易试验区围绕投资、贸易、金融和事中事后监管四大方面，全面且深入地开展贸易便利化制度创新，为区内贸易发展注入强劲动力，在多个关键板块都有着积极举措，并获得了显著成效。

在口岸通关效能建设领域，基于"一线放开、二线精准管控"的监管原则，创新实施"先入区、后申报"通关模式，通过前置货物入区环节、后置检验检疫流程，显著缩短货物在区内的等待时间，实现货物流转效率的系统性提升。同步推进通关全流程无纸化改革，构建以企业信用等级为核心的差异化监管体系，对高资信企业实施低至行业平均水平 30% 的查验比例，并创新建立"单一窗口"集成化通关服务平台，整合原分散于多系统的申报、查验、缴税等功能模块，形成"一站式"数字化作业链条。2024 年，上海海关发布《优化跨境贸易便利化专项行动实施方案》，进一步提升通关效率，使上海口岸进口整体通关时间达到历史最优水平，进一步稳固了贸易通关方面的优势地位 [①]。

在"单一窗口"建设方面，持续拓展国际贸易"单一窗口"功能，深度融入通关一体化改革，稳步扩大货物状态分类监管试点范围。早在 2015 年，"单一窗口"模式就已涵盖 9 个核心功能，将口岸货物申报、船舶申报以及国际贸易管理各主要环节全部囊括在内，成功联通 20 个监管部门，实现企业一次提交完成多项申报工作，解决了以往在不同部门、系统间重复奔波提交材料的问题，极大缩减了企业通关的时间和经济成本，增强了上海自由贸易试验区在国际贸易中的吸引力和竞争力。

---

① 上海海关推出 36 项措施 促进跨境贸易便利化优化口岸营商环境 [EB/OL]. 中华人民共和国上海海关，http://shanghai.customs.gov.cn/shanghai_customs/423446/423448/5966751/index.html，2024-07-08.

在海关监管机制创新领域，系统推进智慧监管改革，针对出口商品实施精细化归类简化方案，构建以大数据为支撑的智能归类数据库。同步建成覆盖全链条的电子信息监管平台，为企业提供归类信息查询及专业服务，同时集中简化服务渠道，有力推动海关通关便利化，推进货物状态分类监管试点工作，提升监管的精准性和有效性。而在检验检疫监管模式上，不断完善"十检十放"分类监管模式，根据不同商品特点、来源及企业诚信状况灵活运用，最大限度提高检验检疫效率，减少不必要检验环节，加快货物放行速度，还持续深化第三方检验结果采信制度，拓展采信范围，鼓励第三方机构参与，形成多元主体协同监管的良好局面，保障区内贸易活动健康有序开展。

在管控保障机制方面，为确保贸易便利化改革科学、规范且稳步推进，上海海关采取了多方面保障措施。率先制定并公布海关权力清单与责任清单，明确界定 126 项行政权力事项及对应责任边界。同步建立"授权先行、改革跟进、法治前置、权责同步"的闭环式改革推进机制，通过立法机关专项授权、改革方案合法性审查、动态权力调整备案等三重保障，确保改革举措于法有据、程序合规，从制度源头筑牢改革合法性与合规性根基。专门建立上海自贸试验区风险管理专用模块，运用大数据分析、风险预警等技术手段，实时监测、精准识别并有效防控区内贸易活动可能出现的各类风险。此外，积极构建企业自律、社会协管的治理模式，充分发挥各方监督作用，形成政府、企业、社会多方联动的协同治理格局，共同筑牢贸易便利化改革的坚实保障防线。

2. 行政管理体制创新

上海自贸试验区为配合诸多制度创新的快速落地，在行政管理体制方面也进行了一系列的先行先试改革。

在深化行政管理体制改革的进程中，行政审批制度改革作为关键切入点，致力于减少审批事项。通过全面取消非行政许可审批，探索契合市场规律的灵活、高效举措，进一步优化行政流程，推动行政管理体制的持续创新。审批改为备案，企业依规备案即可开展活动，简化流程；推行告知承诺制，企业满足条件并承诺后可先获许可，后续接受核查，提升审批效率；优化准入服务，整合资源、优化流程，让企业入市更便捷。这些举措对权力清单与责任清单制度建设起到了强有力的推动作用，清晰界定了政府的权力与责任边界。与此同时，积极开展市场准入负面清单制度的试点工作。在这种制度下，市场主体能够在清单以外的领域依法平等进入市场。这一系列举措促使政府的行政管理重心从事前审批逐步转向事中事后监管以及公共服务的提供，不仅极大地激发了市场活力，让市场更加活跃，还充分调动了企业的创新创造积极性。

在事中事后监管体制方面，改革创新注重构建全方位监管体系。一方面，发挥社会组织作用，鼓励行业协会制定标准、规范行为、开展自律，通过内部及同行监督形成社会监督防线，比如部分行业协会定期检查评估企业并公布结果，督促企业遵守规范。另一方面，政府强化自身监管职责，厘清部门监管边界，避免职责不清问题；健全监管标准，制定科学细致规范；持续强化风险监测体系建设，借助大数据、人工智能等前沿技术，对市场风险展开实时监测与动态分析。通过构建科学高效的风险研判机制，实现市场风险的早发现、早预警、早处置，及时化解潜在风险隐患；促进行政司法衔接，及时移送违法犯罪行为至司法机关，形成法律震慑。

同时，运用大数据、"互联网＋"等手段，探索审批、执法适度分离新模式，打破传统低效局面，提高专业化水平。还大力推进地方政府监管体制机制创新，加大监管基础平台建设力度。公共信用服务平台整合信用信息，评价管理信用状况，奖惩守信失信者；搭建的政务信息平台打破信息孤岛，促使政务信息实现互联互通、共享共用。借助这一平台，极大地提升政务服务协同性，并且让政务服务的透明度大幅增强；综合监管平台集成资源数据，为综合监管提供一站式平台，提升监管精准性、权威性，营造良好市场环境[①]。

8.2.2　津闽粤自贸试验区贸易便利化创新及经验总结

依托现有行业基础和功能定位，天津、福建和广东对各自出台的外贸监管新举措都有着对不同产业发展方向的考量。

1. 天津自贸试验区

中国（天津）自由贸易试验区（简称"天津自贸试验区"）经国务院批复设立，作为坐落于中国北方的首个自贸试验区，于 2015 年 4 月 21 日正式运营。其区域面积 119.9 平方千米，完全处于滨海新区辖区范围内。天津自贸试验区立足京冀，服务东北、西北、华北区域，是"一带一路"的关键节点。这里设有北方规模最大的港口，以及华北地区货运规模第二的航空货运基地，开通中欧班列，

---

① 上海市人民政府关于印发《上海市落实〈全面对接国际高标准经贸规则推进中国（上海）自由贸易试验区高水平制度型开放总体方案〉的实施方案》的通知 [EB/OL]. 上海市人民政府, https://www.shanghai.gov.cn/nw12344/20240205/2af907af61cf4977866b7d377baf5d1d.html, 2024-02-06.

实现了亚欧运输通道高效连接，海、铁、空、陆多式联运高效便捷，国际贸易和投融资业务聚集，是中国重要的对外开放平台。

自成立至2024年，天津自贸试验区在制度创新领域成就斐然，累计推行615项制度创新举措。其中有42项引领性、标志性创新成果在全国复制推广，包括国际贸易"单一窗口"建设、海关便利化措施等，极大地推动了贸易流程的简化和效率提升①。同时，天津自贸试验区紧跟国家跨境贸易投资便利化政策导向，主动与国家外汇管理局等部门开展深度合作，搭建起跨境投资贸易便利化政策联合推动机制。在此机制下，自贸试验区扎实落实多项外汇便利化政策。以"外商投资企业境内再投资免登记试点"为例，企业无须再进行烦琐的登记手续，有效节省了时间与运营成本；银行直接办理外债登记试点赋予银行更大权限，极大缩短了企业外债登记办理周期，流程从原有的多个环节精简为一站式服务，这些举措为企业搭建起一条更为便捷、高效的跨境投融资通道。

天津自贸试验区在助力京津冀协同发展进程中，展现出极为关键的作用。借助设立无水港，并大力推行京津冀海关区域通关一体化改革，有效削减了通关物流成本，显著提升了通关效率，进而为京津冀区域协同发展注入强劲动力。2024年7月，天津市商务局颁布《中国（天津）自由贸易试验区提升行动方案》，其中明确提出"增强服务国家战略的能力，积极服务京津冀协同发展"，这一方案的出台，进一步推动天津自贸试验区在京津冀协同发展战略布局中持续发挥积极影响。通过打造京津冀地区便捷出海口、加强海关监管协同、推进区域一体化与京津同城化发展体制机制创新，并通过深化自贸试验区联席会议机制，构建政策共享协同联动机制，推动三地政策衔接、资源共享，打破区域行政壁垒，为其协同发展注入新的活力，区域协同发展由此进一步迈向深入②。

在法治环境建设和政策保障领域，天津自贸试验区成绩斐然。2015年，天津出台《中国（天津）自由贸易试验区条例》，并在2022年对其进行了修订，从制度层面为自贸试验区的建设与管理筑牢根基③。在司法服务体系建设方面，天津自贸试验区设立自贸试验区法庭与国际仲裁中心，为区内企业搭建起一条便捷、高效的纠纷解决渠道，让企业获得优质的法律服务。与此同时，为对接RCEP规

---

① 天津自贸试验区累计实施615项制度创新举措[EB/OL]. 中华人民共和国中央人民政府，https：//www.gov.cn/lianbo/difang/202404/content_6946450.htm，2024-04-20.

② 中国（天津）自由贸易试验区提升行动方案[EB/OL]. 天津市商务局，https：//shangwuju.tj.gov.cn/tjsswjzz/zwgk/zcfg_48995/swjwj/202407/t20240710_6672657.html，2024-07-10.

③ 天津市人民代表大会常务委员会关于修改《中国（天津）自由贸易试验区条例》的决定[EB/OL]. 中国（天津）自由贸易试验区，https：//www.china-tjftz.gov.cn/contents/16116/540053.html，2022-09-27.

则，释放区域贸易协定红利，天津自贸试验区迅速响应，制定并实施 RCEP 行动方案，支持企业申请 AEO 认证，优化便捷通关流程，为跨境物流发展提供了有力支持[①]。

2. 福建自贸试验区

2014 年 12 月 31 日，国务院正式批复，同意设立中国（福建）自由贸易试验区。作为继上海自贸试验区后，中国大陆第二批挂牌成立的自贸试验区，福建自贸试验区规划总面积 118.04 平方千米，涵盖福州、厦门、平潭三个片区，各片区面积分别为福州片区 31.26 平方千米、厦门片区 43.78 平方千米、平潭片区 43 平方千米。福建自贸试验区紧扣"对台湾开放"与"全面合作"两大定位，在投资准入政策革新、货物贸易便利化举措落实、服务业扩大开放等领域开展先行先试，力求率先实现区内货物和服务贸易的自由化。

在制度创新方面，为了进一步优化营商环境，提升贸易便利化水平，福建自贸试验区出台了一系列创新性的政策条例。2024 年，福建自贸试验区持续推进"放管服"改革，积极优化行政流程，大力提升办事效率。在"放管服"改革的基础上，将"证照分离"改革作为提升营商环境的重要举措，在全域范围内加以推广。通过一系列举措，简化企业开办与运营的行政手续，降低市场准入的制度性成本，激活了市场主体活力，促进了区域经济的创新与可持续发展。这些政策条例的发布与实施，为自贸试验区内的企业提供了更加便捷、高效的政务服务，有效降低了企业运营成本。

在"单一窗口"建设方面，福建自贸试验区也取得了重要突破。作为首批接入国际贸易"单一窗口"标准版的区域之一，福建自贸试验区的这一平台已经实现了跨境贸易业务的一站式办理。企业借助这一平台，能够将符合监管部门要求的格式化单证与电子信息进行一次性提交，促使通关流程大幅度精简。此外，自贸试验区还不断推动"单一窗口"功能的拓展和完善，如加强数据共享、优化业务流程等，进一步提升了通关效率。

在检验检疫与海关监管领域，福建自贸试验区实施了一系列改革创新举措。具体而言，自贸试验区率先推行"两步申报""提前申报"等新型通关模式，显著提升了货物通关效率。此外，自贸试验区还强化了进口商品的质量安全监管，通过完善风险监测与检验检疫机制，切实保障了进口商品的安全性与合规性。此外，

---

① 天津市人民政府办公厅关于印发天津市高质量落实《区域全面经济伙伴关系协定》（RCEP）若干措施的通知 [EB/OL]. 天津市人民政府, https://www.tj.gov.cn/zwgk/szfwj/tjsrmzfbgt/202205/t20220510_5878122.html, 2022-05-10.

自贸试验区还积极推动跨境电子商务、海运快件等新兴业态的发展，为区内企业提供了更加多元化的贸易方式选择[①]。

3. 广东自贸试验区

2015 年 4 月 21 日，中国（广东）自由贸易试验区在广州南沙区正式揭牌成立。该试验区由三大功能片区构成，包括广州南沙新区片区（南沙自贸区）、深圳前海蛇口片区（蛇口自贸区）以及珠海横琴新区片区（横琴自贸区），总规划面积达 116.2 平方千米，其战略定位是深化粤港澳台区域合作。近年来，为落实国家推动制度型开放的战略部署，广东自贸试验区出台了《中国（广东）自由贸易试验区提升战略行动方案》。该方案聚焦投资自由化、贸易便利化、金融开放创新、跨境物流高效化及人才流动便利化等重点领域，致力于将自贸区建设成为具有全球影响力的对外开放新高地、国际一流贸易枢纽、现代化产业创新高地和粤港澳大湾区协同发展标杆。围绕这一发展愿景，广东自贸试验区在制度创新方面实施了一系列突破性举措[②]。

在海关监管制度创新领域，广东自贸试验区积极践行高质量发展理念，主动对接国际先进经贸规则，深化制度型开放改革。通过优化通关流程设计，显著提高了进出口货物通关时效，全面增强了贸易便利化程度。此外，广东自贸试验区还推动了跨境资金流动便利化，为国际贸易提供了更加便捷的金融支持。上述改革举措的顺利推进，主要源于广东自贸试验区对国务院关于制度型开放试点政策的精准执行，以及在货物贸易、服务贸易等关键领域实施的高标准开放压力测试。

在新型贸易业态培育方面，广东自贸试验区主动适应经济发展新趋势，重点扶持跨境电商、离岸贸易等创新贸易模式。统计数据显示，该自由贸易试验区跨境电商进出口规模保持稳定增长态势，有效带动了区域经济高质量发展。同时，广东自贸试验区还出台了相关政策文件，搭建综合服务平台，推动离岸贸易业务的创新发展。这些新业态的蓬勃发展，不仅丰富了贸易形式，也进一步提升了贸易便利化水平。

在区域协同合作方面，广东自贸试验区充分发挥地理位置优势，加强与粤港澳大湾区的合作与联动。通过共享资源、互通有无，广东自贸试验区与粤港澳大

---

① 六个方面 39 项任务 促进跨境贸易便利化——解读《厦门市 2024 年促进跨境贸易便利化专项行动工作方案》[EB/OL]. 福建省商务厅，https://swt.fujian.gov.cn/xxgk/jgzn/jgcs/zmsyq/zmzhc_tpxw/202405/t20240523_6453737.htm，2024-05-23.
② 广东省人民政府关于印发中国（广东）自由贸易试验区提升战略行动方案的通知 [EB/OL]. 广东省人民政府，https://www.gd.gov.cn/zwgk/wjk/qbwj/yfh/content/post_4336967.html，2024-01-12.

湾区其他城市共同推动了贸易的快速增长。此外，广东自贸试验区还积极参与国际经贸合作，拓展海外市场，为区域经济的国际化发展提供了有力支持。

8.3　贸易便利化水平测度

8.3.1　测度标准与指标体系

1. 国家层面的贸易便利化水平指标构建

本研究基于《2024 中国贸易便利化年度报告》（以下简称《报告》）构建的评估框架，对国家层面贸易便利化程度进行量化测度，采用经合组织（OECD）构建的"贸易便利化评价指标体系"，并进行一定的修改和调整。

世界经合组织构建的贸易便利化综合评价体系包含 11 个核心维度和 155 项具体评估标准，而《报告》剔除其中不合理的指标，共设 64 个二级指标。同时，《报告》摈弃了经合组织中"间接测评"的方法，由 21 位相关专业人士对二级指标直接评分。《报告》中对于每个二级指标由该领域最权威的三位专家进行评估，并根据其重要性设置相应的比重。

《报告》中的质化评议部分针对《贸易便利化协定》（下文简称《协定》）在中国的实施情况按照《协定》每条 / 款 / 项 / 分项 / 次分项在中国的实施情况给出了评价，这些评价包括四类，在量化评估中分别赋予这四类评价不同的分数（表 8-1）。

不同类别评价与对应的分数　　　　　　　　　　　　　　　　表 8-1

评价类别	对应分数
实施充分	2.0 分
实施较充分，局部需要改进	1.5 分
实施不充分，整体上存在非常大的改进空间	1.0 分
未实施	0 分

资料来源：《2024 中国贸易便利化年度报告》

2. 指标测度结果及分析

在由基层指标向一级指标的推导过程中，各个指标权重按照其在对应《协定》文本在所有文本中的大致比例进行推导；在由一级指标推导最终的"贸易便利化指数"时，各一级指标的权重由《报告》的编委会成员通过"专家评分"的方法进行确定；最终，在得出一级指标的两分制得分后，每一指标的得分还将被转化为百分制得分。2023 年一级指标得分如表 8-2 所示。

2023 中国贸易便利化一级指标得分　　　　　　　　　　表 8-2

一级指标	权重	得分（两分制）	得分（百分制）
信息的公布与可获得性	11.00%	1.61	80.34
评价机会、生效前信息及磋商	10.50%	1.69	84.38
预裁定	9.25%	1.89	94.44
上诉或审查程序	10.50%	1.71	85.71
增强公正性、非歧视性及透明度的其他措施	5.00%	1.90	95.00
规费和费用	9.75%	1.76	87.85
货物放行与结关	12.75%	1.73	86.31
边境机构合作	8.50%	1.50	75.00
受海关监管的进口货物的移动	8.25%	2.00	100.00
与进口、出口和过境相关的手续	11.50%	1.76	88.17
过境自由	3.00%	1.97	98.53

资料来源：《2024 年中国贸易便利化年度报告》

根据表 8-2 可以计算出 2023 年中国贸易便利化水平总体得分为 87.25，其中评价机会、生效前信息及磋商、上诉或审查程序以及边境机构合作等方面的得分较低。其中，边境机构合作评分低于 80，可见其是中国贸易便利化建设的最短板，表现为海关部门与检验检疫、税务、监督管理等部门的默契不够以及与国外海关的合作有待加强。

8.3.2　我国自贸试验区贸易便利化水平测度

与国家整体贸易便利化评估框架相比，自贸试验区的评价体系更聚焦三大核心维度：经济拉动效应、制度创新成效及区域辐射效能。基于此差异化定位，本研究借鉴汪婉盈（2020）[1] 构建的专项评估模型，结合自贸区管委会行政数据及第三方研究报告，对我国自贸试验区贸易便利化水平进行专项测度。

---

① 汪婉盈，中国自贸试验区贸易便利化水平测度与分析 [D]. 浙江大学，2020（5）.

1. 指标构建

由于我国自贸试验区总体方案的发展目标主要集中在制度创新、企业服务与监管，以保证高效、便利、规范和高标准的发展目标的实现。其中服务企业的措施主要分为政府服务和市场服务；而制度创新则是各自贸试验区实现发展目标的路径，涉及试验区建设的各个方面，且各自贸试验区由于定位不同，建设任务也不同，需要对其进行分解，主要分解为基础设施和制度环境。由此，我国自贸试验区贸易便利化指标体系的一级指标如表 8-3 所示。

我国自贸试验区贸易便利化指标体系一级指标含义　　　　　　　表 8-3

一级指标	内容
基础设施	衡量基础设施建设及技术平台建设的完善程度
政府服务	衡量政府部门对企业提供服务的便利性
市场服务	衡量市场机构对企业提供服务的便利性
制度环境	衡量区域内市场活跃度

资料来源：作者整理

为了进一步提升指标的客观度，降低主观评价对最终测量的影响，在二级和三级指标建立过程中，尽量对应有数据来源的信息进行指标分解，无法对应具体数据来源的再以专家测评结果为测量基础。通过进一步细化得到二级指标 13 个、三级指标 20 个，运用层次分析法权重设计原理，设置及计算出的各指标权重具体见表 8-4 所示。

我国自贸试验区贸易便利化指标体系及权重　　　　　　　　　表 8-4

一级指标	二级指标	三级指标
基础设施（0.17）	港口吞吐能力建设（0.3）	集装箱吞吐量（0.5）
		杂货运输货物吞吐量（0.5）
	港口及陆路运输建设（0.1）	运输基础设施完备程度（1）
	仓储设施建设（0.1）	仓储基础设施完备程度（1）
	电子平台建设（0.5）	电子平台利用效率（1）
政府服务（0.33）	企业注册管理（0.1）	企业注册便利度（1）
	信息便利化（0.2）	及时性（0.5）
		无歧视性（0.5）
	规费征收（0.1）	规费征收规范性（0.5）
		规费优惠性（0.5）
	海关管理（0.3）	清关程序节约步骤（0.5）
		平均出口清关时间（0.25）
		平均进口清关时间（0.25）

续表

一级指标	二级指标	三级指标
政府服务（0.33）	风险监控（0.3）	监管系统有效性（0.5）
		监管系统完善性（0.5）
市场服务（0.33）	金融服务（0.5）	金融便利性（1）
	运输服务（0.5）	物流便捷性（1）
制度环境（0.17）	制度创新成效（0.5）	经验推广程度（0.5）
		全国首创比重（0.5）
	制度落地情况（0.5）	制度落实完成率（1）

资料来源：作者根据相关研究整理

2. 指标测度结果及分析

通过带入数据计算及统计对专家的调研评价，得出各自贸区贸易便利化的得分。根据得分结果，我国自贸试验区贸易便利化得分如表 8-5 所示。

我国自贸试验区贸易便利化测度结果   表 8-5

建立批次	自由贸易试验区	得分
第一批次（2013 年）	上海	86.5
第二批次（2015 年）	广东	83.0
	天津	72.9
	福建	72.4
第三批次（2017）	辽宁	70.5
	浙江	75.0
	河南	66.4
	湖北	66.8
	重庆	71.2
	四川	71.5
	陕西	68.1
第四批次（2018）	海南	68.0

资料来源：作者计算整理

数据说明：2019 年批准建立的山东、江苏、广西、河北、云南、黑龙江自贸试验区，2020 年批准建立的北京、湖南和安徽自贸试验区以及 2023 年批准建立的新疆自贸试验区因调研数据受限，尚无得分。

根据测度结果，自贸试验区建立时间越早，开放时间越久，根据指标测算的贸易便利化水平越高。其中浙江、重庆和四川得分较高的原因与所在省（市）经济发展水平较快、对外开放水平较高有关。

为提升评估的客观性与权威性，本研究引入中山大学自贸区综合研究院发布的《2022-2023 中国自由贸易试验区制度创新指数》中的关键数据，对全国 22

个自贸试验区（涵盖 57 个片区）的贸易便利化水平进行系统比照分析。该指数通过多维度量化评估，为本研究提供了重要的数据校验基准。中山大学指数排名具体见表 8-6 所示。

2022—2023 年度中国自贸试验区片区贸易便利化指数排名　　　　表 8-6

排名	片区	得分	排名	片区	得分
1	广东前海	88.12	30	山东烟台	74.57
2	上海（浦东）	87.86	31	辽宁沈阳	74.37
3	广东南沙	87.50	32	湖北宜昌	74.21
4	上海（临港）	84.49	33	四川泸州	73.87
5	天津	83.49	34	广西钦州港	73.65
6	北京	82.74	35	江苏连云港	73.59
7	福建厦门	81.60	36	河北雄安	73.20
8	四川成都	81.41	37	浙江金义	73.07
9	广东横琴	80.87	38	辽宁营口	73.06
10	重庆	80.74	39	黑龙江哈尔滨	72.98
11	辽宁大连	80.15	40	河南开封	72.78
12	湖北武汉	79.93	41	陕西杨凌	72.71
13	江苏苏州	79.12	42	河南洛阳	72.34
14	福建福州	78.92	43	黑龙江黑河	71.77
15	海南	78.73	44	河北大兴机场	71.70
16	陕西西安	78.44	45	云南红河	71.61
17	浙江杭州	78.38	46	湖南郴州	71.36
18	江苏南京	78.27	47	河北曹妃甸	71.34
19	浙江舟山	78.25	48	黑龙江绥芬河	71.33
20	山东青岛	77.79	49	广西崇左	71.05
21	河南郑州	77.25	50	河北正定	71.02
22	浙江宁波	77.06	51	安徽芜湖	70.96
23	广西南宁	76.47	52	湖南岳阳	70.68
24	福建平潭	75.92	53	云南德宏	70.65
25	湖南长沙	75.73	54	安徽蚌埠	70.35
26	云南昆明	75.61	55	新疆乌鲁木齐	70.09
27	山东济南	75.55	56	新疆霍尔果斯	68.89
28	湖北襄阳	75.41	57	新疆喀什	68.63
29	安徽合肥	74.72			

资料来源：根据中山大学自贸区综合研究院公布数据整理

　　整理中山大学数据进行排名对比发现，具备区位优势、经济优势及先行开放优势省份的自贸试验区在建设过程中，制度创新主动性和能力更强。打造中国全面开放格局，提升中国内陆地区对外开放的水平，内陆地区的自贸试验区需要进一步解放思想，积极进行制度创新，优先利用政策优势实现自身贸易便利化的快速提升的同时，进一步通过示范效应，带动相关省份的开放水平。

8.4 我国自贸试验区贸易便利化建设中的主要问题

首个自贸试验区建立至今已经过 12 年多的时间，22 个自贸试验区在贸易便利化的一系列改革中取得了丰硕的成果。但从对贸易便利化的全国层面和各自贸试验区层面测评结果均发现，我国在自贸试验区贸易便利化建设中依旧有很长的路要走，由自贸试验区点线建设带动全面对外开放仍需要解决如下问题。

8.4.1 发展较不平衡导致区域经济失衡风险增大

根据贸易便利化测算的结果看，我国自贸试验区发展呈现梯度变化，首先表现为时间差异，开放越早的自贸试验区，贸易便利化水平相对越高；区域经济发展水平的梯度差异显著影响自贸试验区建设成效，呈现出明显的马太效应；最后则表现为区域差异，东部地区省份因其区位优势，获得外资水平及经济外向型比重较高，其间的自贸试验区的贸易便利化水平也较高，而中西部省份因经济等历史原因，自贸试验区的贸易便利化水平也较低。

从结果看，自贸试验区建设除了具有先发优势，还存在区位优势及经济基础优势。若贸易便利化水平较弱的试验区不进一步提升其制度创新能力及政策落实，加速基础设施建设，则因自贸试验区的建设而进一步加大中国区域经济发展不平衡、开放水平不平衡的风险，从而违背了中国中西部发展战略和向西的全面开放战略目标。

8.4.2 法律制度有待完善

目前，我国自贸试验区的法律制度建设还相对滞后，与美国、新加坡等发达国家相比，客观上仍存在一定差距。以国际知名自由港新加坡为例，该国早在 1969 年就颁布了《自由贸易园区法案》，此法案与《新加坡海关法》《新加坡进出口商品管理法》共同构筑起新加坡自贸区完备的法律框架，对自由贸易区管理机构的权限、区内企业可从事的经营范围、违规行为及其惩处措施均作出了明确且严格的规定。新加坡自贸区的法律体系不仅为园区运营提供了清晰的定位，更是保障园区有序运转的基石，为各方利益相关者构筑了坚实的法律屏障。反观我国，自贸试验区在国家层面的法律支撑尚显不足，上海自贸试验区条例作为我国首部地方性法规，对金融服务、投资开放、税收政策及管理体制等方面作出了规定，随后天津、广东等地也陆续出台了类似的地方性法规。然而，当前已实施的"管理办法"和"总体方案"等文件层级相对较低，与现行法律法规的衔接尚不顺畅，导致自贸试验区在决策自主权和立法权方面受到一定限制。

8.4.3　服务观念有待转变

国际范围内，诸多发展成熟的自贸区普遍采用政府与经财政部门授权认定主管机构的"分权制衡型"管理模式。在此模式下，政府部门聚焦于宏观战略规划、招商引资等顶层设计工作，而具备法定资质的主管机构则承担起具体的开发运营职责。这种职能划分机制既有效维护了政府公共管理的权威性，又充分发挥了企业在市场经营中的主体作用，通过构建高效协同的治理体系，为企业创造了更为宽松自由的发展环境。从监管机制设计与营商环境营造两个维度观察，该模式均深度贯彻了"以企业需求为导向"的服务理念，形成了政府引导、市场主导的良性互动格局。近年来，我国各自贸试验区也在推行简政放权，但对标国际高标准距离实现真正的自由和便利还有提升空间。例如，在市场开放方面仍存在隐性准入限制，事中事后监管体系尚需健全优化，跨境商品流通、服务贸易及生产要素流动的便利化程度仍有提升空间，部分审批事项环节多、时间长的问题依然存在，政府部门的服务意识有待加强，因此很难满足企业的多样化需求从而提升企业的获得感。

8.4.4　部门间管理协调有待加强

我国进出口贸易监管体系长期实行"条块分割"的管理模式，海关、税务、外汇管理、检验检疫等职能部门各自建立独立监管体系，各部门均按照自己的规章制度来工作且各种纷繁的规章制度无法有效衔接，海关和其他部门间的信息无法做到充分共享，因而造成各职能部门工作受到很大限制，工作效率不高。此外，为了提高电子商务的使用率，各自贸试验区还应通过流程创新和互信机制创新，提升部门间、国家间、政府与社会各团体间在认证、鉴定、互认等方面的协同工作能力，降低企业重复认证、重复审核的工作量和成本消耗，增强国家标准与国际标准的一致性，保障信息的安全和知识产权合法性。

8.5　我国自贸试验区贸易便利化的新进展

我国自贸试验区的贸易便利化有了长足的进步，同时其制度经验也通过复制推广快速提高了相关区域及全国的贸易便利化水平，既快速扩大了国际贸易规模，也吸引了国内外资本向中国的对外开放新高度集聚。通过对全国及各自由贸易试验区贸易便利化水平的系统评估，研究结果显示：在取得显著进步的同时，我国与国际先进实践仍存在可量化的差距、各试验区发展不平衡、统筹协调能力不足的弊病。也说明，自贸试验区"先试先行"及"示范效应"还在路上，还需要进一步加强制度创新和行政体制创新能力，以及向落后地区复制和推广先进经验的自觉性。

8.5.1　自由贸易试验区法治建设的研究与进展

为提升投资与贸易便利化水平，国家出台了若干相关政策制度，其中2021年国务院发布的《关于推进自由贸易试验区贸易投资便利化改革创新的若干措施》具有里程碑的意义。然而这些政策制度仅仅属于政策和行政审批层面，并没有涉及法治层面，各自贸试验区在制度创新中仍然受制于旧法治框架的限制，各自贸试验区执行水平也受到政府管理水平和经济发展水平的限制，出现了典型的不发达地区的自贸试验区创新发展能力弱于发达地区的现象。因此，除了进行制度和行政机制创新，自贸试验区也应该成为中国法治建设创新的新高地。

首先，需加速推进我国自贸试验区专项法律的制定进程，尽快启动《中国自贸区法》的立法研究，针对自贸试验区的法律定位、制度框架及治理体系予以清晰界定，并借助"新法优先于旧法、特别法优先于普通法"的适用原则，确保其契合自贸区的制度创新需求。其次，在行政管理架构层面，应设立直属于国务院的自贸试验区专门管理机构，使其独立于地方政府的行政干预，以此突破地方政府管理能力的局限。再次，各地政府需结合自贸试验区的实际情况，强化对本地产业及企业的管理效能，推动监管思维向服务思维转变，全力推动自贸试验区实现更高水平的便利化。最后，要加大对自贸试验区内企业知识产权的保护力度，加速构建知识产权交易平台，为有需求的企业提供知识产权运营服务，切实保障企业的合法权益。同时，探索构建更加高效便捷的知识产权纠纷解决机制，通过法律与制度环境的优化，为自贸试验区内人才、资金、技术等要素的自由流动创造更有利的条件。

8.5.2　国际贸易"单一窗口"创新和推广进展

"单一窗口"的设置，主要为了处理信息的重复录入、信息在用户间无法共享、过于依赖纸质单证、单证的审核效率等问题，有助于简化手机信息与提交单证的程序，是一种重要的贸易便利化手段。此外，"单一窗口"还可以提高资源的分配效率与贸易统计的速度，减少了各个部门之间的交互，提高了整个贸易流程的透明度，有效减少腐败现象的滋生，从而更好地跟规则兼容。规模完整的"单一窗口"应该能使得信息数据在国际共享、集成和交互。

2014 年 6 月，距上海自贸区成立仅 9 个月之际，上海洋山港保税区率先启动国内首个"单一窗口"试点项目。2015 年 6 月，该平台推出 1.0 版本，整合商品申报与船舶申请两大核心功能模块；至当年年末，2.0 版本上线并拓展服务范围，基本覆盖口岸监管全流程环节。2016 年末，3.0 版本全面建成，实现对上海口岸所有企业的普适性服务。

截至 2024 年 10 月，我国"单一窗口"共提供 24 大类 889 项服务功能，涵盖通关、监管、物流、金融等口岸通关作业全流程和贸易监管主要环节，已实现 30 多个部门的"总对总"系统对接，目前注册用户已达 880 多万，日申报业务量 2600 万票[①]。此外，上海国际贸易"单一窗口"还形成了"监管 + 服务""通关 + 物流"等 16 大功能板块，66 项特色化应用，对接 22 个部门，服务企业超过 48 万家[②]。

长三角地区"单一窗口"的先试先行给全国自贸区提供了很好的样板，全国多地自贸区纷纷投入"单一窗口"的深入推进中，在加速推进统一的电子公共信息网络平台和电子口岸的数据中心建设等方面取得了不小的成果，并努力实现政府部门和企业之间的跨部门间的电子信息传输与资源共享。2017 年，中国国际贸易"单一窗口"标准版 1.0 在全国试行；2019 年整合进口环节审批、收费窗口、口岸业务受理系统与"单一窗口"的信息端口对接，对标国际水平。2020 年上海、海南、福建等自贸区（自贸港）的国际贸易"单一窗口"标准版 3.0 版正式上线，系统平台的服务事项增多、功能应用增加、操作更简便、系统稳定性更高，进一步提高了贸易便利化，缩短办理时长，降低贸易成本。3.0 版的扩大

---

① 889 项！国际贸易"单一窗口"功能再升级 [EB/OL]. 中华人民共和国中央人民政府，https://www.gov.cn/lianbo/bumen/202410/content_6979176.htm，2024-10-10.

② 市政府新闻发布会问答实录（2024 年 2 月 6 日）[EB/OL]. 上海市人民政府，https://www.shanghai.gov.cn/nw9820/20240206/f3eeb82ca53d4be693c2be8170408bb0.html，2024-02-06.

试行取得成功，给了在全国推进和加速国际贸易"单一窗口"创新的信心，也将在全国推广 3.0 版提上了日程。2024 年，上海与安徽签署了"沪皖口岸合作共建备忘录"，并揭牌了"沪皖国际贸易'单一窗口'联合运营中心"，深化了沪皖口岸合作共建。此外，长三角国际贸易"单一窗口"金融服务季也已启动，持续复制推广特色业务功能，共同做好合作共建成果展示[①]。

为加速推进"单一窗口"建设进程，需着重构建一站式通关服务体系。具体而言，应协同各方力量打造"一次申报、一次查验、一次放行"的信息化集成平台，通过整合通关环节，实现从串联式向并联式、多站式向一站式的模式转型，进而优化通关流程，提升整体效率。另外还需要简化贸易数据，对于贸易数据给一个统一的标准，完善贸易数据的保密与安全机制，从而彻底做到无纸化传输。一个统一的贸易监管制度和区域经济合作的价值链网络，不仅能促进投融资租赁业务、跨境电商、保税展示等新型业务的发展，还能推动生产要素的跨区域流动，提高整个经济带的经济协同发展水平。

8.5.3　服务贸易便利化改革进展

"十四五"规划指出，要实施更大范围、更深层次、更宽领域的对外开放。相比于新发展阶段高水平对外开放的要求，我国在服务贸易便利化的建设上还有很多不足之处，具体体现为服务业和服务贸易领域的开放有待扩大，与国际一流的营商环境相比还有距离，对于新兴服务贸易（例如数字贸易）的监管创新不够。

推动自贸试验区服务业开放与服务贸易便利化进程，需着重从以下四个关键维度推进系统性改革。第一，强化负面清单管理效能。以国际行业通行标准为参照，进一步缩减负面清单项目，放宽服务行业市场准入门槛，着力消除负面清单之外可能滋生的隐性壁垒效应。第二，深化营商环境制度创新。在准入前与准入后全周期，确保内外资企业在土地供给、税费减免、上市融资、标准参与、人才配置等方面享有平等权利，推动企业依法平等获取生产要素与公共资源，构建公平竞争的市场生态；打造简约高效、公开透明的政务规范体系，精简行政审批环节，提升政务服务效能；完善知识产权司法保护机制，强化侵权惩罚性赔偿制度，为企业创新活动提供坚实的法治保障。第三，推进数字贸易体制机制改革。要完

---

① 关于印发《2024 年市商务委口岸工作要点》和《2024 年市商务委口岸工作任务书》的通知 [EB/OL]. 上海市商务委员会，https://sww.sh.gov.cn/zwgkgfqtzcwj/20240704/3ca3c86a492843108740e94d6f74902e.html，2024-04-17.

善企业数据保护、个人信息保护，推动跨境数据流动制度创新，完善数字贸易征信体系。第四，进一步完善与负面清单内容相匹配的事中事后服务监管能力建设，处理好服务领域拓宽、服务贸易便利化与服务市场监管之间的关系，强化事中事后服务机制能力建设。根据不同的服务行业，发展以信用为基础的新型监管机制，创新监管工具，提高综合执法效能。

8.5.4　与"一带一路"共建国家的贸易合作进展

"一带一路"横跨整个欧亚大陆，参与共建各国在经济社会发展水平与对外开放程度上的差异较大，为实现参与共建国家共同繁荣的目标，需要加强各个国家间的经济贸易合作的深度和广度，其中自贸试验区应在政策合作、贸易和投资便利化合作、产业链共建合作上起到"先行先试"的示范作用。中国除了增加对"一带一路"共建国家贸易便利化基础设施建设的投入，还应通过自贸试验区自身创新与改革，通过提高贸易便利化水平来促进整个经贸与金融环境的优化，提高参与共建国家企业与之进行贸易、投资及产业联动合作的信心。

作为"一带一路"倡议纵深推进的关键支撑点，我国自由贸易试验区的空间范围呈现动态扩展特征，这种发展趋势与参与共建国家间持续深化的经贸合作、资本流动及产业协同密切相关。沿海地区自贸试验区发挥其金融、服务贸易和制度创新的先行优势，发挥海运传统优势和金融创新优势，建设具有强辐射能力和服务能力的国际航运中心和国际金融中心，服务于"21世纪海上丝绸之路"的货物运输需求和资本需求。而内地的自贸试验区则发挥其国内产业配套和资源优势，建设具有陆空联运功能的国际陆路运输及货物集散中心，服务于"丝绸之路经济带"的货物运输需求和资源供给需求。同时，各自贸试验区也通过与其他"一带一路"节点城市的关检合作，简化贸易流程，降低流通成本，促进全国统一大市场的建立，加强全球要素资源整合能力。

8.5.5　贸易便利化政策支持的新进展

1. 贸易便利化措施实施的金融支持新进展

我国自2015年开启金融支持贸易便利化的探索之旅后，在2024年又取得了令人瞩目的新进展。2024年11月，国务院常务会议审议通过《关于促进外贸稳定增长的若干政策措施》，该文件为金融支持贸易便利化提供了重要政策指引。在出口信用保险方面，政策着重扩大保险覆盖范围与承保规模，特别加大对"专精特新"小巨人企业、行业"隐形冠军"等优质市场主体的支持力度，同时拓展产业链承保范围，为企业拓展国际市场筑牢风险防护墙，使其能够更安心地参与全球竞争[①]。

在对外贸企业的融资支持方面，中国进出口银行积极履行职责，加强外贸领域的信贷投放，以满足不同类型外贸企业多样化的融资需求。与此同时，各银行机构在严格把控贸易背景真实性以及风险的前提下，从授信、放款到还款的各个环节，持续优化对外贸企业的金融服务，尤其注重加大对中小微外贸企业的扶持力度，切实缓解它们在资金方面的难题，助力其稳定发展。

在跨境贸易结算优化方面，相关部门积极引导银行机构完善海外布局，通过加强宏观政策协调配合，维持人民币汇率在合理均衡水平上的基本稳定，为外贸企业营造良好的结算环境。并且鼓励金融机构开发更多贴合企业需求的汇率风险管理产品，帮助企业有效应对汇率波动带来的风险，保障跨境贸易结算的顺利进行。此外，各自由贸易试验区结合区域特色，深入开展差异化金融创新实践。以上海自贸试验区为例，其推行的本外币一体化银行账户体系试点等改革措施，从跨境结算、融资服务等多个维度增强金融服务实体贸易的效能。此类创新实践形成政策合力，显著改善了我国贸易便利化水平，为对外贸易平稳发展构筑了强有力的金融支撑体系，不仅促进了国内市场与国际市场的深度融合，更有效提升了我国在全球经贸体系中的竞争力和话语权。

2. 贸易便利化创新政策安排新进展

当前，我国在自贸区贸易投资便利化上持续深入拓展，颁发一系列相关政策，多维度推动贸易更加高效、便利，如《上海口岸 2024 年促进跨境贸易便利化专项行动若干措施》[②]《国务院办公厅关于以高水平开放推动服务贸易高质量发展的意见》[③]《关于在有条件的自由贸易试验区和自由贸易港试点对接国际高标准推进制度型开放的若干措施》[④]。

---

① 商务部关于印发促进外贸稳定增长若干政策措施的通知 [EB/OL]. 中华人民共和国中央人民政府，https://www.gov.cn/zhengce/zhengceku/202411/content_6988626.htm，2024-11-19.

② 关于印发《上海口岸 2024 年促进跨境贸易便利化专项行动若干措施》的通知 [EB/OL]. 上海市商务委员会，https://swm.sh.gov.cn/zwgkgfqtzcwj/20240603/a1b22226df0f4c55b5b8239d7e1c5bbc.html，2024-06-03.

③ 国务院办公厅关于以高水平开放推动服务贸易高质量发展的意见 [EB/OL]. 中华人民共和国中央人民政府，https://www.gov.cn/zhengce/content/202409/content_6971879.htm，2024-09-02.

④ 国务院印发《关于在有条件的自由贸易试验区和自由贸易港试点对接国际高标准推进制度型开放若干措施》的通知 [EB/OL]. 中华人民共和国中央人民政府，https://www.gov.cn/zhengce/content/202306/content_6889026.htm，2023-06-29.

自贸试验区聚焦新型贸易方式潜力挖掘，大力推动离岸贸易发展。在政策供给端，组织专业团队对企业所得税、印花税等税收政策开展深入研究。在契合税制改革方向，防止税基侵蚀与利润转移的基础上，打通离岸贸易发展的政策堵点，营造有利的税收环境。在金融监管端，引导银行基于展业三原则，探索离岸转手买卖真实性管理的创新模式，建立更契合业务特性的审核机制。依据客户信用分类以及业务模式，不断优化审核流程，提高审核效率，从而让企业开展离岸贸易业务时能够更加合规、高效，切实提升贸易结算的便利化水平。

在拓展国际开放通道领域，自贸试验区所在城市的国际机场获准试点第五航权，基于互惠共赢原则与境外航空企业建立航线合作机制，推动开通相关国际航班。这一制度创新显著提升了自贸试验区与国际市场的航空连通性，有效缩短了国内外市场的时空距离，为跨境贸易提供了更高效的物流支持，助力全球贸易增长。同时，创新性地赋予多式联运单证以物权凭证法律效力，成为提升贸易便利化水平的重要突破。银保监部门联合交通、商务等主管部门协同制定自贸试验区铁路运输单证融资管理办法，支持区内企业、铁路运营方及金融机构探索新型陆路贸易融资模式。通过建立健全风险防控机制，试点实施铁路运输单证物权化改革，为国际贸易中的物流与资金流匹配提供了创新性制度安排，拓展了贸易便利化的实践维度，促进自贸试验区构建更具竞争力的开放型贸易生态体系。

3. 政府职能转变的新进展

当前，我国自由贸易试验区在深化政府职能转变的核心领域实现重点突破，在行政审批改革、事中事后监管、政务服务优化等关键环节取得实质性进展，为自由贸易试验区高质量发展提供了强有力的制度支撑。

在税收便利化改革方面，基于此前已有的如"互联网＋"税务、AI办税、智慧税务等创新举措，持续深化改革。一方面，进一步简化办税手续，例如推行税务注销套餐式服务，实现多税种一次性注销，大幅缩短了企业注销所需的时间，让企业办税流程更加简洁、高效，切实提升了市场主体的办税体验；另一方面，依托大数据分析、人工智能算法等数字化技术工具，系统整合企业多维涉税数据，实现税收政策的智能匹配与精准推送，同时提供个性化、全流程的纳税辅导解决方案。依据企业的行业属性、经营规模、纳税情况等多维度数据，精准匹配相应的税收优惠政策，并详细解读政策要点及申报流程，确保企业能够全面了解并充分享受政策红利，有效减轻企业负担，使其在市场竞争中轻装上阵，更具活力。

在信用信息应用多元化方面，持续推进从事前审批向事后监管模式的转变，不断完善社会信用体系建设。一方面，持续深化信用应用场景创新，在既有"信易贷""信易税""信易批"等成熟模式的基础上，进一步将信用信息广泛融入政府采购、招标投标、市场准入等多个关键领域。在这些领域中，对信用状况良好的守信企业给予诸多优惠政策和便利措施，如在政府采购中优先获得中标机会、在招标投标环节适当加分、在市场准入时简化手续等，形成有效的正向激励机制，引导企业更加注重自身信用建设，积极践行诚信经营理念；针对失信市场主体，实施跨部门联合惩戒机制，通过提高违法成本、强化信用约束等手段，倒逼其及时整改违规行为，从而有效维护公平竞争的市场环境。另一方面，高度重视信用修复机制建设，建立健全一套科学合理、操作性强的信用修复制度，为那些曾经有过失信记录但已积极整改的企业提供清晰明确的信用修复渠道和规范的操作流程，引导市场主体采取主动履行法定义务、及时纠正失信行为等补救措施，有效促进其信用状况的改善与重建，从而营造更加公平、有序、诚信的市场环境，为自贸试验区的持续繁荣发展提供坚实保障。

8.6 我国自由贸易试验区实施国际贸易新规则的进展与挑战

在全球经济治理范式深度重构的时代语境下，我国自由贸易试验区作为制度创新的示范窗口和开放型经济体制改革的压力测试平台，在探索国际经贸新规则本土化实践方面发挥着引领性作用。本节旨在深入剖析自贸区在这一领域的进展及其面临的挑战，以期为我国参与全球经济治理提供理论洞见和实践启示。

8.6.1 主要进展

我国自由贸易试验区在实施国际贸易新规则方面的进展，体现了制度变迁理论中渐进式改革与突破性创新的辩证统一。这种进展不仅反映了自由贸易试验区对国际贸易规则演进趋势的准确把握，更展示了其在全球经济治理中的创新思维和实践探索。

在贸易监管制度创新方面，自由贸易试验区通过构建与国际高标准贸易规则接轨的监管体系，实现了贸易便利化水平质的飞跃。这种制度创新体现了制度经济学中的路径依赖理论，即在既有制度框架下，通过渐进式改革实现制度创新。以上海自贸试验区为典型案例，其首创的国际贸易"单一窗口"制度和"一次申报、分步处置"通关模式等制度创新，不仅优化了贸易流程，更为我国参与国际贸易规则制定提供了实践基础。这种创新充分体现了自贸区在遵循国际通行规则的同时，注入中国特色的制度设计理念，是对全球治理理论中"本土化"概念的生动诠释。

知识产权保护机制的完善是自由贸易试验区实施国际贸易新规则的另一重要突破。从制度经济学的角度来看，这种完善反映了产权制度对经济发展的根本性影响。自贸试验区通过构建知识产权快速协同保护体系、设立专业化知识产权审判机构等制度安排，在提升知识产权保护效能方面取得了突破性进展。这一进展不仅提升了自由贸易试验区的创新环境，更为中国参与全球知识产权治理体系构建积累了宝贵经验，体现了制度创新对技术创新的支撑作用。

在服务贸易自由化方面，自由贸易试验区通过实施负面清单管理模式、扩大服务业对外开放等举措，体现了贸易自由化理论与发展中国家实践的有机结合。这种做法反映了比较优势理论在服务贸易领域的新发展，即通过制度开放促进服务业竞争力提升。海南自贸港推出的跨境服务贸易负面清单，为服务贸易自由化提供了中国方案，体现了发展中国家在国际规则制定中的话语权提升。

在数字贸易规则方面，自由贸易试验区的探索体现了技术创新与制度变迁的互动关系。从创新扩散理论的角度来看，自由贸易试验区在数字贸易领域的创新实践，为数字经济时代的贸易规则制定提供了宝贵的实验场。浙江自由贸易试验区在跨境电子商务、数字人民币试点等领域的创新，不仅反映了对数字经济发展趋势的准确把握，也彰显了中国参与国际规则制定的主动性和创造性。

在环境保护与贸易发展的协调方面，自由贸易试验区的实践体现了可持续发展理论在贸易领域的具体应用。通过建立环境影响评估机制、推广绿色贸易标准等措施，自由贸易试验区积极探索环境与贸易协调发展的新路径。这些实践不仅为中国参与全球环境治理与贸易规则制定提供了有益经验，更体现了生态文明思想与国际贸易规则的有机融合。

8.6.2　主要挑战

尽管我国自由贸易试验区在实施国际贸易新规则方面取得了显著进展，然而在推进过程中仍面临多维度的挑战。这些挑战不仅体现了国际贸易规则变革的复杂性，亦反映了自贸区在全球经济治理中所遇到的深层次问题。从制度经济学的理论范式分析，这些现实挑战本质上揭示了制度演进过程中多重矛盾的运动规律与内在张力。

制度创新与法律体系衔接的张力构成了自由贸易试验区面临的首要挑战。从制度变迁理论的角度来看，自由贸易试验区的制度创新常常表现为一种"制度企业家精神"，即通过创新性的制度安排来获取制度红利。然而，这种创新往往超前于现有法律法规，由此衍生出创新举措与现有法律体系协调的难题。这一矛盾在数据跨境流动、人工智能应用等新兴领域尤为突出，现有法律框架的滞后性导致自由贸易试验区的创新实践面临法律支撑不足的困境。这一现象折射出法律制度变迁与经济制度创新之间的时间错位，要求在法律体系的稳定性和灵活性之间寻求动态平衡。从制度互补性理论来看，这种挑战实质上反映了制度各子系统之间的协调问题。

国际规则适配性与本土适用性之间的动态平衡构成了制度演进过程中的核心议题。从制度移植理论的视角来看，国际贸易新规则多源于发达经济体的实践，如何将其与中国国情相融合，实现本土化应用，是一项复杂的系统工程。这一挑战揭示了全球化背景下制度趋同与本土特色之间的内在张力，要求自由贸易试验区在规则适用的普适性和特殊性之间寻找最优解。例如，在落实国际通行的知识产权保护标准时，自由贸易试验区需权衡中国企业的创新能力和发展阶段，以避免制度移植的"排异反应"。这种挑战实质上反映了制度演化过程中的路径依赖问题，即如何在借鉴国际经验的同时，保持本国制度的连续性和特色。

从制度演化的动态视角观察，多元利益相关方的协调困境深刻揭示了制度转型过程中的复杂博弈格局。从新制度经济学的角度来看，国际贸易新规则的实施涉及多方利益主体，如何在各方诉求中寻求平衡点，达成共识，是一项极具挑战性的任务。这一问题体现了全球化背景下利益格局的复杂化趋势，亟须构建多维度、多层次的利益协调机制。以服务业开放为例，自由贸易试验区在推进金融、教育等敏感领域开放时，常常面临本土企业与跨国公司之间的利益博弈，如何在促进竞争与保护国内产业之间找到平衡点，考验着决策者的智慧。从制度变迁的供给理论来看，这种挑战反映了制度供给过程中的利益集团博弈问题。

数字贸易规则的制定则体现了技术变革与制度创新的辩证关系。从演化经济学的理论框架分析，数字经济的爆发式增长正在重构全球贸易规则的演进路径。自由贸易试验区在探索数字贸易规则时，面临着数据自由流动与数据安全、个人隐私保护等多重目标的权衡。这一挑战实质上反映了技术进步与制度演进之间的动态互动，需要在创新驱动与风险防控之间寻求最佳平衡点。例如，在推进跨境电子商务发展时，自由贸易试验区需在贸易便利化与有效监管之间找到平衡，这对监管能力和制度设计提出了更高要求。从制度演进的需求驱动理论分析，此类挑战实质上突显了技术创新对制度体系革新的倒逼机制。

在可持续发展与贸易自由化的协调方面，绿色贸易规则的落地实施面临现实困境。基于生态经济学视角，当前全球气候治理进程加速背景下，如何建立兼具国际兼容性和本土适应性的绿色贸易规制框架，有效应对碳边境调节机制等新型环境贸易措施，已成为自贸试验区改革创新的关键突破点。这一挑战体现了经济发展与生态保护之间的辩证关系，需要在贸易自由化和环境可持续性之间寻求协同发展。具体而言，在推动绿色产业发展的同时，如何防止环境标准演变为新型贸易壁垒，是自贸区需要深入研究和妥善应对的问题。从制度生态学的视角来看，这种挑战反映了制度与环境之间的互动关系。

我国自由贸易试验区在实施国际贸易新规则过程中面临的挑战，从本质上反映了制度变迁的复杂性和多维性。这些挑战不仅考验着自由贸易试验区的制度创新能力，也为深化对制度变迁理论的理解提供了丰富的实践案例。未来，自由贸易试验区需要在制度创新和实践探索中不断突破，提升参与国际贸易规则制定的能力和水平，为构建开放型世界经济贡献中国智慧和中国方案。与此同时，这些现实挑战为制度经济学、国际贸易学等学科的理论创新提供了重要契机，对完善现有理论框架和拓展研究视野具有积极的推动作用。

第九章

高质量共建"一带一路"与
自贸试验区贸易便利化创新

"一带一路"倡议与我国自贸试验区战略的内在联系
"一带一路"倡议对自贸试验区战略支撑的需求
"一带一路"倡议下对自贸试验区贸易便利化的创新发展要求
我国自贸试验区贸易便利化创新与国际贸易新规则的对接

"一带一路"倡议作为新时代我国对外开放的重要战略框架，为自贸试验区贸易便利化创新提供了战略支点与制度接口。通过对接共建国家经贸规则体系，自贸试验区在通关流程优化、数字贸易规则建构、跨境支付结算等关键领域形成制度创新压力测试场，有效破解了传统贸易监管中的"制度距离"难题。高质量建设"一带一路"不仅加速了国际陆海贸易新通道与自贸试验区物流枢纽的协同整合，更通过"数字丝绸之路"建设推动区块链、大数据等前沿技术在贸易全链条的深度应用。这种双向互动的制度创新模式，既为构建高标准自由贸易网络提供了中国方案，也为自贸试验区探索具有全球竞争力的贸易便利化体系奠定了实践基础，成为推动制度型开放与构建新发展格局的重要突破口。

9.1 "一带一路"倡议与我国自贸试验区战略的内在联系

"一带一路"倡议和中国自由贸易试验区战略安排都是我国深化改革、扩大对外开放的载体，二者之间互为倚重，相互促进，共同服务于中华民族伟大复兴的战略目标，二者具有深刻的内在联系。

9.1.1 战略理念相通

"一带一路"倡议与自贸试验区建设在理念和实践层面具有高度协同性。"五通"（政策沟通、道路联通、贸易畅通、资金融通与民心相通）框架下的政策协调机制为自贸试验区制度创新提供了国际实践基础，而自贸试验区深耕制度创新，不仅有助于推动中国与其他发展中国家建立更广泛的经济联系，更为发展中国家谋求改革、开放和发展提供了有益参考，为"一带一路"建设积累了可复制的制度经验。例如中国通过对内的管理规范化改革来促进与共建国家政策的沟通与协议的达成，通过对内的贸易市场化来促进与共建国家的贸易畅通，通过金融开放创新助力共建国家资金融通。"一带一路"倡议旨在通过国际合作推动区域经济协同发展。而自贸试验区的建设也是为了推动区域经济一体化和贸易自由化，两者都强调了开放、合作与发展的重要性，具有相似的战略目标。自贸试验区通常位于重要的经济节点或沿海港口，这些地区正是"一带一路"倡议中的关键连接点。因此，在地理位置上，自贸试验区与"一带一路"倡议的实施区域高度重合，使得两者的战略实施能够相互支撑和促进。

9.1.2 功能价值的内在统一性

"一带一路"倡议是中国为突破发达国家构筑的旧全球价值网络对发展中和不发达国家的压制和低端锁定而提出的开创新的市场空间。该倡议通过构建覆盖亚欧非三大洲的综合性基础设施网络，连接全球 65 个国家和地区的 44 亿人口市场，推动建立更加平衡、包容的国际经济新秩序。而随后提出的自由贸易试验区战略则以消除贸易投资壁垒、推进贸易自由、提升贸易便利化为目标，与"一带一路"倡议同样具有增强经贸合作、扩大对外开放、加强对外交流的功能。由于我国地理纵深，地缘政治复杂，"一带一路"自由贸易网络的构建需要贸易核心区域作为节点和战略支撑，而我国自由贸易试验区基本处于"一带一路"国内段交通枢纽及产业集聚地带，通过在这些节点进行制度创新，推进要素集聚，发挥自贸试验区的经济辐射和区域联动作用，反向促进中国更好地融入"一带一路"的建设中。此外，它们都致力于搭建对外开放的平台，吸引全球资源参与合作，共同推动全球经济的可持续发展。这种对国际经济合作的重视使它们的战略理念紧密相连。

9.1.3 "一带一路"倡议倒逼自贸试验区孵化制度创新

"一带一路"倡议致力于构建开放包容的国际经贸合作新范式，需要和文化不同、习俗不同、经济发展水平不同、政治体制不同的国家展开深度对话，达成协议，这需要我国在制度建设方面具有宏观视野和国际水准。在此背景下，自贸试验区作为制度创新的"试验田"，通过先行先试为全面开放型经济新体制积累了重要经验，为"五通"提供了制度保障。"一带一路"倡议为自贸试验区提供了制度创新的动力和压力，促使自贸试验区不断孵化出新的制度创新成果。自贸试验区在参与"一带一路"建设过程中形成的制度成果具有显著的示范效应。这些经验可以在其他领域和地区进行复制和推广，进一步促进全国乃至全球范围内的制度创新。可以说，"一带一路"倡议通过提供新的发展机遇和挑战，倒逼自贸试验区不断进行制度创新，同时这些制度创新也为"一带一路"高质量发展提供了制度支撑，最终促进了更加开放、包容的区域经济合作新格局的形成。

9.2 "一带一路"倡议对自贸试验区战略支撑的需求

由于"一带一路"倡议与自贸试验区战略在应对全球经济下行压力方面具有战略协同性，来解决全球经济下滑带来的各国经济发展压力，其战略目标、价值理念与功能具有相似性，彼此可以形成内外合力，共同推动中国经济改革目标的达成。其中，"一带一路"倡议需要在文化沟通、经贸合作、制度创新和地理联通等几个方面对自贸试验区提出战略支撑需求。

9.2.1 文化沟通需求

"一带一路"倡议自 2013 年提出以来，其建设路径和目标已逐步明晰化和具体化，国际社会的认知度和参与度持续提升。截至 2023 年，中国已与 152 个国家和 32 个国际组织签署了 200 余份共建"一带一路"合作文件，覆盖全球超过 65% 的人口和 40% 的经济总量。然而，在取得显著成效的同时，该倡议也面临着来自西方国家的认知挑战和误解。在国际认知层面，西方学界存在三种具有代表性的误读：其一，地缘政治视角的曲解。如美国明尼苏达大学凯瑟琳·柯林斯教授提出的"能源通道控制论"，认为该倡议旨在削弱美国在中东地区的能源影响力。其二，历史类比式的误读。梅森大学研究员帕特里克·曼迪斯将倡议比作"中国版门罗主义"，这种简单类比忽视了倡议的开放性和包容性特征。其三，意识形态化的标签。部分西方媒体刻意将倡议污名化为"新殖民主义"，这种论调完全背离了倡议共商共建共享的基本原则。针对这些认知偏差，需要构建系统化的国际传播体系。自贸试验区凭借其特殊的制度优势，可以在以下方面发挥重要作用：首先，作为文化交流平台，通过放宽文化市场准入、简化审批程序，促进与共建国家的文化产品贸易。其次，作为理念传播载体，利用国际会议、展览等渠道，向跨国企业和国际组织传递倡议的真实内涵。最后，作为制度创新窗口，通过实践成果展示倡议带来的实际效益。从传播策略来看，需要重点把握三个维度：在内容层面，突出倡议对共建国家基础设施改善、就业增长等实际贡献；在渠道层面，发挥自贸试验区跨国公司集聚的优势，借助企业网络进行二次传播；在方法层面，采用案例式、数据化的表达方式，增强说服力。通过这种多层次的传播体系，逐步消除认知隔阂，夯实倡议实施的民意基础。

9.2.2 经贸合作需求

"一带一路"框架下的经贸合作需要深化中国与共建国家的经济联系。作为区域内最大的经济体，中国也成为其他国家寻找海外贸易和投资机会的主要市场。中国需要与其他国家共建新型价值网络和贸易网络，就要首先开放中国消费市场、服务市场和要素市场。而自贸试验区通过持续的制度创新优化营商环境不断提升的贸易投资便利化水平使其成为连接国内与国际市场的重要节点。这种制度优势与"一带一路"倡议形成战略协同，共同推进亚太和欧亚地区的经济一体化进程，有望培育新的全球经济增长极。

9.2.3 政策协作需求

当前全球经贸治理体系正处于深度调整期，以美国为首的发达国家正通过构建 CPTPP 等新一代高标准区域贸易协定，在服务贸易开放、投资自由化便利化、数字贸易规则等前沿领域建立制度性优势。这种"规则制高点"战略具有明显的排他性特征，据统计，CPTPP 条款中约 37% 的内容超出了 WTO 现有规则范畴，特别是在知识产权、国有企业、劳工标准等领域设置了较高门槛，导致 85% 的发展中国家难以达到其准入标准。在此国际背景下，"一带一路"倡议要实现高质量可持续发展，必须构建系统完备、兼具包容性的制度体系。其中"政策沟通"作为"五通"建设的制度性基础，发挥着关键的桥梁纽带作用。实证研究表明，政策协调程度每提升 10%，共建国家间贸易流量可增加约 6.8%，直接投资增长 9.2%。中国自贸试验区经过多年探索，已形成包括负面清单管理（2022 版缩减至 27 条）、"证照分离"全覆盖（涉企经营许可事项压减 72%）、国际贸易"单一窗口"（申报时间压缩至 1 小时内）等在内的制度创新体系。这些改革措施使自贸试验区营商环境全球排名平均提升 32 位，外商投资准入限制指数下降 58%，为"一带一路"建设提供了可资借鉴的制度模板。从实践效果看，制度红利的共享具有双重效应：微观层面，通过规则移植和技术援助，可帮助共建国家提升市场监管现代化水平，如中白工业园引入中国开发区管理模式后，企业注册时间由 30 天缩短至 3 天；宏观层面，渐进式的规则融合能有效突破现有制度壁垒，如中国—东盟自贸区升级议定书使双边贸易额年均增长率保持在 8% 以上。然而，制度移植面临显著的适配性挑战。"一带一路"共建国家在法律体系（涵盖大陆法系、普通法系等）、发展阶段（人均GDP 差异达 46 倍）、宗教文化（涉及佛教、伊斯兰教等多元文明）等方面存在巨大差异。调查显示，约 65% 的共建国家对直接引入外部制度持审慎态度（资料来源：中国社会科学院《"一带一路"法治建设调研》）。因此，未来需要构建差异化的制度对接路径：对制度环境相似度高的国家（如东盟成员国），可采用"标准对接"模式，重点推进海关程序、检验检疫等领域的规则统一；对制度差异较大的地区（如中亚国家），宜采取"试点先行"策略，通过产业园区等平台进行局部试验；对特殊敏感领域（如金融开放），则需设计"过渡性安排"，设置 3-5 年的适应缓冲期。通过这种分类推进、循序渐进的制度融合方式，既能保持"一带一路"建设的规范性，又能充分尊重各国发展实际，最终实现共商共建共享的治理目标。

中国自贸试验区与"一带一路"倡议形成了制度创新的良性循环机制：自贸试验区通过持续的制度探索构建起完善的经贸规则体系，推动区内市场开放和贸易投资便利化；这些经过实践检验的制度成果被逐步引入"一带一路"法治建设，为共建国家创建更优化的营商环境；随着"一带一路"自由贸易网络的完善，其产生的经济外溢效应又反哺自贸试验区发展，为区内企业拓展国际市场空间。这种战略互动既实现了制度创新的双向赋能，又促进了两者之间的协同发展。

9.2.4　交通格局需求

自 2013 年上海自贸试验区成立以来的十余年里，我国自贸试验区实现战略性扩容，形成了覆盖东西部地区的制度创新集群。陕西、河南、重庆、四川等新设自贸试验区充分发挥陆路枢纽优势，将服务"一带一路"建设确立为核心发展定位，与早期设立的福建、广东、广西、云南等沿海沿边自贸试验区形成优势互补的空间布局。这种"沿海—内陆"联动发展的空间格局，通过制度创新与基础设施建设的双轮驱动，正在构建起全方位对接"一带一路"的立体化网络。其中，沿海自贸试验区侧重海上丝绸之路建设，内陆自贸试验区聚焦陆上经济走廊发展，共同推动形成以自贸试验区为制度创新窗口、"一带一路"为国际合作平台、陆海新通道为联通动脉的有机整体。实践表明，这种战略协同使自贸试验区制度创新与"一带一路"建设形成良性互动，既提升了我国对外开放水平，又增强了"一带一路"建设的可持续性。

9.3 "一带一路"倡议下对自贸试验区贸易便利化的创新发展要求

9.3.1 加强统筹规划

在"一带一路"倡议持续推进的背景下，自贸试验区建设被赋予了更深远的战略使命。要实现中国改革开放的深化和扩大，对其贸易便利化的创新发展提出了更高的要求。

1. 在全国范围内设立综合协调机制

当前我国自贸试验区建设已进入深度发展阶段，亟需构建系统化、专业化的治理体系。建议成立国家自由贸易试验区统筹协调委员会，该机构应具备以下职能：一是建立政策评估机制，运用成本收益分析法对各项改革措施进行必要性论证；二是构建风险预警体系，通过设置量化指标实时监测金融、贸易等领域的潜在风险；三是完善监督考核制度，确保改革举措的落地实效。从区域协调发展视角看，自贸试验区建设面临多重挑战：首先，东中西部自贸试验区在制度创新水平上存在明显梯度差，最新评估显示东部地区制度创新指数平均高出中西部35%；其次，产业同构化现象突出，约60%的自贸试验区将高端制造业作为主导产业；最后，要素流动仍存在隐性壁垒，跨区域协同项目仅占总项目的28%。

为破解这些难题，需要构建"三维立体"协同发展新模式：在空间维度，形成"核心节点—区域网络—全国体系"的传导机制。具体而言，各片区应立足特色产业打造专业化"增长极"，如上海聚焦金融开放、成都突出科技创新；通过产业链延伸带动周边城市群发展，建立跨区域产业联盟；最终构建全国统一的制度创新生态。在制度维度，建立"试点—推广—反馈"的闭环机制，确保成功经验能及时转化为普适性政策。在要素维度，推动人才、资本、技术等要素的跨区域自由流动，建立统一的要素交易平台。

实践表明，这种协同发展模式已初见成效。以上海自贸试验区为例，其制度创新已辐射长三角地区，带动区域进出口总额增长12%，高技术产业投资增长25%。未来需进一步强化自贸试验区的枢纽功能，通过建设跨区域合作示范区、共建飞地园区等创新形式，最终实现全国范围内的制度协同和开放共赢。

自贸试验区内各区域的协调发展要求：第一，是在区域内建立起统筹的管理和统筹体系。比如，建立一个跨区域、跨部门统一的管理体制，并给予其相应的区域行政区划的权力，可以实现区域政策的协调、整体规划的统一、区域协调发展。第二，是要建立区域之间的互相协作和交流。要建立区域之间的区域联合机制，开展区域之间的区域协作，开展区域之间的技术交流与合作。第三，是要强化区域合作机制和区域合作机制的改革。体制创新涉及范围广泛且具有一定难度，必须突破区域和部门间的隔阂，加强跨区域、跨部门、系统性的体制创新的共同尝试，以提高体制的灵活性和协调性。要强化体制改革的结果共享、缩短区域内的体制差异。第四，是推动区域间的差别与和谐发展。不同地区的优势和发展状况不同，不同地区的职能也不同，要根据不同地区的优势和职能，做到优势互补、错位发展、分工合作。

2. 自贸试验区与全省经济一体化统筹发展

为充分发挥自贸试验区的制度创新引领作用，需要构建系统化、多层次的区域协同发展体系。首要任务是深化自贸试验区与省内其他重点功能区的制度衔接与政策协同。具体而言，应建立"双自联动"机制，推动自贸试验区与国家自主创新示范区的科技创新政策对接；完善"多区叠加"模式，实现与综合保税区、国家级经济技术开发区等特殊功能区的优势互补。数据显示，这种协同效应可使区域投资效率提升 18%-25%，技术创新产出增加 30% 以上。在区域辐射方面，自贸试验区应发挥"增长极"作用，通过产业链延伸、技术扩散等渠道带动周边区域发展。实证研究表明，自贸试验区对 200 千米半径内的区域经济增长贡献率可达 12%-15%，对产业结构升级的带动效应尤为显著。同时，省内其他地区应主动对接自贸试验区，重点在产业配套、要素流动等方面深化合作，形成"核心—外围"互动发展格局。制度创新推广是协同发展的关键环节。建议建立"评估—试点—推广"的三阶段机制：首先对自贸试验区的创新成果进行第三方评估，筛选可复制性强的改革措施；其次在省内设立"协同创新合作区"进行适应性测试；最后根据测试结果制定差异化推广方案。上海自贸试验区的"证照分离"改革通过这种模式已在长三角地区成功推广，企业开办时间平均缩短 65%。未来应进一步完善这种制度扩散机制，推动形成更大范围的改革合力。

3. 自贸试验区与邻近省份的区域合作统筹发展

首先要强化区域间的衔接。各自贸试验区要把"融合"的地区发展策略放在首位，把"跨地区协作"建设成服务全国发展的重要平台。如辽宁、黑龙江自贸试验区协同服务东北振兴战略，京津冀自贸试验区群支撑首都经济圈建设，长三角自贸试验区联盟推动区域一体化发展。在省际合作层面，通过制度创新共享机制促进跨区域协同，典型案例包括西北地区四省区依托陕西自贸试验区平台签署的合作框架协议，实现了改革经验的跨区域推广。在城市群协同方面，需构建梯度化的空间发展格局：核心城市聚焦高端要素集聚和制度创新，提升辐射能级；次级中心城市强化产业配套和功能衔接；中小城市突出特色化发展，形成优势互补、错位发展的区域产业体系。这种"核心—节点—网络"的空间组织模式，既能发挥中心城市的创新引领作用，又能促进区域整体竞争力的提升。实践表明，通过自贸试验区的制度外溢和产业协同，区域间经济联系强度可提升 40% 以上，要素流动效率提高 25%-30%。未来应进一步完善区域协调机制，推动形成更加开放包容的发展格局。

4. 沿江、内地和沿边自贸试验区区域一体化统筹发展

一是探讨以自贸试验区为基础的协同开放合作的方式，创新自贸试验区间的协作机制，建立"1+2"区域联动模式。内地自贸片区应与沿海自贸片区建立起比较好的互补作用，包括发展内贸园区、"无水港"等。我国沿海、内陆及沿边自贸试验区正通过强化区域协同效应，着力构建多式联运体系。具体表现为：沿海试验区发挥港口优势，与内陆试验区共建"无水港"；沿边试验区依托边境口岸，与内陆试验区协同发展中欧班列等国际物流通道；三类试验区共同推进海铁联运、铁水联运等创新模式，实现物流网络的高效衔接。二是东西部的产业转移和承接。西部地区的自贸试验区应充分发挥资源禀赋和劳动力成本优势，积极承接东部沿海地区的产业转移，通过"腾笼换鸟"实现产业结构优化升级。三是建立沿海、内陆、沿江等多种经济贸易区域的差别发展。沿海自贸试验区充分发挥港口资源和海运优势，重点发展航运服务、国际贸易等外向型经济业态，2022 年沿海自贸试验区进出口总额占全国比重达 42%。内陆自贸试验区依托中欧班列和陆港枢纽，构建"陆海联动"的开放体系，成都、重庆等内陆自贸试验区的中欧班列开行量已占全国总量 65% 以上。沿边自贸试验区则利用跨境通道优势，重点发展边境贸易、跨境旅游等特色产业，2022 年广西、云南等沿边自贸试验区跨境贸易额同比增长 28%。这种差异化定位既发挥了各区域比较优势，又通过产业协同、设施联通形成了整体发展合力。

5. 国内外自贸区的统筹协调发展

首先，应在国内外开展各类经贸活动的基础上，搭建各类国际交流和合作平台。定期举行中外自贸区的国际交流与合作座谈会，探讨大方向，达成国际一致意见，并制定切实可行的、双赢的举措，推动双方签署多边贸易园区的协定。其次，加强中外自贸园区战略对接，基于友好城市关系建立"结对发展"机制，通

过制度互鉴和成果共享拓展合作领域，提升协同发展效能，进一步扩大中外经贸合作的广域和深度，实现"1+1>2"的协调发展。此外还应加强国内外自贸区的经贸交流。发展"飞地经济"，建立国际经贸合作园区，建立"两国双园"跨境工业合作园区，为国内外自贸区提供了一个重要的载体。通过经贸规则对接、市场准入互让、政府监管互认、行业分工等领域的合作，促进双方不同优势要素有效对接和整合，系统整合国内外自由贸易区的资源禀赋和产业优势，构建专业化分工、高效协同的国际产业链体系，促进自由贸易区之间的深度融合发展，实现优势互补和互利共赢。

9.3.2　域内域外协同发展

1. 加强域内域外基础设施建设与联通

为推进自贸试验区协同发展，需要强化区域间的空间整合与制度衔接，构建统一开放的市场环境。

首先，要加快建立跨境贸易港的运输网络。在自贸试验区的发展过程中，交通运输体系发挥着关键性纽带作用，既连接着区内外经济活动，又促进着区域间的社会文化交流，是推动自贸试验区内部、外部经济联系和相互联系的必要条件。一是完善自贸试验区区域的路网，建设一小时的交通线，并以区域间的城际铁路为核心。二是要着力拓展自贸试验区与周边省市的跨区域交通网络建设。通过与周围省份建立快速、高效、环保的海陆空运系统。三是要加强跨境贸易试验区的运输联系，以及海、陆、铁、空联运的协作。各地区要强化统筹规划和衔接，成立以成员国为主体的跨地区自贸试验区基本建设资金。

其次，要促进地区间信息服务基础设施的协调发展，促进地区间的信息化建设。要缩短中西部和东部的信息化区域之间的差异，增加对中西部地区的资金投入，并不断提升区域内的信息化程度。加强5G等高科技手段的应用，促进自贸试验区内的数字化和工业、服务业的深度结合。建立统一的自贸试验区信息资源共享机制，通过构建标准化数据交换平台，实现跨区域、跨部门的信息互联互通，推进信息资源的跨地区自由流通，促进信息资源的跨地区流动与信息融合，实现信息资源与资本、知识等其他要素跨区域对接与合作配置。

2. 推进域内域外产业协同发展

首先，要对地区进行工业的布局和规划。为了实现跨地区工业的协调发展，必须强化顶层设计与统筹，以推动各地区之间的产业规划与组织结构的有机结合。

产业布局要根据各自的职能和现实条件，建立具有鲜明地域特征和地域优势的产业集聚，克服产业趋同、产业低水平重复、产业差异化特征不鲜明等突出问题。转变工业过多集中于中心城市和地区分配的非平衡状态，推动工业在各层次城市如中心城市、次中心城市和其他中小型城市之间进行适当的布局。

其次，要强化行业间的分工和协作。强化各地区产业的分工和协作，在东部地区建立以先进技术为主导、中部地区发挥制造业基础雄厚的优势，加快发展高端装备制造、新能源汽车等先进制造业；西部地区则立足资源禀赋，重点发展清洁能源、新材料等特色产业。在产业链整合方面，要推动形成"核心—外围"的分工格局：自贸试验区核心城市重点布局研发设计、品牌营销等价值链高端环节，周边地区则聚焦生产制造、物流配送等配套环节。以长三角为例，上海自贸试验区研发投入强度达 4.2%，显著高于周边地区的 2.1%，形成了良好的梯度分工。同时，要建立跨区域的利益共享机制，通过税收分成、飞地经济等模式，促进要素自由流动和资源优化配置，最终构建完整的区域价值链体系。

最后，需要着力构建自贸试验区与各类产业园区（包括工业园区、经济技术开发区、经济合作区等）的协同发展机制。通过建立产业联盟、共建创新平台等方式，整合各类园区的资源优势，提升基础设施承载能力和营商环境质量。具体措施包括：统一规划产业空间布局，共享公共服务平台，优化要素配置效率，从而为企业提供更完善的经营生态。探讨"飞地经济"等跨地区的工业协作模式，拓展地区工业协作的空间承载力。要建立起促进区域经济协调发展的公共服务平台，加强对地方经济发展的财政体制和财税体制的改革。

3. 完善"容错机制"，加快自贸区制度创新复制推广

中国自贸试验区的核心竞争力在于其持续深化的制度创新，这一创新体系构建了更具吸引力的营商环境，同时为"一带一路"建设提供了制度衔接的桥梁。通过制度创新，自贸试验区实现了双向开放：既为共建国家企业进入中国市场提供便利，也为中国企业参与国际竞争创造有利条件。这种制度创新形成了"内外联动"的发展格局，一方面促进贸易投资自由化便利化，另一方面推动区域资源优化配置。加快制度创新经验的复制推广，能够有效提升自贸试验区与"一带一路"倡议的战略协同水平。

鉴于我国幅员辽阔、区域差异显著的特点，制度创新在复制推广过程中面临显著的适应性挑战。各地区在经济发展阶段、产业结构、市场化程度等方面存在系统性差异。为此，需要构建系统化的制度创新推广机制：首先，建立分

级分类的评估体系，包括前期可行性论证、中期动态监测、后期优化调整三个环节。其次，完善法治化的容错机制，明确界定容错边界，规范免责程序。最后，构建协同化的保障体系，通过建立区域间经验交流平台、专家智库支持系统、财政风险分担机制等配套措施，形成"评估—实施—容错—优化"的闭环管理。这种制度设计既尊重区域差异，又保持创新活力，为高质量发展提供制度保障。

9.3.3　通过法治改革突破法制障碍

法治建设是自贸试验区制度创新的基础保障。需要运用法治思维和法治方式协调"先行先试"与依法行政的关系，通过立法授权明确改革边界，并以法治的方法适时地加强和维护改革的效果。随着自贸试验区建设的深入推进和试点范围的持续扩大，对相关法律法规体系的完善程度提出了更高要求。

1. 制定《中国自由贸易区法》

国际自贸试验区建设普遍采用"立法先行"的规范模式，通过专门立法为试验区运行提供制度保障。以智利为例，该国 1975 年率先制定《自由贸易区法》，为次年伊基克自贸区的设立奠定了法律基础。日本则采取特别立法方式，依据《冲绳振兴开发特别措施法》将原有那霸保税区转型升级为冲绳自贸区，成为该国首个国家级自由贸易试验区。对上述各国和区域的立法实践进行考察，可以看出，它们都在各自的基础上，建立起一套具有重要作用的自由贸易法。它们都用合法的方式规定了自贸试验区的重要组成部分，并在本国所有的自由贸易区中流通。但是，目前国内关于自由贸易区的统一法律问题却一直没有得到解决。造成这种现象的主要原因，除法律法规缺乏等因素之外，还与我国"先行先试"的传统法律理念有关。

中国在制定《自由贸易区法》的过程中，应通过立法整合改革成果与制度创新，努力构建全链条开放体系。从数字化改革入手，将通关流程简化作为突破口，进一步明确电子单证、预裁定等数字化工具的法律效力，同时推动货物高效验放，降低企业时间成本。在此基础上，需强化跨部门协同，整合海关、税务、外汇等数据平台，打破传统行政壁垒，实现"一次申报、多方共享"，从而达到系统性提升贸易效率。与此同时，立法应赋予自贸试验区智慧口岸、多式联运等创新试点权限，优化国际供应链韧性，同时完善多元化贸易争端解决机制，引入调解、仲裁等国际通行规则，增强企业跨境经营的可预期性。为适应新业态发展，还需建立动态评估机制，定期升级便利化标准，平衡开放创新与风险防控，最终形成与国际高标准规则衔接、具有中国特色的自贸区法治保障体系。

2. 健全地方性法规，调动地方参与自贸试验区建设的积极性

在未来的发展中，仍然要坚持以区域为基础的改革，并在适当的范围内放开市场的自主权，发挥当地的主动性和创造力，使其更好地为自贸试验区的实际工作提供有效的指导，加强试验区与所在省（市区）之间的交流和互动，提高开放的水平。要掌握好自贸试验区贸易便利化改革的发展趋势，使地方立法对自贸试验区贸易便利化创新发展起到积极的促进作用。

3. 与国际经济贸易协定的高质量对接

自贸试验区是新一轮的国际贸易和投资的新发展模式，它的设立，既是为了推动区域发展，也是对"以开放促创新"的一次尝试。改革开放以来的探索，既要总结出"可复制"和"可推广"的成功经验，又要适应新的世界环境，把新的经贸规则融入进来。所以，自贸试验区的法律制度应当立足于国际视野，密切跟踪国内外重大经济合作协定的发展动向，并对其进行针对性的探索，为未来中国加入世界经济和投资领域的竞争，提供强大的支持和保证。

自贸试验区需以贸易便利化建设为核心抓手，深度对接 RCEP、CPTPP、DEPA 等国际经贸协定规则。一方面，应通过优化通关流程、完善国际贸易"单一窗口"功能、推广"两步申报"和"提前申报"模式，构建与国际接轨的贸易便利化体系。对标 CPTPP 中关于货物 48 小时放行、快件 6 小时通关等标准，在自贸试验区开展全流程电子化通关改革试点，推动口岸监管数字化转型。同时深化"智慧海关"建设，利用区块链技术实现跨境单证互认，探索与协定成员国海关的 AEO 互认合作，降低企业合规成本。通过建立跨境数据流动分级分类管理制度，在确保安全前提下对接 DEPA 数字贸易规则，发展跨境电商"保税进口 + 零售加工"等新业态，形成可复制的数字贸易便利化方案。

另一方面，需以制度创新促进贸易链与产业链协同升级。在服务贸易领域，加快落实 RCEP 原产地累积规则，试点"链式"保税监管模式，支持企业建立区域供应链中心。依托自贸试验区推动跨境支付结算便利化，扩大本外币合一账户试点，发展离岸贸易、保税维修等新型贸易。建立与国际接轨的检验检测认证体系，推动绿色产品标准互认，探索碳足迹跨境追溯机制，助力绿色贸易发展。同时，构建"一站式"国际商事法律服务平台，完善涉外商事纠纷调解仲裁机制，提升贸易争端解决效率。通过系统性制度集成创新，将自贸试验

区打造为规则衔接的压力测试场，既为高标准国际经贸规则提供中国实践方案，又为全国范围制度型开放积累经验，最终实现从"边境开放"向"边境后开放"的深度拓展。

9.3.4 健全金融监管体系

随着我国自贸试验区贸易投资便利化水平的提高，并逐渐成为全国资本和要素的集聚中心，制度优势既会吸引高质量的资本和企业涌入，也会让不法之徒企图利用监督体制漏洞牟利。促进自贸试验区贸易便利化发展，加速融入全球市场体系，除了强化，也应全面考虑国家金融安全需求。我国未来应该进一步强化对自贸试验区相关制度改革的有效监督，尽早建立健全自贸试验区的金融监管体系。

1. 建立全面的金融监管体制

首先，整合现有"一行两会"的监管职能，设立中国自贸试验区金融监管委员会，构建统一监管框架。该机构将实行"宏观审慎 + 微观行为"的双支柱监管模式，重点监管跨境资本流动、离岸金融等创新业务。其次，建立"电子围网"系统，通过大数据分析实时监测金融风险，实现"一线放开"下的有效管控。数据显示，这种综合监管模式可使监管效率提升 40% 以上。最后，制定差异化监管规则，对区内金融机构实行"沙盒监管"，在风险可控前提下支持金融创新。

2. 构建"防火墙"体系，构建分级监管体系

要进一步开放自贸试验区金融市场，必须在资金流动环节、市场交易环节等方面建立相关的保障措施。首先，完善市场准入机制，实施分类分级管理；其次，强化离岸金融监管，建立跨境资金流动监测平台；最后，健全市场退出制度，明确风险处置流程。通过设置多层次的金融"防火墙"，包括资本流动管理、风险准备金等制度安排，从源头防范系统性金融风险。

3. 建立完善自贸试验区的市场风险监控和预警机制

建立覆盖资金流动全链条的反洗钱、反逃税、反恐怖融资智能监控平台，实现对大额跨境资金的实时追踪，密切注意可能给自贸试验区市场带来危险的国际投机性资金，同时强化对境外和境外市场的流动性风险的监管。

4. 探讨新的税制管理机制

确保各种税制创新得以实施，减少由于税制变革而可能引起的市场风险。首先应明确综合治税机构的职能边界，通过编制权责清单厘清部门分工，同时搭建税务部门与相关行政机构的信息共享平台，强化跨部门数据整合与业务协作机制；其次需确立纳税人权利保障体系，在行政执法过程中完善法律救济渠道，构建包含知情权、监督权与诉讼权在内的立体化权益保护框架；最后，要依托自由贸易试验区开展税收制度创新试点，通过参与国际税收规则制定、签订避免双重征税协定等举措，既为本土企业境外投资提供税收支持，又优化营商环境吸引外资企业入驻。

9.4　我国自贸试验区贸易便利化创新与国际贸易新规则的对接

在"一带一路"合作倡议的战略布局中，自由贸易试验区承担着制度创新探索和开放型经济体制试验的关键角色，其贸易便利化改革与国际经贸新规制的对接问题逐渐成为关注焦点。这一制度衔接不仅影响自贸试验区自身发展效能，更是"一带一路"倡议在制度型开放领域的重要实践，对促进区域经济深度整合和塑造更高水平开放型全球经济体系具有战略意义。本部分将系统分析自贸试验区在"一带一路"背景下实现贸易便利化创新与国际规则对接的核心维度、现存障碍及优化路径。

9.4.1　对接的主要领域

"一带一路"倡议为自由贸易试验区贸易便利化创新与国际贸易新规则对接提供了广阔的战略空间和实践平台。这一倡议强调互联互通和政策协调，为自由贸易试验区的制度创新指明了方向，同时为自由贸易试验区参与国际规则制定提供了重要契机。在此背景下，自由贸易试验区贸易便利化创新与国际贸易新规则的对接呈现出多维度、多层次的特征。

就海关程序和贸易流程简化而言，自由贸易试验区通过构建与国际高标准贸易规则接轨的监管体系，实现了贸易便利化水平的质的飞跃。以上海自由贸易试验区为例，其推行的国际贸易"单一窗口"制度和"一次申报、分阶段处理"模式不仅优化了贸易流程，更为我国参与国际贸易规则制定提供了实践基础。这些制度创新与WTO《贸易便利化协定》的核心条款具有高度一致性，为"一带一路"合作伙伴提供了示范样本。然而，这种创新实践也引发了一个值得深思的问题：如何在简化程序的同时确保有效监管？特别是在"一带一路"合作框架下，这一平衡点的把握直接影响到跨境贸易的安全性与便捷性。为此，自由贸易试验区正在探索运用大数据、人工智能等先进技术，构建智能化的监管体系，以期在提高贸易便利化水平的同时，强化风险防控能力。

在数字贸易规则方面，自由贸易试验区正着力推动制度创新与国际最新标准相衔接。尤为重要的是，"一带一路"倡议强调"数字丝绸之路"建设，为自由贸易试验区在数字贸易规则方面的创新提供了广阔空间。以浙江自贸试验区为例，其在跨境电子商务、数字人民币试点等领域的创新，不仅为中国参与数字贸易规则制定提供了实践基础，也为"一带一路"共建国家的数字经济发展提供了中国方案。特别是在跨境电子商务方面，自由贸易试验区通过建立线上综合服务平台、优化跨境支付结算等措施，大幅提升了贸易便利化水平。这些创新实践为构建数字贸易规则提供了宝贵经验，有助于推动国际贸易规则向数字化、智能化方向发展。当然，数字贸易的快速发展也带来了数据安全、隐私保护等新挑战，这些问题应在规则制定中予以充分考虑。在"一带一路"框架下，如何构建既能促进数据自由流动又能保障数据安全的规则体系，成为自由贸易试验区面临的重要课题。

就服务贸易自由化而言，自由贸易试验区通过实施负面清单管理、扩大服务业对外开放等措施，积极对标国际高标准规则。值得重点关注的是，海南自由贸易港创新实施的跨境服务贸易负面清单管理模式，不仅开创了我国服务贸易制度型开放的新范式，更为"一带一路"合作伙伴推进服务业市场准入改革提供了实践参照。该负面清单制度的落地实施，实现了我国服务贸易监管方式由正面清单向负面清单的历史性转变，这一制度突破彰显了我国推动高水平对外开放的决心，其制度设计既借鉴了国际通行做法，又充分考虑了发展中国家的现实条件，为构建包容普惠的国际服务贸易新规则贡献了中国智慧。在"一带一路"背景下，这种开放模式的创新有助于推动共建国家的服务业合作，促进服务贸易规则的协调统一。然而，不容忽视的是，服务业开放涉及复杂的利益博弈，如何在开放中保护国内产业发展，同时推动"一带一路"共建国家的服务业合作，仍需进一步探索。这要求自由贸易试验区在推进服务贸易自由化的过程中，充分考虑不同国家和地区的发展水平和监管能力，采取差异化、渐进式的开放策略。

在知识产权保护方面，自由贸易试验区通过构建快速确权与维权体系、成立专业知识产权审判机构等制度创新，有效强化了知识产权保护效能。这种制度安排既优化了区内创新生态系统，又为"一带一路"合作伙伴完善知识产权治理体系提供了可复制的实践经验。特别是在专利、商标、版权等领域，自由贸易试验区探索建立了一套符合国际标准的知识产权保护体系。这种创新实践有助于营造公平、透明的营商环境，吸引高新技术产业集聚，促进创新驱动发展。在"一带一路"背景下，这些经验对于推动共建国家完善知识产权保护制度，促进技术合作和创新共享具有重要意义。然而，一个值得深入探讨的问题是：如何在知识产权保护与技术创新扩散之间找到平衡，尤其是在"一带一路"沿线发展中国家中推广适当的知识产权保护标准？这需要自由贸易试验区在实践中不断探索，寻求兼顾保护创新和促进技术传播的最佳路径。

9.4.2　对接的挑战与策略

尽管自由贸易试验区在"一带一路"背景下的贸易便利化创新与国际贸易新规则对接方面取得了显著进展，但仍面临诸多挑战。这些挑战不仅反映了自由贸易试验区制度创新的复杂性，也体现了"一带一路"倡议在实施过程中面临的制度协调问题。

制度创新与国际规制之间的协调问题成为自由贸易试验区发展的核心议题。自由贸易试验区的制度创新常常走在国际规则前面，由此产生了一个关键问题：如何在创新中保持与国际规则的兼容性？该问题在"一带一路"合作框架下显得尤为复杂，因其涉及多元化的法律体系和监管环境。例如，在数字贸易领域，自由贸易试验区在数据跨境流动等领域的先行先试可能与国际现行规制存在差异，这就要求建立动态调整机制来平衡创新突破与规则衔接。应对这一挑战的有效路径是实施"制度试验与国际治理协同推进"策略，即在开展本地化创新的同时深度参与全球经贸规则重塑，引导国际规则向支持"一带一路"合作的方向演进。这种双向互动机制既能促进自贸区创新成果的国际认可，又可提升我国在全球经济治理中的制度性权力。具体而言，自由贸易试验区可以通过建立国际交流机制，定期与相关国际组织和"一带一路"共建国家进行对话，共同探讨贸易便利化创新和规则制定的方向，以实现创新与规则的良性互动。

国内监管框架与国际通行标准之间的调适问题同样构成关键性挑战。自由贸易试验区的贸易便利化创新需要考虑中国的国情和发展阶段，而国际贸易新规则往往反映了发达经济体的利益和需求。由此引发了一个复杂的问题：在推进"一带一路"合作过程中，如何平衡成员国间制度多样性与规则协调性的关系成为关键议题，这一挑战在服务贸易自由化、知识产权保护等制度密集型领域表现尤为突出。例如，在服务贸易开放方面，自由贸易试验区的负面清单管理模式可能与某些"一带一路"共建国家的现行制度存在差异，这就要求我们在推广中国方案时必须充分考虑东道国的制度基础和发展阶段。对此，一个可能的解决方案是采取渐进式的对接策略，在保持中国特色的同时，通过建立过渡期安排、开展能力建设合作等方式，分阶段推动规则对接，既保持中国经验的示范效应，又为共建国家提供适应性的制度转型路径参考。这种策略可以通过分阶段、分领域的方式实施，先在共识度高的领域推进规则对接，逐步扩大到其他领域，以实现制度的平稳过渡和协调统一。

实现贸易便利化与监管效能之间的动态平衡构成了一项关键性挑战。贸易便利化要求简化程序、提高效率，而有效监管则需要严格的管控措施。在"一带一路"合作框架下，这一平衡问题呈现出更高维度的复杂性，因其不仅涉及单一经济体的内部治理，更需要协调不同司法管辖区之间的监管标准与执法合作。例如，在跨境电子商务领域，如何在促进贸易便利化的同时，有效防范税收流失、假冒伪劣商品流通等风险，是自由贸易试验区面临的重要挑战。对此，一个创新性的解决方案是借助新技术，如区块链、人工智能等，构建智能化的监管体系，实现便利化与监管的有机统一。具体而言，自由贸易试验区可以探索建立基于大数据的风险预警系统，通过实时数据分析和智能算法，精准识别高风险交易，实现精准监管。同时，可以推动构建"一带一路"合作框架下的多边监管协作平台，通过建立标准化的数据交换协议和互认机制，实现成员国间监管信息的实时共享与协同处置，从而显著提升跨境监管的联动效能与执行效率。

贸易便利化创新的外溢效应处理也是一个需要关注的问题。这引发了两个关键问题：自由贸易试验区的创新经验如何在全国范围内推广？如何为"一带一路"共建国家提供借鉴？在"一带一路"背景下，这一问题更具有战略意义，因为它关系到倡议的实施效果和影响力。例如，自由贸易试验区在海关监管、跨境金融服务等领域的创新经验，如何在考虑不同地区发展水平和监管能力的基础上进行推广，是一个需要深入研究的问题。针对这一挑战，一个可行的策略是建立创新经验交流机制，促进创新成果在"一带一路"共建国家的共享和推广。这可以通过举办定期的经验交流会、建立创新实践数据库、开展联合研究项目等方式实现。同时，还可以探索建立"一带一路"贸易便利化创新中心，为参与共建国家提供培训、咨询等服务，助力创新经验的有效推广。

在"一带一路"倡议的宏观框架下，自由贸易试验区贸易便利化创新与国际贸易新规则的对接是一项复杂的系统工程。它不仅涉及制度创新与制度协调，还关乎国家发展战略与全球经济治理。未来，自由贸易试验区需要在制度创新和实践探索中不断突破，提升参与国际贸易规则制定的能力和水平，为"一带一路"高质量发展和开放型世界经济体系建设提供中国经验。在这一过程中，需要坚持开放包容、互利共赢的原则，在推进贸易便利化创新的同时，充分考虑"一带一路"共建国家的利益诉求和发展需求，努力构建公平、包容的国际贸易新规则体系，为完善全球经济治理体系作出重要贡献。

第十章

结论与建议

主要结论

高质量建设自由贸易试验区的重点问题

我国自由贸易试验区高质量发展建议

结论与展望

10.1　主要结论

在"一带一路"倡议背景下，我国自由贸易试验区通过积极推动贸易便利化体系创新，取得了一系列显著成效。这些制度创新显著降低了跨境交易成本，提高了贸易流程效率，同时改善了商业运营环境质量，为"一带一路"框架下的区域经济协同发展构建了制度性保障。特别是在通关便利化、投资自由化等关键领域取得的突破性进展，不仅增强了市场主体的国际竞争力，更为沿线经济体间的产能合作与价值链整合创造了有利条件，从而有效推动了区域经济一体化的深入发展。

10.1.1　贸易便利化水平显著提高

自由贸易试验区内的"单一窗口"、通关便利化、"不见面审批"等措施大幅缩短了通关时间和企业运营成本，为"一带一路"共建国家和地区提供了高效、便捷的服务范例。"一带一路"倡议作为世界第一个以中国举措为核心的全球化合作倡议，为协同创造密切互联的经济体系和共同发展方案提供了新思路。在这个大背景下，自由贸易试验区成为提升贸易便利化治实水平、促进平等互利贸易的重要实验场。自由贸易试验区通过改革创新，在通关效率、数字化技术应用、物流优化和国际化对接等方面实现了重要破展，这些措施为"一带一路"互联互通和经济协同发展提供了有力支持。

自由贸易试验区通过实施"单一窗口"和通关流程优化，大幅缩短了办理时间，最大限度实现了通关文件和数据的互联互通。通过"二步申报"和"推前申报"模式，企业可以在货物到港前先行办理相关申报手续，货物到港后即可方便放行。同时，联合检验和智能风险分析提高了检验精准度，减少重复检查和体力化操作。这些改革总体使通关效率提升了1.5倍以上；同时，云计算、区块链和大数据技术，实现了贸易服务全程可视可跟踪，大幅降低了检查时间和人力成本。自由贸易试验区内实施的"区域通关一体化"、多式联运等模式，实现了跨部门、跨地区协同监管，有效提升了区域经济一体化水平。

10.1.2　国际化标准对接不断加强

自由贸易试验区在贸易规则、检验检疫、信用监管等方面对标国际标准，为"一带一路"共建国家的贸易规则协调提供了实践经验，推动了更具包容性的全球贸易体系构建。当前，自由贸易试验区亟须深化营商环境改革，降低企业运营成本。重点应从以下维度着手：其一，可以借鉴国际高标准经贸规则中的简化审批流程、降低税费负担等措施，提高企业投资经营便利化程度。其二，强化知识产权全链条保护，构建有利于创新要素跨境流动的制度环境。其三，可以借鉴国际高标准经贸规则中的数字身份跨境认证和电子识别等技术手段，推动政务服务数字化转型。其四，建立分级分类的数据安全管理体系，在保障核心数据安全的前提下促进数据要素有序流动。

10.1.3　数字化技术助推转型升级

新一代信息技术在自由贸易试验区的创新应用正加速推动贸易服务体系的数字化变革。区块链凭借其分布式记账、加密算法等技术特性，有效保障了交易数据的真实性与安全性，在跨境贸易全流程追溯、智能合约执行等领域展现出独特优势。具体而言，自贸区通过部署区块链解决方案，实现了从原材料溯源到终端配送的供应链可视化监管，这一方面提升了商品流通信息的准确度与透明度，另一方面将传统清关时间压缩近 40%，显著降低了企业的合规成本。特别值得注意的是，基于区块链的智能合约系统能够自动验证并执行交易条件，不仅将合同履行效率提升约 50%，还大幅减少了因条款解释差异导致的商业纠纷。

在自由贸易试验区的数字化转型中，数据驱动技术发挥着关键作用。海量数据的采集与分析为企业战略决策提供了科学依据，通过对供应链各环节数据的系统性挖掘，企业能够识别运营瓶颈并制定优化方案。在监管层面，基于大数据的智能监测系统实现了对市场主体的差异化精准监管，显著提升了监管效能。人工智能算法通过模式识别优化了物流路径规划和库存管理，当其与区块链的智能合约功能结合时，可自动化执行交易条款，将商业流程效率提升 30% 以上。在风险管理方面，人工智能的异常检测能力可以实时监控交易行为，有效识别潜在欺诈活动。同时，借助机器学习对消费者行为的深度分析，企业能够提供更具针对性的跨境贸易服务。在行政服务领域，人工智能辅助的自动化审批系统将传统业务流程压缩了 50% 的处理时间，大幅提升了政府服务效能。

10.1.4　区域联动示范效应显现

自由贸易试验区的创新举措为全国其他地区乃至"一带一路"共建国家提供

了可复制、可推广的经验，成为推动区域经济发展的重要引擎。我国自贸试验区的区域联动示范效应，通过深化区域协同创新机制，拓展制度试验的覆盖领域和实施深度，创造更多元的政策应用场景。在自贸试验区的引领下，周边地区得以借鉴其成功经验，优化营商环境，提升区域竞争力。同时，自贸试验区还在数字经济和生命科学等战略性新兴产业领域开展政策突破，推动产业转型升级。这些创新政策不仅为自贸试验区自身的发展注入了新动力，也为周边地区乃至全国范围内的产业升级提供了有益借鉴。此外，自贸试验区还主动对接国家区域发展战略，如京津冀、长三角等地区的自贸试验区通过建立制度创新联盟，实现政务服务区域通办、制度创新成果共享等，有效推动了区域经济的协同发展，形成了显著的示范效应。

展望未来，我国自贸试验区的区域联动示范效应将进一步加强。政策协同将更加紧密，周边地区将更加注重与自贸试验区的政策沟通、信息共享和资源整合，共同推动区域经济一体化进程。产业合作也将更加深入，自贸试验区将引领周边地区加强产业链协同和科技创新合作，推动产业升级和转型。同时，自贸试验区将积极探索创新政策，优化营商环境，形成更加公平、透明、可预期的营商环境，为国内外企业提供更加优质的服务。这些努力将有助于打破行政壁垒，形成更加开放的市场体系，促进国内外市场的深度融合，推动我国经济高质量发展。

10.2　高质量建设自由贸易试验区的重点问题

作为我国深化改革扩大开放的重要载体，自由贸易试验区在新发展阶段应当以系统性制度创新为突破口，着力打造与国际高标准经贸规则相衔接的开放型经济新范式。从建设重点来看，需着力推进以下四个维度。

10.2.1　制度型开放创新体系的持续深化

首先，对标国际高标准经贸规则。在 RCEP、CPTPP 等国际经贸协定框架下，率先试行跨境服务贸易负面清单管理，探索数据跨境流动、知识产权保护等新型规则。其次，完善市场化、法治化、国际化营商环境，进一步推进"证照分离"改革全覆盖，建立国际商事纠纷多元化解机制。最后，构建要素市场化配置机制，深化资本项目可兑换试点，建立与国际接轨的技术交易市场。

10.2.2　现代化产业体系的升级与优化

首先，要推动产业链价值链升级，重点培育数字经济、绿色经济等新业态，推动"保税 +"业态创新发展。其次，要建设科技创新策源地，试点数据跨境流动安全评估机制，构建"基础研究 + 技术攻关 + 成果转化"全链条创新体系。再次，扩大服务贸易开放领域，重点推进数字服务、文化创意等新兴服务贸易发展。最后，通过培育多元化市场主体，支持民营企业、中小企业参与"一带一路"建设，提供金融支持和政策引导，培育多元化的市场参与主体。鼓励企业创新国际经营模式，增强全球资源配置能力，巩固我国在全球价值链中的关键地位。

10.2.3　区域协同发展机制的建立与完善

首先，要强化战略联动效应，推动制度创新成果共享，构建"试验区 + 联动创新区"的辐射网络。其次，应促进国内国际双循环衔接，不断完善"自贸试验区 + 综合保税区 + 口岸"的开放通道体系。最后，推进要素市场化改革，消除城乡要素流动的制度性障碍。应打破行政区划限制，深化自由贸易试验区与周边地区的联动发展，构建跨区域协作机制，形成整体合力。加强与"一带一路"关键港口和物流节点的战略合作，提升国际物流通道效能。还应加强与"一带一路"共建国家的政策协调，推动贸易规则、通关流程和技术标准的对接与互认，降低跨境贸易壁垒。创建多边贸易合作新平台，构建开放包容的区域自由贸易体系。

10.2.4　风险防控体系的建立与健全

首先要构建全流程监管机制，完善"分类监管 + 信用监管"模式。通过建立更加灵活、高效的信用监管机制，对守信企业实行"绿色通道"政策，降低合规成本。通过引入智能化监管设备，提升检验检疫效率，确保快速通关与贸易安全并重。其次要健全跨境金融风险监测预警系统，构建多层次的金融安全防护网。最后应完善与国际规则相衔接的法律框架。制定和完善自贸区内外资保护、知识产权保护、数据安全等相关法律法规，为"一带一路"国家提供公平透明的投资与贸易环境。推进与"一带一路"合作伙伴的税收协定磋商，降低跨境经营的制度性成本。

10.3　我国自由贸易试验区高质量发展建议

在当前全球经贸秩序重构与"一带一路"建设提质增效的双重背景下，中国的自由贸易试验区肩负着衔接国内国际双循环的重要使命，亟须构建与共建国家深度对接的贸易便利化体系。

10.3.1　基于地理区位的贸易便利化创新

沿海枢纽型试验区需充分发挥 21 世纪海上丝绸之路核心节点优势，重点推进港口经济与贸易便利化深度融合。以上海、广州等国际航运中心为试点，建设智慧港口协同平台，实现与东南亚、中东欧主要港口的电子舱单互认和检验结果互信。创新"海运快件"快速通关模式，允许跨关区国际中转货物实施"提前申报、到港直提"。针对数字贸易领域，试点"数据跨境流动分级管理清单"，对跨境电商、数字内容服务等特定场景实施"白名单"制度，建立与东盟国家互认的数字原产地证书体系。

内陆枢纽型试验区应强化中欧班列陆海新通道功能，重点破解陆上贸易规则瓶颈。在成渝、西安等枢纽城市推行铁路运单物权化改革，探索"一单制"全程物流服务，允许企业凭铁路运单办理信用证融资。建设数字化陆港信息平台，实现与哈萨克斯坦、波兰等共建国家口岸的舱单数据实时交互，将跨境货物在边境口岸的通关滞留时间从 24 小时压缩至 8 小时以内。针对装备制造、电子信息等特色产业，建立跨国协同制造基地，试点"保税研发 + 境外加工"联动模式，对关键零部件实施"预先检测、快速调拨"政策，进一步提升供应链响应效率。

沿边开放型试验区需立足"一带一路"陆路通道建设，构建特色化跨境便利机制。在云南、广西等毗邻东盟的试验区，全面推广"智慧口岸"通关系统，对农产品实施"绿色通道"快速验放。创新"边民互市 + 数字贸易"融合监管，试点"电子围栏"动态核销技术，实现交易数据自动匹配。在东北沿边地区，建设中俄跨境产能合作示范区，推行大宗商品"先放后检"监管模式。

10.3.2　面向产业特征的贸易便利化专项突破

数字经济主导型试验区应聚焦"数字丝绸之路"建设，构建跨境数据流动治理体系。在长三角、珠三角等数字产业集聚区，研发基于隐私计算的可信数据交互平台，对医疗健康、工业数据等敏感信息实施分类管理。建立"区块链 + 跨境单证"应用体系，实现提单、原产地证等贸易单证 100% 数字化流转，构建覆盖"生产端—物流端—消费端"的全链条商品溯源系统。针对数字服务贸易，试点"监管沙盒"制度，允许企业在限定范围内测试数据跨境传输场景，探索建立数字服务出口负面清单管理模式。

先进制造集聚型试验区需强化"一带一路"产业链协同能力，推动装备制造便利化升级。在长江经济带、京津冀等制造业基地，建设行业级工业互联网平台，开发数字孪生制造系统，缩短新产品研发周期。建立重点产业跨境检测认证机制，允许新能源汽车、工程机械等产品凭中国检测报告在共建国家直接获得市场准入。在集成电路领域，推动与东南亚国家共建技术标准互认体系，建立专利审查高速通道。

绿色贸易特色型试验区应引领"一带一路"低碳化规则创新，构建绿色产品流通体系。在海南、福建等生态优势区，建立国际绿色认证中心，与共建国家联合制定光伏组件、新能源汽车等绿色标准。对获得多边互认的绿色产品实施关税减半、快速通关政策，建立"碳标签—关税优惠"挂钩机制。在上海、广州等金融枢纽试点碳金融衍生品交易，推出碳关税保险、绿色供应链融资产品，帮助企业应对欧盟碳边境调节机制挑战。

农业开放型试验区需服务"一带一路"粮食安全合作，创新农产品跨境通道。在河南、四川等农业大省，建立跨境检验检疫互认机制，与中亚国家共建小麦、玉米快速通关"绿色通道"，实施"预检预证、口岸直通"模式。在云南边境地区，建设东盟水果数字供应链中心，运用物联网技术实现冷链物流全程温控，大幅降低生鲜损耗率，同时试点农业技术跨境服务新模式，允许种业企业通过数字平台向东南亚国家输出智能灌溉、精准施肥技术方案。

10.3.3　系统性贸易便利化制度创新

在基础设施互联互通领域，应努力构建"海陆空网"立体化通道网络。沿海地区可以建设无人码头与自动化堆场，内陆枢纽应完善中欧班列数字化调度中心功能，开发多语种跨境物流服务平台，提供实时舱位查询、智能运费测算等服务。沿边口岸可以全面配备 AI 识别等智能设备，提升口岸通行能力。

在贸易规则对接层面，应深化"一带一路"标准协同机制。与东盟国家共建跨境电商纠纷在线解决平台，在电子支付、消费者保护等领域形成统一规则。针对共建国家的技术性贸易壁垒，建立重点商品合格评定合作机制，推动中国检测机构在参与共建国家设立海外实验室。在文化贸易领域，试点文物艺术品"保税展示＋数字拍卖"模式，简化文物进出境审批流程。

在跨境服务系统整合领域，建议建立端到端的综合服务体系。重点打造集成化国际商事法律服务中心，涵盖跨境纠纷调解、知识产权保护等规范化服务模块。创新性发展"跨境电商与信用担保"融合模式，研发依托物流信息分析的供应链融资工具，助力中小企业融资成本下降约 25%。在自贸试验区内率先试行"一带一路"税收合作快速响应机制，建立跨境税务争议高效协商通道，为区域税收协调提供实践样本。这些举措将显著提升跨境服务效率和制度型开放水平。

在数字技术赋能领域，应打造智慧贸易生态系统。通过建设"数字丝绸之路"核心节点，开发多语言跨境贸易服务平台，集成智能报关、跨境支付等数字化工具。还应推广"数字保税研发"模式，允许生物医药企业使用共建国家的临床数据开展新药研发，建立研发物料跨境快速审批通道。针对中小企业数字化转型需求，提供设备接入补贴、数据资产质押融资等政策支持。

10.3.4　建立自由贸易试验区建设评估与风险防控机制

首先应建立动态评估优化机制，构建包含制度创新度、经济辐射度、风险可控度的三维评估体系，引入国际权威机构开展年度第三方评估。对实施效果未达预期的政策设立观察期，建立"问题发现—方案优化—效果验证"的迭代管理流程。完善跨境资金流动监测预警系统，运用大数据技术构建全流程穿透式监管体系，提升异常交易识别准确率。

其次应强化风险防控机制，对数字贸易、离岸金融等高风险领域实施压力测试。在生物医药、自动驾驶等前沿产业设立"监管沙盒"。完善跨境数据流动安全评估制度，对核心数据出境实施"技术审计＋合规审查"双重管控，确保数据跨境流动合规率进一步提升。

10.4　结论与展望

我国自由贸易试验区发展已迈入以制度型开放为核心的新时期，亟需通过系统性制度集成创新实现突破，着力打造科技创新、产业升级、金融支持与人才集聚深度融合的协同发展体系。通过建立制度创新＋产业升级＋治理变革"三位一体"的推进机制，建立动态对标机制，完善创新容错机制，构建协同创新网络。同时通过建立产业链"卡脖子"技术清单，制定精准招商目录，绘制重点产业图谱；通过集成研发设计、中试转化等功能，打造"创新雨林"生态，建设产业创新综合体；通过建立"总部＋基地""研发＋生产"跨区域合作机制来发展飞地经济模式。

此外，通过与境外经贸合作区建立"多港联动"机制，建设中欧班列数字走廊，拓展国际合作网络；通过吸引 WTO、UNCTAD 等机构设立代表处，举办全球自贸区峰会，建设国际组织集聚区；通过实施"全球领航企业"培育计划，建立海外投资综合服务平台，培育本土跨国公司。还应开发"自贸试验区大脑"系统，集成经济运行、风险预警等功能，从而构建数字治理平台，建立规则对冲机制，针对"长臂管辖"等风险，构建合规管理体系。通过协同发力，将自贸试验区进一步打造为高质量发展的新时代改革开放的新高地。这种创新范式既顺应全球贸易数字化、绿色化转型趋势，又深度契合"一带一路"共建国家发展需求，为构建开放型世界经济注入新动能。

后记

本书为作者 2023 年承担的陕西省社会科学基金"深入学习贯彻党的二十大精神研究"重大项目《基于制度创新的陕西自贸试验区对标国际贸易新规则路径研究》的研究成果，立项号：2023ZD05。

在完成项目和本书写作过程中，于璐瑶提出筹划和研究思路框架，进行总体把握和各章分工安排，并负责总纂及统稿。梁泽做了组织协调及部分统稿工作。孟森、王新然、秦佩雯参加了项目的研究工作。本书各部分主要执笔者如下：第一、二章于璐瑶，第三章秦佩雯，第四至六章孟森，第七、八章王新然，第九章梁泽，第十章于璐瑶。

由于水平所限和时间限制，本书谬误和不足之处在所难免，欢迎读者批评指正。